10,- €

VOLKER RAUCH   MOTORRAD WM '88

VOLKER RAUCH

MOTORRAD WM '88

Die Rennen zur Straßen-Weltmeisterschaft

MOTORBUCH VERLAG STUTTGART

Umschlaggestaltung: Siegfried Horn

Fotos: Titelbild Leica-Foto Volker Rauch
Farbseiten: 46 Leica-Fotos Volker Rauch
Schwarz-weiß-Seiten: 147 Leica-Fotos Volker Rauch
                             6 Franco Villani
                             1 Ray Daniel
                             1 Yamaha Werkbild

ISBN 3-613-01243-X

1. Auflage 1988
Copyright © by Motorbuch Verlag, Postfach 103743, 7000 Stuttgart 10
Ein Unternehmen der Paul Pietsch-Verlage GmbH & Co.
Sämtliche Rechte der Verbreitung, in jeglicher Form und Technik, sind vorbehalten
Satz und Druck: Vaihinger Satz + Druck, Dr. Wimmershof GmbH + Co., 7143 Vaihingen/Enz
Bindung: Verlagsbuchbinderei Karl Dieringer, 7016 Gerlingen
Printed in Germany

Inhalt

Vorwort

Viele Jahre lang war Toni Mang die Galionsfigur des deutschen Rennsports, nun hängte er nach einem – unverschuldeten – Sturz den Helm an den berühmten Nagel. Mang, mit 42 Grand Prix-Siegen und fünf Weltmeisterschaften der erfolgreichste deutsche Rennfahrer, beendete damit eine beispiellose Karriere, aber auch die Ära, in der deutsche 250er-Fahrer die Sieger stellten. War es noch im Vorjahr das Duell Mang gegen Roth, das diese Klasse prägte, so dominierten 1988 die Spanier Pons und Garriga.

Die Sensation der Saison 1988 aber gab es erst nach ihrer Beendigung: als neuer 500er Weltmeister trennte sich Eddie Lawson von Yamaha, Agostini und Carruthers und wechselte zu Honda. Die Hintergründe der Scheidung Lawson/Yamaha sind hauptsächlich persönlicher Natur, ob aber der extrem introvertierte Lawson in dieser Beziehung bei Honda nicht vom Regen in die Traufe kommt, muß sich noch zeigen. Zeigen müssen wird Lawson auch, ob sein Fahrstil und das Fahrverhalten der als diffizil bekannten NSR eine solch effiziente Symbiose eingehen können, wie das bei der YZR der Fall war.

Aus deutscher Sicht verlief die Saison 1988 eher mager. Martin Wimmer und Manfred Herweh kämpften mit ihren Produktionsmaschinen einen beinahe aussichtslosen Kampf, und Vizeweltmeister Reinhold Roth behinderte seine Verletzung aus dem Vorjahr so, daß ihm der große Coup versagt blieb. In der Achtelliterklasse sah sich Gerd Waibel mannigfaltigen Problemen ausgesetzt; Adi Stadler und Stefan Prein wurden immerhin siebter und achter der Weltmeisterschaft. Brav schlug sich auch der junge Peter Öttl in der kleinsten Hubraumkategorie, während in der Dreirad-Klasse wenn schon kein deutscher Pilot, so doch die Marke Krauser WM-Lorbeeren errang.

Wie und wo um diese Lorbeeren gerungen wird, bestimmt die Federation Internationale Motocycliste (FIM). Diesem Dachverband des Motorradsports aber gebühren keine Lorbeeren: zu ärgerlich sind viele der Entscheidungen dieser Behörde, die ausschließlich die Interessen der Träger des Sports, also der Fahrer, vertreten sollte, nicht selten aber das Gegenteil tut.

Volker Rauch

Die Yamaha YZR 500 (auch Seite 7) erwies sich auch im sechsten Jahr ihres Einsatzes der Honda gegenüber nicht nur ebenbürtig, sie war ihr auf manchen Strecken überlegen

Yamaha YZR 500

Motor:	Vierzylinder-Zweitakt-Motor in V-Form (70°), wassergekühlt	Getriebe:	Sechs Gänge mit verschiedenen Übersetzungsmöglichkeiten der einzelnen Gänge; Mehrscheiben-Trockenkupplung
Hubraum:	499,60 cm³		
Bohrung/Hub:	56 mm × 50,7 mm	Schmierung:	Mischung 30:1
Leistung:	über 150 PS bei 11 500/min	Rahmen:	Deltabox (Kastenprofil) Aluminium
Einlaßsystem:	Crank Case Reed Valve (Membransteuerung direkt in das Kurbelgehäuse)	Federung:	Teleskop/Monocross, Öhlins
		Radstand:	1400 mm
Vergaser:	4 Mikuni 34, 36, 38 mm Ø (je nach Einsatz)	Räder:	vorn 17, hinten 17/18, Marvic
Auslaßsystem:	Elektronisch gesteuert durch Yamaha Power Valve System (YPVS) = Veränderung des Auslaßquerschnitts	Bremsen:	Doppelscheiben vorn, Einscheiben hinten, Karbon AP
		Treibstofftank:	32 Liter
Kurbelwelle:	zwei	Gesamtgewicht:	unter 120 kg
Zündung:	C.D.I.		

In vielen Details verbessert: Wayne Gardners Honda NSR 500, wie sie auch von Niall Mackenzie, Pierfrancesco Chili, Ron Haslam und Shunji Yatsushiro eingesetzt wurde

Honda NSR 500

Motor:	Vierzylinder-Zweitakt-Motor in V-Form (112°), wassergekühlt	Zündkerzen:	NGK; Wärmewert 9,5–10,5
Hubraum:	499,30 cm³	Primärantrieb:	Zahnräder
Bohrung/Hub:	54 mm × 54 mm	Getriebe:	Sechs Gänge mit verschiedenen Übersetzungsmöglichkeiten der einzelnen Gänge; Mehrscheiben-Trockenkupplung 7×8
Leistung:	165 PS bei 12 000/min		
Einlaßsystem:	Crank Case Reed Valve (Membransteuerung direkt in das Kurbelgehäuse)	Schmierung:	Mischung 30:1
		Hinterradkette:	Takasago 520
Vergaser:	4 Keihin 34 mm ⌀, selten 35 mm ⌀ (je nach Streckencharakter)	Rahmen:	(Ultra-Lightweight Twin Tube) Aluminium
		Federung:	Teleskop/Pro-Link, Showa
Auslaßsystem:	Honda RCV (Revolutional Controlled Valve ist gleich variable Auslaßzeitsteuerung)	Radstand:	1370–1380 mm (je nach Streckencharakter)
		Räder:	Magnesium vorn 3.50×17; hinten 5.50×17
Zylinder:	Nikasil-beschichtet	Scheibenbremsen:	vorn 320 mm ⌀, Nissin-Doppelbremssattel, vierfach gegenüberliegend; hinten 195 mm ⌀, Nissin-Bremssattel zweifach gegenüberliegend; wahlweise zwei Scheiben zur Verfügung (Karbon und Gußstahl)
Kolben:	Aluminium-Guß, ein Kolbenring		
Kurbelwelle:	eine		
Kurbelgehäuse:	Magnesium		
Zündung:	ACG (Mitsuba) C.D.I. (Kokusan)	Treibstofftank:	30 Liter
Zündfolge:	1 – 4 – 3 – 2	Gesamtgewicht:	118 kg (fahrfertig, mit Öl und Wasser)

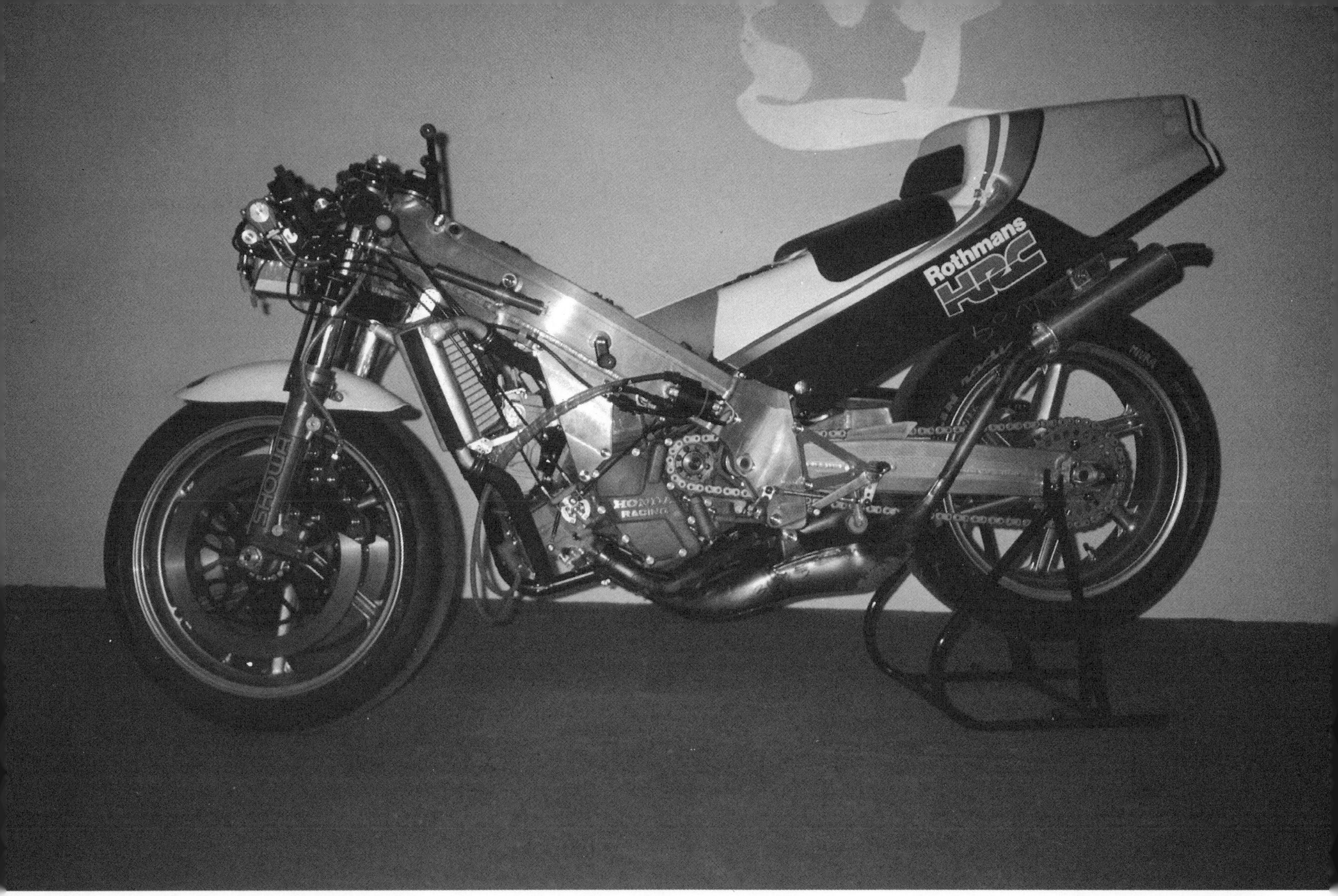
Rothmans
HRC
SHOWA
HONDA
RACING

Rothmans
HRC
MICHELIN

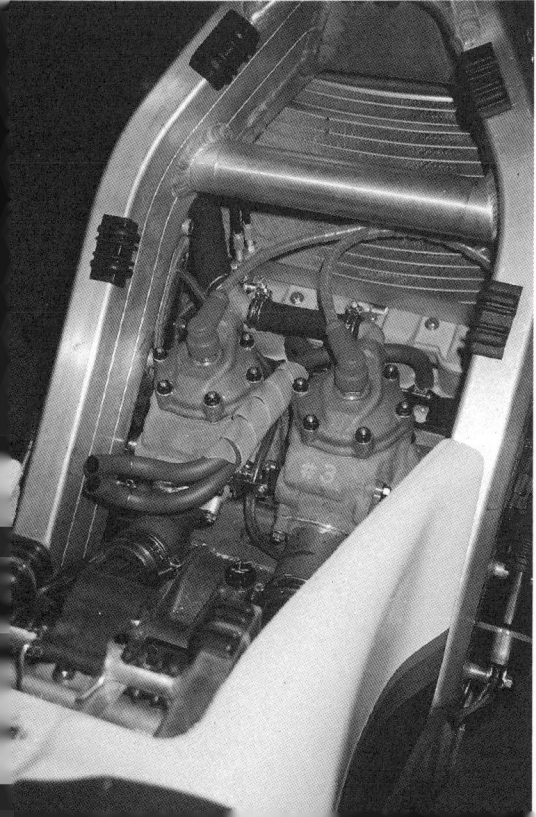

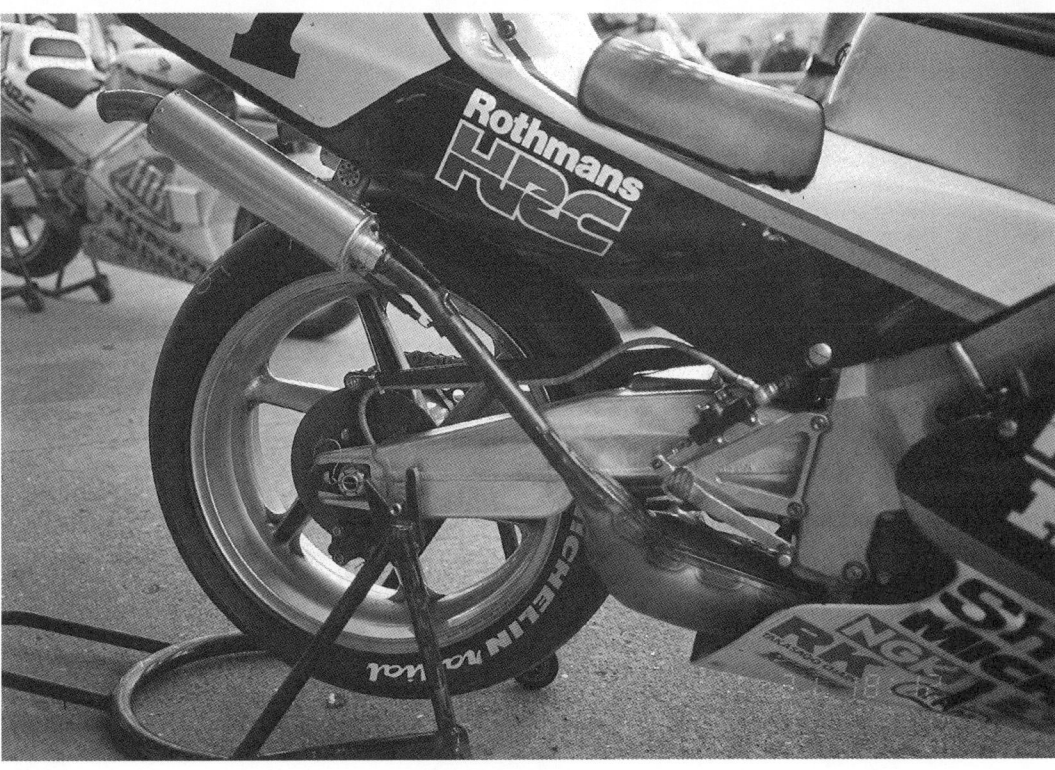

Suzuki RGV 500 Γ

Motor:	Vierzylinder-Zweitakt-Motor in V-Form (55°), wassergekühlt	Zündfolge:	1 – 4 – 2 – 3
		Zündkerzen:	10/10,5 NGK
Hubraum:	499,5 cm³	Primärantrieb:	Zahnräder, mehrere Möglichkeiten
Bohrung/Hub:	56 mm × 50,6 mm	Getriebe:	Sechs Gänge mit verschiedenen Übersetzungs-
Verdichtung:	8,8:1		möglichkeiten der einzelnen Gänge;
Leistung:	über 150 PS bei 12 000/min		Mehrscheiben-Trockenkupplung
Einlaßsystem:	Crank Case Reed Valve (Membransteuerung direkt in das Kurbelgehäuse)	Schmierung:	Mischung 30:1
		Rahmen:	Kastenprofil, Aluminium
Vergaser:	4 Mikuni 34–36 mm ⌀ (je nach Einsatz)	Federung:	Showa Teleskopgabel vorn,
Auslaßsystem:	Elektronisch gesteuert durch Power Valve System (AETC = Automatic Exhaust Timing Control)		Full-Floating-System hinten
		Räder:	17 inches
		Radstand:	Showa 1400 mm
Zylinder:	Nikasil-beschichtet	Bremsen:	Doppelscheiben vorn, Einscheiben hinten
Kolben:	Aluminium-Guß, 2 Kolbenringe		320/220 mm
Kurbelwelle:	zwei	Treibstofftank:	32 Liter
Kurbelgehäuse:	Magnesium	Gesamtgewicht:	unter 130 kg
Zündung:	C.D.I.		

Suzuki lehnte sich bei
der RGV 500 Γ an das
Yamaha-Konzept an.
Ab dem Austria-Grand
Prix wurden auch bei ihr
beide Auspuffrohre des
unteren Zylinderpaares
auf die rechte Seite
verlegt

Cagiva V 588

Motor:	Vierzylinder-Zweitakt-Motor, V-Form (56°), wassergekühlt	Getriebe:	Sechs Gänge mit verschiedenen Abstufungsmöglichkeiten; Mehrscheiben-Trockenkupplung
Hubraum:	492,6 cm³	Schmierung:	Mischung 30:1
Bohrung/Hub:	56 mm × 50 mm	Zündung:	Magneti Marelli
Leistung:	153 PS bei 12 000/min	Rahmen:	Kastenprofil, Aluminium
Drehmoment:	8,5 kgm bei 11 500/min	Federung:	Teleskop/Federelement Marzocchi, Öhlins
Verdichtung:	15:1	Räder:	17 inches
Einlaßsystem:	Membransteuerung direkt in das Kurbelgehäuse	Bremsen:	Doppelscheiben vorn, Einscheiben hinten
Vergaser:	4 Mikuni 35 mm ∅	Gesamtgewicht:	124 kg
Auslaßsystem:	Elektronisch gesteuert		

Auch bei Cagiva stand
das erfolgreiche Moto-
renkonzept der Yamaha
bis ins Detail Pate.
Rechter Schwingarm
gekröpft, die Auspuff-
rohre des unteren
Zylinderpaares führen
nach rechts.
Das Federbein lieferte
die schwedische
Yamaha-Tochter Öhlins

Viel Kleinarbeit steckte im neuen Honda-Modell NSR 250. Sie verfügte wie ihre große Schwester über höhere Leistung über den gesamten Drehzahlbereich

Honda NSR 250

Motor:	Zweizylinder-Zweitakt-Motor in V-Form (90°), wassergekühlt	Zündkerzen:	NGK Wärmewert 9,5–10,5
		Primärantrieb:	Zahnräder
Hubraum:	249,60 cm³	Getriebe:	Sechs Gänge mit verschiedenen Übersetzungs-
Bohrung/Hub:	54 mm × 54,5 mm		möglichkeiten der einzelnen Gänge;
Leistung:	über 80 PS bei 12 000/min		Mehrscheiben-Trockenkupplung 7×8
Einlaßsystem:	Crank Case Reed Valve (Membransteuerung direkt in das Kurbelgehäuse)	Schmierung:	Mischung 30:1
		Hinterradkette:	Takasago 520
Vergaser:	2 Keihin 38 mm ⌀	Rahmen:	(Ultra-Leightweight Twin Tube) Aluminium
Auslaßsystem:	Honda-RCV (Revolutional Controlled Valve ist gleich variable Auslaßzeitsteuerung)	Federung:	Teleskop/Pro-Link, Showa
		Radstand:	1320–1340 mm (je nach Streckencharakter)
Zylinder:	Nikasil-beschichtet	Räder:	Magnesium vorn 3.50×17; hinten 4.50×17
Kolben:	Aluminium-Guß, ein Kolbenring	Scheibenbremsen:	vorn 270 mm ⌀, Nissin-Doppelbremssattel,
Kurbelgehäuse:	Magnesium/Aluminium		vierfach gegenüberliegend; hinten 190 mm ⌀,
Zündung:	ACG (Mitsuba)		Nissin-Bremssattel – ein Zylinder
	C.D.I. (Kokusan)	Treibstofftank:	22–24 Liter
Zündfolge:	1 – 2	Gesamtgewicht:	90–91 kg (fahrfertig mit Öl und Wasser)

Die Yamaha 250 YZR bestach durch ihr hervorragend gutes Fahrwerk, das die leicht unterlegene Motorleistung gegenüber der Honda wettmachte

Yamaha YZR 250

Motor:	Zweizylinder-Zweitakt-Motor, V-Form (70°), wassergekühlt
Hubraum:	249,60 cm³
Bohrung/Hub:	56 mm × 50,7 mm
Leistung:	über 80 PS bei 11 500/min
Einlaßsystem:	Crank Case Reed Valve (Membransteuerung direkt in das Kurbelgehäuse)
Vergaser:	2 Mikuni 36 mm ⌀
Auslaßsystem:	Elektronisch gesteuert durch Yamaha Power Valve System (YPVS)
Getriebe:	Sechs Gänge mit verschiedenen Abstufungsmöglichkeiten der einzelnen Gänge; Mehrscheiben-Trockenkupplung

Schmierung:	Mischung 30:1
Zündung:	C.D.I.
Rahmen:	Deltabox (Kastenprofil), Aluminium
Federung:	Teleskop/Monocross
Radstand:	1335 mm
Räder:	vorn 17, hinten 17/18
Bremsen:	Doppelscheiben vorn, Einscheiben hinten, Nissin
Treibstofftank:	21 Liter
Gesamtgewicht:	90 kg

Yamaha TZ 250

Motor:	Parallel-Zweizylinder-Zweitakt-Motor, wassergekühlt
Hubraum:	249 cm³
Bohrung/Hub:	56 mm × 50,7 mm
Leistung:	74 PS bei 11 750/min
Drehmoment:	4,6 kgm
Einlaßsystem:	Crank Case Reed Valve
Vergaser:	2 Mikuni 36 mm ∅
Auslaßsystem:	YPVS
Getriebe:	Sechs Gänge, Mehrscheiben-Trockenkupplung
Schmierung:	Mischung 30:1
Zündung:	C.D.I.
Rahmen:	Deltabox (Kastenprofil), Aluminium
Federung:	Teleskop/Monocross
Räder:	17 inches
Bremsen:	Doppelscheiben vorn, Einscheiben hinten
Treibstofftank	24 Liter
Gesamtgewicht:	102 kg

Yamahas Waffe für den Privatfahrer, die TZ 250, brachte überraschende Leistung und erwies sich als beinahe so schnell wie die YZR. Unten: Der Rotax V-Motor der Aprilia

Die Cagiva 125, darunter die 80er Krauser von Dörflinger und die 125er Garelli

Weltmeister im Straßen-Rennsport

Klasse 50 cm³

1962	Ernst Degner	Suzuki
1963	Hugh Anderson	Suzuki
1964	Hugh Anderson	Suzuki
1965	Ralph Bryans	Honda
1966	H.-G. Anscheidt	Suzuki
1967	H.-G. Anscheidt	Suzuki
1968	H.-G. Anscheidt	Suzuki
1969	Angel Nieto	Derbi
1970	Angel Nieto	Derbi
1971	Jan de Vries	Kreidler
1972	Angel Nieto	Derbi
1973	Jan de Vries	Kreidler
1974	Henk van Kessel	Kreidler
1975	Angel Nieto	Kreidler
1976	Angel Nieto	Bultaco
1977	Angel Nieto	Bultaco
1978	Ricardo Tormo	Bultaco
1979	Eugenio Lazzarini	Kreidler
1980	Eugenio Lazzarini	Iprem
1981	Ricardo Tormo	Bultaco
1982	Stefan Dörflinger	Kreidler
1983	Stefan Dörflinger	Kreidler

Klasse 80 cm³

1984	Stefan Dörflinger	Zündapp
1985	Stefan Dörflinger	Krauser
1986	Jorge Martinez	Derbi
1987	Jorge Martinez	Derbi
1988	Jorge Martinez	Derbi

Klasse 125 cm³

1949	Nello Pagani	Mondial
1950	Bruno Ruffo	Mondial
1951	Carlo Ubbiali	Mondial
1952	Cecil Sandford	MV Agusta
1953	Werner Haas	NSU
1954	Rupert Hollaus	NSU
1955	Carlo Ubbiali	MV Agusta
1956	Carlo Ubbiali	MV Agusta
1957	Tarquinio Provini	Mondial
1958	Carlo Ubbiali	MV Agusta
1959	Carlo Ubbiali	MV Agusta
1960	Carlo Ubbiali	MV Agusta
1961	Tom Phillis	Honda
1962	Luigi Taveri	Honda
1963	Hugh Anderson	Suzuki
1964	Luigi Taveri	Honda
1965	Hugh Anderson	Suzuki
1966	Luigi Taveri	Honda
1967	Bill Ivy	Yamaha
1968	Phil Read	Yamaha
1969	Dave Simmonds	Kawasaki
1970	Dieter Braun	Suzuki
1971	Angel Nieto	Derbi
1972	Angel Nieto	Derbi
1973	Kent Andersson	Yamaha
1974	Kent Andersson	Yamaha
1975	Pier-Paolo Pileri	Morbidelli
1976	Pier Paolo Bianchi	Morbidelli
1977	Pier Paolo Bianchi	Morbidelli
1978	Eugenio Lazzarini	MBA
1979	Angel Nieto	Minarelli
1980	Pier Paolo Bianchi	MBA
1981	Angel Nieto	Minarelli
1982	Angel Nieto	Garelli
1983	Angel Nieto	Garelli
1984	Angel Nieto	Garelli
1985	Fausto Gresini	Garelli
1986	Luca Cadalora	Garelli
1987	Fausto Gresini	Garelli
1988	Jorge Martinez	Derbi

Klasse 250 cm³

1949	Bruno Ruffo	Moto Guzzi
1950	Dario Ambrosini	Benelli
1951	Bruno Ruffo	Moto Guzzi
1952	Enrico Lorenzetti	Moto Guzzi
1953	Werner Haas	NSU
1954	Werner Haas	NSU
1955	H.-P. Müller	NSU
1956	Carlo Ubbiali	MV Agusta
1957	Cecil Sandford	Mondial
1958	Tarquinio Provini	MV Agusta
1959	Carlo Ubbiali	MV Agusta
1960	Carlo Ubbiali	MV Agusta
1961	Mike Hailwood	Honda
1962	Jim Redmann	Honda
1963	Jim Redmann	Honda
1964	Phil Read	Yamaha
1965	Phil Read	Yamaha
1966	Mike Hailwood	Honda
1967	Mike Hailwood	Honda
1968	Phil Read	Yamaha
1969	Kel Carruthers	Benelli
1970	Rod Gould	Yamaha
1971	Phil Read	Yamaha
1972	Jarno Saarinen	Yamaha
1973	Dieter Braun	Yamaha
1974	Walter Villa	Harl.-Dav.
1975	Walter Villa	Harl.-Dav.
1976	Walter Villa	Harl.-Dav.
1977	Mario Lega	Morbidelli
1978	Kork Ballington	Kawasaki
1979	Kork Ballington	Kawasaki
1980	Anton Mang	Kawasaki
1981	Anton Mang	Kawasaki
1982	J.-L. Tournadre	Yamaha
1983	Carlos Lavado	Yamaha
1984	Christian Sarron	Yamaha
1985	Freddie Spencer	Honda
1986	Carlos Lavado	Yamaha
1987	Anton Mang	Honda
1988	Alfonso Pons	Honda

Klasse 350 cm³

1949	Freddy Frith	Velocette
1950	Bob Forster	Velocette
1951	Geoff Duke	Norton
1952	Geoff Duke	Norton
1953	Fergus Anderson	Moto Guzzi
1954	Fergus Anderson	Moto Guzzi
1955	Bill Lomas	Moto Guzzi
1956	Bill Lomas	Moto Guzzi
1957	Keith Campbell	Moto Guzzi
1958	John Surtees	MV Agusta
1959	John Surtees	MV Agusta
1960	John Surtees	MV Agusta
1961	Gary Hocking	MV Agusta
1962	Jim Redmann	Honda
1963	Jim Redmann	Honda
1964	Jim Redmann	Honda
1965	Jim Redmann	Honda
1966	Mike Hailwood	Honda
1967	Mike Hailwood	Honda
1968	Giacomo Agostini	MV Agusta
1969	Giacomo Agostini	MV Agusta
1970	Giacomo Agostini	MV Agusta
1971	Giacomo Agostini	MV Agusta
1972	Giacomo Agostini	MV Agusta
1973	Giacomo Agostini	MV Agusta
1974	Giacomo Agostini	Yamaha
1975	Johnny Cecotto	Yamaha
1976	Walter Villa	Harl.-Dav.
1977	Takazumi Katayama	Yamaha
1978	Kork Ballington	Kawasaki
1979	Kork Ballington	Kawasaki
1980	Jon Ekerold	Yamaha
1981	Anton Mang	Kawasaki
1982	Anton Mang	Kawasaki

Klasse 750 cm³

1977	Steve Baker	Yamaha
1978	Johnny Cecotto	Yamaha
1979	Patrick Pons	Yamaha

Klasse 500 cm³

1949	Leslie Graham	AJS
1950	Umberto Masetti	Gilera
1951	Geoff Duke	Norton
1952	Umberto Masetti	Gilera
1953	Geoff Duke	Gilera
1954	Geoff Duke	Gilera
1955	Geoff Duke	Gilera
1956	John Surtees	MV Agusta
1957	Libero Liberati	Gilera
1958	John Surtees	MV Agusta
1959	John Surtees	MV Agusta
1960	John Surtees	MV Agusta
1961	Gary Hocking	MV Agusta
1962	Mike Hailwood	MV Agusta
1963	Mike Hailwood	MV Agusta
1964	Mike Hailwood	MV Agusta
1965	Mike Hailwood	MV Agusta
1966	Giacomo Agostini	MV Agusta
1967	Giacomo Agostini	MV Agusta
1968	Giacomo Agostini	MV Agusta
1969	Giacomo Agostini	MV Agusta
1970	Giacomo Agostini	MV Agusta
1971	Giacomo Agostini	MV Agusta
1972	Giacomo Agostini	MV Agusta
1973	Phil Read	MV Agusta
1974	Phil Read	MV Agusta
1975	Giacomo Agostini	Yamaha
1976	Barry Sheene	Suzuki
1977	Barry Sheene	Suzuki
1978	Kenny Roberts	Yamaha
1979	Kenny Roberts	Yamaha
1980	Kenny Roberts	Yamaha
1981	Marco Lucchinelli	Suzuki
1982	Franco Uncini	Suzuki
1983	Freddie Spencer	Honda
1984	Eddie Lawson	Yamaha
1985	Freddie Spencer	Honda
1986	Eddie Lawson	Yamaha
1987	Wayne Gardner	Honda
1988	Eddie Lawson	Yamaha

Klasse Gespanne

1949	Oliver/Jenkinson	Norton
1950	Oliver/Dobelli	Norton
1951	Oliver/Dobelli	Norton
1952	Smith/Clements	Norton
1953	Oliver/Dibben	Norton
1954	Noll/Cron	BMW
1955	Faust/Remmert	BMW
1956	Noll/Cron	BMW
1957	Hillebrand/Grunwald	BMW
1958	Schneider/Strauss	BMW
1959	Schneider/Strauss	BMW
1960	Fath/Wohlgemut	BMW
1961	Deubel/Hörner	BMW
1962	Deubel/Hörner	BMW
1963	Deubel/Hörner	BMW
1964	Deubel/Hörner	BMW
1965	Scheidegger/Robinson	BMW
1966	Scheidegger/Robinson	BMW
1967	Enders/Engelhardt	BMW
1968	Fath/Kalauch	URS
1969	Enders/Engelhardt	BMW
1970	Enders/Engelhardt/Kalauch	BMW
1971	Owesle/Rutterford	Münch URS
1972	Enders/Engelhardt	BMW
1973	Enders/Engelhardt	BMW
1974	Enders/Engelhardt	HBM
1975	Steinhausen/Huber	König
1976	Steinhausen/Huber	Busch/König
1977	O'Dell/Holland/Arthur	Yamaha
1978	Biland/Williams	BEO
1979	B2 A Biland/Waltisperg	SCR
	B2 B Holzer/Meierhans	LCR
1980	Taylor/Johansson	Fowler-Yamaha
1981	Biland/Waltisperg	LCR-Yamaha
1982	Schwärzel/Huber	Yamaha
1983	Biland/Waltisperg	LCR-Yamaha
1984	Streuer/Schnieders	LCR-Yamaha
1985	Streuer/Schnieders	LCR-Yamaha
1986	Streuer/Schnieders	LCR-Yamaha
1987	Webster/Hewitt	LCR-Krauser
1988	Webster/Hewitt/Simmons	LCR-Krauser

Tourist Trophy

	Formel I	*Formel II*	*Formel III*
1978	Mike Hailwood, Ducati	Alan Jackson, Honda	Bill Smith, Honda
1979	Ron Haslam, Honda	Alan Jackson, Honda	Barry Smith, Yamaha
1980	Graeme Crosby, Suzuki	Charly Williams, Yamaha	Ron Haslam, Honda
1981	Graeme Crosby, Suzuki	Tony Rutter, Ducati	Barry Smith, Yamaha
1982	Joey Dunlop, Honda	Tony Rutter, Ducati	
1983	Joey Dunlop, Honda	Tony Rutter, Ducati	
1984	Joey Dunlop, Honda	Tony Rutter, Ducati	
1985	Joey Dunlop, Honda	Brian Reid, Yamaha	
1986	Joey Dunlop, Honda	Brian Reid, Yamaha	
1987	Virginio Ferrari, Bimota		
1988	Carl Fogarty, Honda		

Grand Prix Japan

Suzuka, 27. März

Zuschauer: 70 000
Wetter: sonnig, sehr kühl
Streckenlänge: 5,859 km

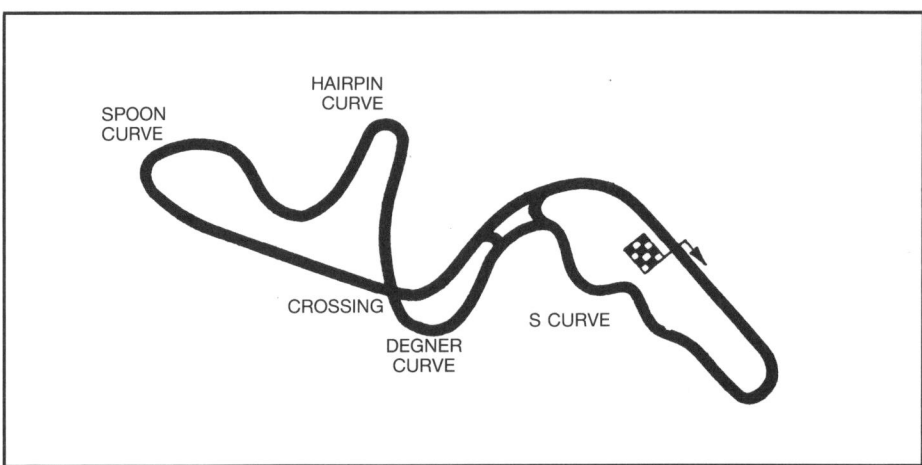

Nach dem Gewinn der Weltmeisterschaft brach über Wayne Gardner eine Woge derart exzessiver Publicity herein, daß ihm kaum noch eine freie Minute blieb. Der frischgebackene Weltmeister wurde von einem Empfang zum anderen gereicht (»Zu dem von Kronprinz Charles und Prinzessin Diana ging ich natürlich besonders stolz«), jagte von einer Ehrung zur anderen, frühstückte mit dem australischen Premierminister Bob Hawke, ließ sich zum Sportler des Jahres küren, zum Ehrenbürger seiner Heimatstadt Wollongong ernennen, hetzte von Interview zu Interview, von Fototermin zu Fototermin, und als er im Februar zum ersten Mal nach der Winterpause wieder auf eine Rennmaschine stieg (anläßlich von Testfahrten, die Honda in Calder veranstaltete), da atmete er fast erleichtert auf, seinem so hektisch gewordenen Leben entfliehen

zu können: »Der Gewinn der Weltmeisterschaft hat mir unendlich viel bedeutet, und weil es mein erster Titel war, habe ich ihn und seine Folgeerscheinungen besonders intensiv genossen. Als ich letztes Frühjahr Australien verließ, war ich ein Nobody – als ich im Herbst zurückkehrte, wurde ich wie ein Nationalheld empfangen und gefeiert. Ich wäre mir schäbig vorgekommen, wenn ich nun den Leuten, die mir soviel Begeisterung entgegenbrachten, mit Starallüren und Primadonna-Manieren die Laune verdorben hätte, obwohl – das muß ich gestehen – der Zwang, ständig präsent zu sein und der Verlust fast meines gesamten Privatlebens mir nach einiger Zeit doch kräftig an die Nieren gingen.« Während der Tests in Calder gab Gardner zu, unter ziemlichem nervösen Druck zu stehen: »In den letzten Wochen wurde ich immer unausstehlicher,

es war schwer, mit mir auszukommen. Ich konnte keine Ruhe mehr finden, stand dauernd wie unter Hochspannung. Mein einziger Gedanke war: endlich wieder rennfahren. Gleichzeitig war mir aber auch davor ein wenig mulmig – schließlich wußte ich nicht, was mich in dieser Saison erwartet und, ehrlich gesagt, hatte ich vor dem, was mir bevorstand, einen Heidenrespekt. Weltmeister zu werden war gewiß kein Kinderspiel – Weltmeister zu bleiben dürfte noch schwerer sein.«

Seit jeher ist es unumstößliches Credo im Hause Honda, sportliche Konkurrenz mit deutlich überlegener Motorleistung übertrumpfen zu wollen – Beispiel dafür ist auch der Formel 1-Motor, der speziell die Ferrari- und Ford Cosworth-Triebwerke geradezu deklassiert. So durfte man auch für die Saison 1988 erwarten, daß die Honda-Ingenieure

22

Exweltmeister Barry Sheene beglückwünscht Kevin Schwantz zu seinem überraschenden Sieg in Suzuka

den NSR 500-Motor noch einmal deutlich in der Leistung steigern würden – und eben dieses Power-Plus war es, das Wayne Gardner in Calder lobend erwähnte, ohne allerdings schon konkret zu werden, schließlich wollte er der Konkurrenz nicht vorzeitig aufdecken, welch enormes Pontential die '88er Honda besaß.

Der Motor der ›Neuen‹ ist deutlich kleiner und kompakter und sitzt nun weiter vorn und tiefer im Fahrwerk. Eine Black-Box steuert Auslaßvolumen und Steuerzeiten, eine zweite passt die Lei-

stungscharakteristik der jeweiligen Strecke an. Die Höchstleistung liegt jetzt bei 165 PS, wobei das nutzbare Drehzahlband noch einmal verbreitert werden konnte.

Gardner sprach in Calder aber auch von »kleineren Problemen« mit der Straßenlage, die die Honda-Techniker bis zum ersten Grand Prix »sicher in den Griff bekommen werden«. Mit keinem Gedanken dachte der Weltmeister aber daran, daß er hier bereits die Achillesferse seiner Maschine aufgedeckt hatte. Baut Honda ganz offensiv auf pure Lei-

stung (und setzt dazu, falls erforderlich, bombastische Mittel ein), so vertrauten die Yamaha-Leute schon immer auf die Kombination adäquater Leistung mit ausgesprochen gutem Fahrverhalten ihrer Rennmaschinen. Yamaha bewies oftmals, daß ihre Philosophie, mit so wenig Aufwand wie möglich zu agieren, auch zum Ziel führen kann. Chef-Konstrukteur Mizoguchi wurde zwar letztes Jahr zu Saisonmitte (als sich Lawsons Niederlage bereits abzeichnete) mitleidig belächelt, als er meinte, der 500er Yamaha-Motor sei noch keineswegs am

23

Teams in der 250 cm³-Klasse

AGV GARELLI	Garelli	Paolo Casoli
AJINOMOTO HRC	Honda NSR	Masahiro Shimizu
AUINGER RACING	Aprilia	August Auinger
ATOMIC RACING	Honda RS	Hans Lindner
APRILIA	Aprilia AF1 V	Loris Reggiani
CAMPSA	Honda NSR	Alfonso Pons
DEFI ROTAX	Defi Rotax	Jean-Francois Balde
DUCADOS NIETO	Honda NSR	Carlos Cardus
	Yamaha YZR	Juan Garriga
	Honda NS	Alberto Puig
ECKERT	Honda RS	Jochen Schmid
GAULOISES MOBIL	Yamaha TZ	Jean-Philippe Ruggia
HB RÖMER	Honda NSR	Reinhold Roth
HB VENEMOTOS	Yamaha YZR	Carlos Lavado
HEIN GERICKE	Yamaha TZ	Martin Wimmer
LEVIOR	Yamaha TZ	Manfred Herweh
LUCKY STRIKE-TEAM ROBERTS	Yamaha YZR/TZ	John Kocinski
MANOCA	Yamaha TZ	Ivan Palazzese
MARLBORO-AGOSTINI	Yamaha YZR	Luca Cadalora
PARISIENNE-elf	Honda NSR	Jacques Cornu
	Honda RS-R	Urs Luzi
RÖMER	Aprilia	Harald Eckl
ROTHMANS-HONDA	Honda NSR	Anton Mang
	Honda NSR	Dominique Sarron
RS RALLYE SPORT	Honda RS	Helmut Bradl
7 UP EMC	EMC	Donnie McLeod
TEAM ITALIA	Aprilia AF1 V	Bruno Casanova
TEAM GAZZANIGA	Rotax	Maurizio Vitali

Ende und »mit ein wenig Feinarbeit durchaus wieder konkurrenzfähig« zu machen – eine These, die er bis zum Ende der Saison tatsächlich bewies, als es ihm gelungen war, den Abstand zu Honda deutlich zu verringern.

Dennoch war bei Yamaha inzwischen die Entscheidung gefallen, einen neuen Motor zu entwickeln, der – wie bei Honda – nur noch eine Kurbelwelle haben soll. Bis der aber einsatzfähig sein wird vertraute Yamaha weiterhin auf das bewährte Motorenkonzept, das den Winter über weiter modifiziert (verbessertes Power-Valve, dadurch mehr und ›sanfter‹ einsetzende Leistung im unteren Drehzahlbereich) und ausgefeilt wurde, und so präsentierten sich die Yamaha-Maschinen zum Auftakt in Suzuka äußerlich fast unverändert. Sichtbare Änderungen gab es lediglich am Kühler (nun geteilt, um eine schmalere Bauweise zu erreichen) und an der Hinterschwinge (erlaubt andere Führung der Auspuffrohre); weniger ins Auge fielen die vielen Detailverbesserungen der Maschine, doch wurden gerade diese von Eddie Lawson gelobt: »Insgesamt habe ich jetzt nicht nur mehr Leistung, sondern auch ein viel besseres Fahrverhalten.«

Um ein Verhalten ganz anderer Art – und zwar enorm schlechtes – ging es in den Monaten vor Saisonbeginn bei der Farce, mit der Freddie Spencer die HRC-Bosse düpierte. Zuerst ließ er wissen, er sei »für die Saison 1988 wieder voll einsatzfähig«, und kündete von »höchst zufriedenstellend verlaufenen Konditionstests« (wie sich später herausstellte, waren das einige Tage Motorradfahren im Gelände). Direktor Oguma von HRC plädierte deshalb dafür, seinem einstigen Paradepferd wieder eine Maschine zur Verfügung zu stellen (daß HRC durch einen Dreijahresvertrag mit Spencer dazu verpflichtet gewesen sei, ist eine Mär), weil er nach wie vor überzeugt war, daß ein gesunder Spencer Spitzenleistung zu bringen imstande sei.

Trotz der Enttäuschungen, die Sponsor Rothmans schon mit Spencer erlebt hatte, ließen auch die Briten sich herab und nahmen den dreimaligen Weltmeister wieder ins Team auf; Honda sicherte sich jedoch ab und ließ Spencer einen Passus unterschreiben (»No race, no money!«), der dem einst glorifizierten Idol ganz schnöde jegliche Zahlung verweigerte, sollte er nicht zum Rennen antreten.

Freddie Spencer ließ sich ohne Widerrede zu den in Calder anberaumten Testfahrten beordern und trainierte dort auch brav, wenngleich es ihm wohl nicht sonderlich gefiel, sehen zu müssen, welcher Starkult seinem früheren ›Lehrling‹ Wayne Gardner, der jetzigen unbestrittenen Nummer eins des Teams, zuteil wurde, und mit welcher ›Normalität‹ man ihn behandelte. Prompt machte sich auch die alte Sehnenscheidenentzündung wieder bemerkbar, Spencer flog nach Hause – und erschien zum Training des ›2 + 4‹ Rennens (zwei Wochen vor dem Grand Prix in Suzuka, traditioneller Saisonauftakt in Japan und eine Veranstaltung von beträchtlichem Image-Wert für Honda) nicht.

Damit hatte er sein Schicksal besiegelt. HRC war nicht länger gewillt, seine Allüren zu tolerieren und legte ihm nahe, sich vom Rennsport zurückzuziehen – eine letzte großmütige Geste ihrem einstigen Heroen gegenüber, dem man damit den Gesichtsverlust des Hinauswurfs ersparte. Freddie Spencer erklärte also seinen Rückzug, begründete ihn mit seinem Gesundheitszustand (»Ich kann und will nur rennfahren, wenn ich hundertprozentig fit bin«) und zog einen Schlußstrich unter eine Karriere, die von absoluter Größe, begnadetem Können und unikater Einmaligkeit ebenso gekennzeichnet war wie von manchmal geradezu skurrilen, unprofessionellen Eigenheiten. Einer der besten Rennfahrer aller Zeiten trat ab; ›Fast Freddie‹ scheiterte letzten Endes am Menschen Spencer.

Scheitern mußte auch die groteske Ent-

Bei miserablem Wetter kämpfte die Marlboro-Truppe mit Einstellungsproblemen

Ratlosigkeit bei Cagiva: Mamola bezeichnete die Maschine als unfahrbar

scheidung der Federation Internationale Motocycliste (FIM), die Saison 1988 in Südamerika beginnen zu lassen – ausgerechnet Brasilien und Argentinien sollten die ersten beiden Grand Prix-Läufe ausrichten. In Goiania ereignete sich zwar kurz nach dem letztjährigen Grand Prix ein Atomunfall, dessen wahres Ausmaß nie aufgedeckt wurde, und in Buenos Aires bot der Veranstalter ein derart unvorstellbares Chaos, daß alle, die dort gewesen waren, nur mit Grauen daran zurückdenken. Und selbst wenn einige der Probleme vor Ort gelöst werden hätten können, blieb noch immer der ungeheure finanzielle Aufwand: nach den beiden Südamerika-Läufen sollte es nämlich nach Japan gehen und dann wieder zurück nach USA. Daß der GP-Kalender auch nach praktischen oder wirtschaftlichen Gesichtspunkten zu gestalten ist, war offenbar bei der FIM keine Überlegung wert. Wie wenig die FIM-Administratoren in Wahrheit die Interessen der Fahrer vertreten, wurde aus diesem Wahnsinnsbeschluß wieder einmal deutlich – von zwei oder drei Ausnahmen abgesehen scheinen sie ihre Aufgabenstellung hauptsächlich in möglichst wirkungsvoller Selbstdarstellung zu sehen.

Entrüstet über die Ignoranz der FIM-Herren blies die International Racing Teams Association (IRTA) nun endgültig zum Boykott der beiden Veranstaltungen, den sie bereits beim FIM-Herbstkongress '87 angedroht hatte. Direktor Oguma von der Honda Racing Corporation (HRC): »Nach den Erfahrungen, die wir letztes Jahr gemacht haben, wäre es illusorisch zu glauben, unsere Rennmaschinen aus Südamerika rechtzeitig zum Japan-GP verfrachten zu können – falls nicht ein paar davon ganz verloren gehen. Dieses Risiko gehen wir nicht ein.«

Natürlich gab es auch Gegner des Boykotts. So wollte Randy Mamola »unbedingt« fahren – aus seiner Sicht sicher legitim, hatten ihm doch seine neuen Arbeitgeber, die Brüder Castiglioni, ei-

nen Ferrari Testarossa in Aussicht gestellt, wenn er Cagiva endlich den ersten Grand Prix-Sieg brächte; nach Lage der Dinge aber durfte selbst der naivste Phantast nicht damit rechnen, daß Mamola dieses Bravourstück gelingt, solange er nicht allein auf weiter Flur ist.

Auch Vito Ippolito, Generalimporteur von Yamaha in Südamerika, war gegen den Boykott und wollte seinen Fahrer Carlos Lavado ganz einfach zur Teilnahme zwingen – nicht nur, weil ihm im Falle der Abwesenheit der Konkurrenz der Sieg sicher gewesen wäre, sondern vor allem deshalb, weil Ippolito ›nebenbei‹ auch Vorsitzender der Lateinamerikanischen Federationen in der FIM ist...

Sogar einige Fahrer scheuten sich nicht, unsolidarisch zu sein. Toni Mang zum Beispiel: der Weltmeister wollte »notfalls auf einer Produktions-Maschine teilnehmen.« Die Posse wurde schließlich – nein, nicht etwa beendet, sondern – vertagt: die beiden Südamerika-Läufe wurden auf den 11. bzw. 17. September verlegt. Und das, obwohl es eine FIM-Regel gibt, die eine Verschiebung von Daten ausdrücklich verbietet. Von Professionalismus keine Spur.

Vor Jahren war es der Fahrer Kenny Roberts, der (anfangs noch geringschätzig als ›großmäuliger Cowboy‹ apostrophiert) reinrassiges Profitum in den Grand Prix-Sport einbrachte. Und Profi reinsten Wassers ist der Kalifornier auch heute noch, als Teamchef seines von Lucky Strike gesponsorten Teams – hier geschieht nichts ohne seine Billigung. Und obwohl Roberts nie um einen kernigen Spruch, eine krasse Aufforderung oder eine saftige Antwort verlegen ist, kam er gewaltig ins Stottern, als er letzten Herbst seinen Fahrern den Laufpass gab. Bei Mike Baldwin mochte ihm das noch einigermaßen leicht gefallen sein, aber bei Randy Mamola tat ihm dabei

Zieleinlaufkurve in Suzuka: unten Start der 250 cm³-Klasse und Blick auf die Haupttribüne

26

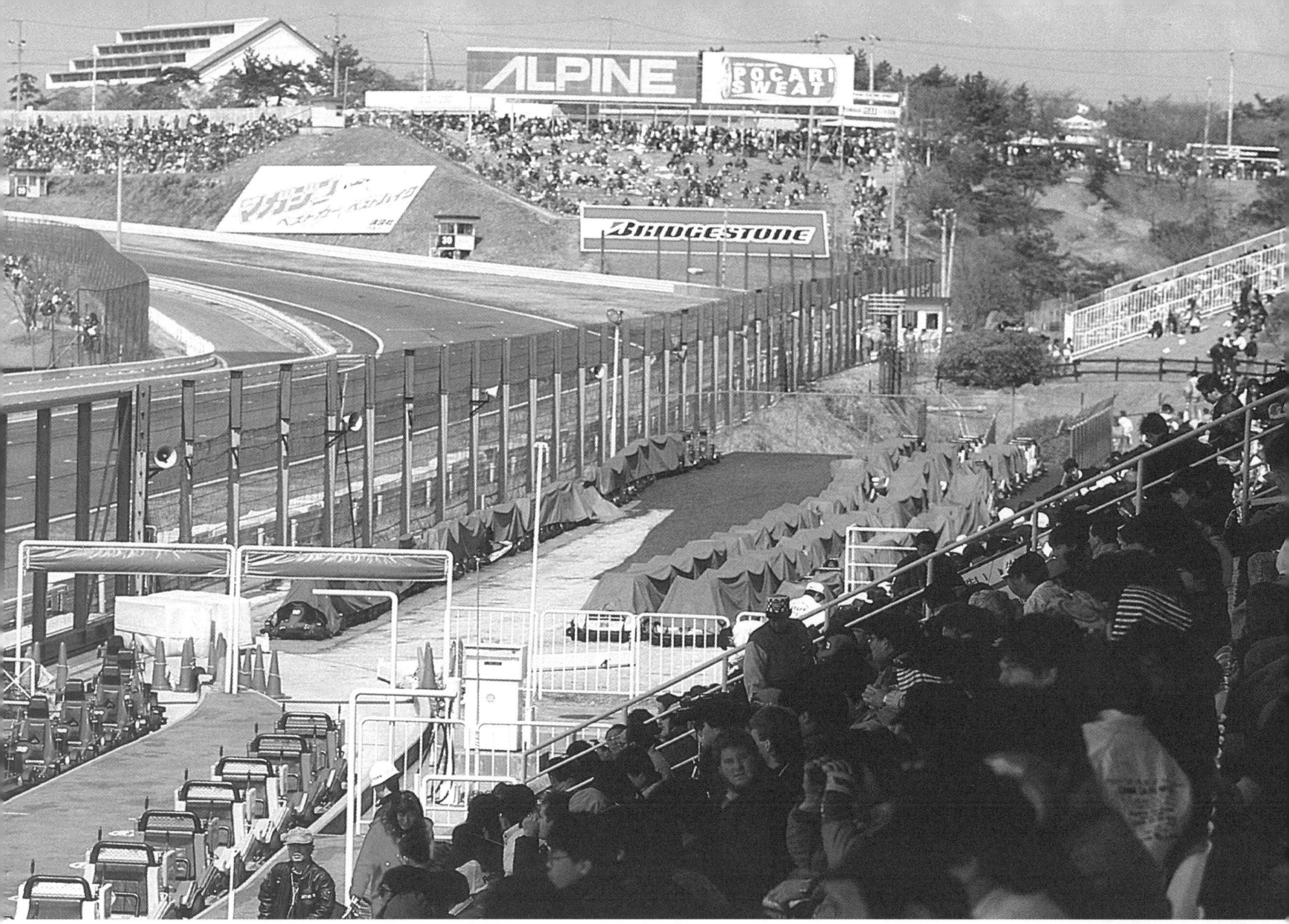
ALPINE
POCARI SWEAT
BRIDGESTONE

OFFICIAL CAMERA
Canon
出口
EXIT
入口
ENTRANCE

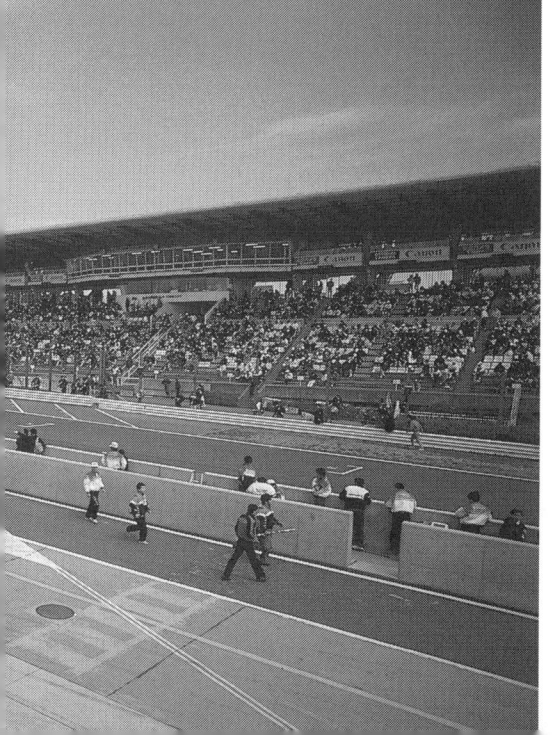

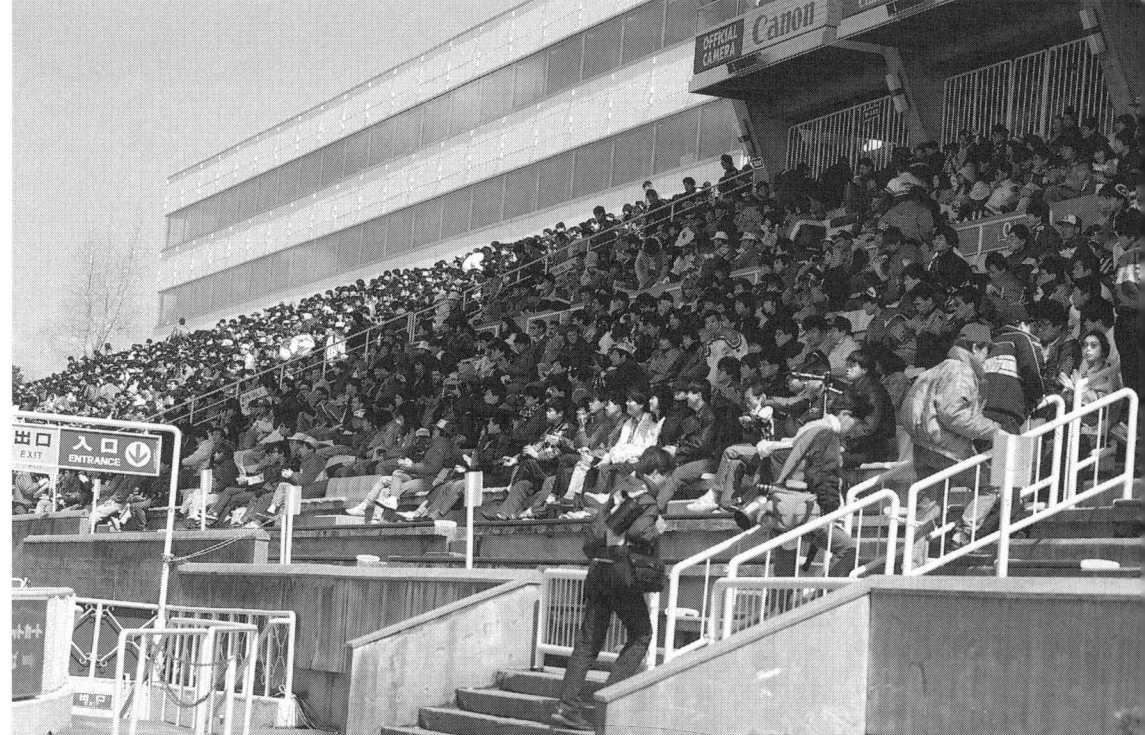

Teams in der 500 cm³-Klasse

CAGIVA	Cagiva V 588	Randy Mamola
	Cagiva V 588	Raymond Roche
ELF	Elf 5-Honda NSR	Ron Haslam
GAULOISES MOBIL	Yamaha YZR	Christian Sarron
	Yamaha YZR	Patrick Igoa
HEIN GERICKE	Honda RS	Manfred Fischer
	Honda RS	Gustav Rainer
HB HRC GALLINA	Honda NSR	Pierfrancesco Chili
HB HRC	Honda NSR	Niall Mackenzie
LUCKY STRIKE-TEAM	Yamaha YZR	Kevin Magee
ROBERTS	Yamaha YZR	Wayne Rainey
MARLBORO-YAMAHA-AGOSTINI	Yamaha YZR	Eddie Lawson
	Yamaha YZR	Didier DeRadigues
PEPSI SUZUKI	Suzuki RGV-T	Kevin Schwantz
	Suzuki RGV-T	Rob McElnea
ROTHMANS-HONDA	Honda NSR	Wayne Gardner
	Honda NSR	Shunji Yatsushiro
YAMAHA JAPAN	Yamaha YZR	Tadahiko Taira

»das Herz weh«. Immerhin verband ihn mit Mamola seit dessen Teenagertagen nicht nur eine echte Freundschaft, sondern auch ihre gemeinsame Neigung zu derben Späßen, wenn sie auch bei Roberts nicht ganz so prägnant war. Als Teamchef fand er nun aber immer häufiger Grund zu Kritik an Mamola, bemängelte seine oft unüberlegte Impulsivität, seine fehlende Konstanz und seine Alles-oder-Nichts-Risikobereitschaft, mit der er sich mehr schadete als nutzte. Als Mamola – offenbar schlecht beraten von seiner Verlobten – aber auch noch eine drastisch erhöhte Gagenforderung für 1988 stellte, kündigte ihm Roberts seinen Vertrag auf. Daß Geld ausschlaggebend für seine Entlassung gewesen war, wollte Roberts aus Rücksichtnahme für seinen vormaligen besten Freund nicht bestätigen, er schob vielmehr als Grund vor, daß Mamola nie Zeit zum Testen und andere Auffassungen über Team-Work gehabt hätte als er. Mamola hatte »nicht im Traum« damit gerechnet, daß ihm sein alter Freund ohne viel Federlesens den Stuhl vor die Tür setzte und maulte böse: »Das wird Kenny wahrscheinlich noch bereuen, denn einen solchen Publikumsliebling wie mich bekommt er nie wieder«; bald sah er seine Felle aber immer schneller davonschwimmen: ein Wechsel zu Suzuki zerschlug sich, weil das Werk die horrenden finanziellen Forderungen Mamolas schlichtweg indiskutabel fand, ein Wechsel zu Yamaha stand nicht zur Debatte, und am Ende ließ auch noch seine Verlobte Alex die Hochzeit platzen und verließ ihn. In dieser Situation erschien Mamola das Angebot, zu Cagiva zu gehen, wie ein Geschenk des Himmels, zumal die Castiglionis seine Unterschrift unter den Vertrag mit einer generösen Gage löhnten.

Kenny Roberts hatte sich indessen längst einen Nachfolger für Mamola gesichert – und den schnappte er auch noch Giacomo Agostini quasi ›vor der Nase‹ weg: Kevin Magee. Der 25jährige Australier, verheiratet und Vater eines kleinen Jungen, saß bereits letztes Jahr einige Male auf der Lucky Strike-Yamaha und überzeugte Roberts dabei so nachhaltig von seinem Talent, daß der ihn »unbedingt« in seinem Team haben wollte. Roberts:« Meine Zielsetzung ist, das Marlboro-Yamaha-Team und Eddie Lawson zu schlagen. Dazu brauche ich einen Super-Fahrer vom Kaliber Lawsons oder Gardners, und weil ich keinen der beiden haben kann, baue ich mit Magee einen neuen Spitzenfahrer auf.« Und weil auch Magee für sich bessere Chancen bei Roberts als bei Agostini sah (»Da hätte ich mich vielleicht noch jahrelang Lawson unterordnen müssen«), unterschrieb er lieber bei Roberts.

Als zweiten Fahrer vertraute Roberts auf Wayne Rainey, der schon 1984 eine Saison in Europa verbracht hatte und in der 250 cm³-Klasse im Roberts-Team eine recht glücklose Zeit erlebte. Der damals 23jährige Kalifornier litt extrem unter Heimweh, kam mit den Schiebestarts nicht zurecht und fühlte sich völlig überfordert. Inzwischen wurde er reifer, ruhiger und erfahrener und vermochte sich im Vorjahr als Superbike-Champion in den USA zu etablieren.

Um seine Fahrer aneinander zu gewöhnen und sie auf ›sein‹ Team einzuschwören, beorderte Roberts Magee samt Frau und Baby und Rainey mit Frau Shea, sowie seinen jüngsten Protegé, John Kocinski (der die US-Meisterschaft bestreiten und zusätzlich bei einigen Grand Prix Erfahrung sammeln soll), ab Anfang Januar auf seine Ranch in Hickman in Kalifornien. Alle Männer fuhren miteinander jeden Tag stundenlang mit Motocross- oder Dirt Track-Maschinen auf dem Riesen-Areal der Roberts-Hazienda, absolvierten ein spezielles Trainingsprogramm des Konditionstrainers Dean Miller und stimmten sich auch mental auf die vor ihnen liegende Aufgabe ein. Kenny Roberts dazu: »Dieses Team läuft so, wie ich es will – niemand anderer hat da irgendeinen Einfluß. Ich war gezwungen, für neues

Yoichi Oguma, der Vater der NSR, jetzt bei R & D, mit Ingenieur Shinozaki (l)

Kritisch beäugt Lawson seine Markenkollegen Kevin Magee und Wayne Rainey

Blut zu sorgen, weil ich Leute brauche, die nicht nur gut rennfahren können, sondern die zusätzlich imstande sind, Entwicklungsarbeit zu leisten. Ich will nämlich eine Rennmaschine auf die Piste bringen, die besser ist als alle anderen. Und wenn ich Tests anberaume, meine ich wirkliche Versuche – nicht, daß einer 'rumfährt und dann sagt, das oder jenes ist nicht gut. Ich erwarte echte Informationen von meinen Fahrern, denn anders klappt das Feedback zu den Mechanikern nie. Ich stecke meine Ziele hoch, das hab' ich schon immer getan, und nach diesen Kriterien hat sich jetzt auch mein Team zu richten.«

Derart napoleonische Ansichten hat zwar Kenny Roberts' großer Gegenspieler im Marlboro-Yamaha-Team, Giacomo Agostini, nicht, aber auch er ist bekannt als Mann, der weiß, was er will. So zögerte er keine Sekunde, seine Nummer zwei, Rob McElnea, kaltlächelnd ›über den Jordan zu schicken‹, als ihm bewußt wurde, daß der Brite nicht die Hoffnungen erfüllte, die Agostini erwartet hatte. Ob er allerdings mit Didier DeRadigues einen besseren Griff tat, wage ich zu bezweifeln: Der Belgier ist ein blendender Feuerwerker, es mangelt ihm aber an professionellem Durchhaltevermögen. Immerhin hat er in dieser Saison die Möglichkeit, sich an einem der beiden zur Zeit weltbesten Piloten zu orientieren, und vielleicht färbt ja etwas von der Klasse seines Teamgefährten Eddie Lawson auf ihn ab.

Daß er in dieser Saison mit der Startnummer drei ›gebrandmarkt‹ ist, hat der Kalifornier inzwischen verwunden. »Letztes Jahr war einfach ein schlechtes Jahr für mich. Meine Maschine war gegen die Honda und Wayne Gardner alles andere als konkurrenzfähig, das hat mir jede Lust genommen. Aber das ist vorbei und vergessen – dieses Jahr habe ich wieder beste Chancen!«

Wie Yamaha arbeitete auch Suzuki den Winter über fleißig an der Verbesserung ihrer Maschine und entwickelt gleichzeitig einen ganz neuen Motor. Freudig griffen die Suzuki-Bosse zudem zu, als ihnen der Großbritannien-Repräsentant von Pepsi-Cola, Mike Denoma, einen Deal vorschlug, der etwas großspurig als ›multi-million pound-sponsorship‹ bezeichnet wurde, sich aber lediglich auf die Ausschlachtung von Suzuki-Rennerfolgen in der Pepsi-Werbung bezieht. Suzuki erhielt keineswegs irgendeine nennenswerte Finanzhilfe des Getränkeherstellers, und auch die Unterhaltskosten des in England stationierten Rennteams müssen die Japaner selber tragen.

Trainingsdatenerfassung mittels Computer

Rennleiter Mitsuo Itoh verpflichtete als Fahrer den Texaner Kevin Schwantz, der schon im vorhergegangenen Jahr die Suzuki gefahren hatte. Angeblich erhielt Schwantz sagenhafte 500 000 Dollar von Suzuki (auch Kevin Magee bekam – angeblich, wohlgemerkt – diese Summe von Kenny Roberts), doch sind diese Gelder, mit denen sich die Fahrer gern brüsten, allesamt nur dazu geeignet, den Neid der anderen zu erregen – im günstigsten Fall dürfte eine Zahl ohne die letzte Null richtig sein...

Als zweiter Fahrer bot sich Suzuki der gerade von Agostini geschasste McElnea an. Itoh hätte sicher Mamola lieber gehabt, aber der ließ Suzuki abblitzen (»Die boten mir nur Peanuts!«). McElnea dagegen fuhr sicherlich ›für ein Butterbrot‹, hatte zudem schon immer ein Faible für diese Marke, mit der er seine ersten Erfolge gehabt hatte und sah nach der frustrierenden Zeit im Marlboro-Team nun wieder voll Zuversicht in die Zukunft. In seiner Euphorie äußerte er folgenden Satz: »Meine Zielsetzung

für 1988 ist simpel – ich will Weltmeister werden.«

Als Vize-Weltmeister wechselte Randy Mamola zu Cagiva. Nicht nur wegen des Geldes, sondern weil sein – damals noch bester – Freund Kenny Roberts (technischer Berater nicht nur bei Yamaha, sondern zeitweise auch bei Cagiva) die italienische Maschine stets wohlwollend beurteilt hatte. Roberts: »Ich kam prima mit ihr zurecht. Mir gefiel ihr Fahrwerk, ich war zufrieden mit der Leistung. Was der Cagiva fehlte, war perfekte Abstimmung und Feineinstellung. Meiner Meinung nach ist sie auch in dieser Saison eins der schnellsten Motorräder auf unseren Pisten – wenn es Randy gelingt, sie richtig auf Trab zu bringen.«

Ohne Sponsor Bastos präsentierte sich die Cagiva nun wieder in schlichtem Rot – wie einst die MV Agusta, deren Erbe Cagiva wohl gern sein würde. Als Technischer Leiter des Projekts wurde heuer Luigi Bernardoni bestellt, früher Ingenieur bei Minardi in der Formel 1. Das 88er Modell hat fünf PS mehr, neue Zylinder und Kolben, eine geänderte Auspuffanlage, ein neues Fahrwerk und eine neue, asymmetrische Einarmschwinge am Hinterrad. Fast alle Zubehörteile stammen (bis auf zwei Ausnahmen, nämlich Öhlins-Shocks und Mikuni-Vergaser) von italienischen Firmen – bei Cagiva ein unbedingtes Muß. Diese Politik des reinen Patriotismus erweiterten die Castiglionis nun noch, indem sie von Michelin zu Pirelli wechselten. Pirelli-Reifen waren zwar vor Jahren ein Spitzenerzeugnis im Offroad-Bereich, doch bei Renn-Slicks hinkten sie – trotz ihres kurzen Engagements in der Formel 1 – eklatant hinterher. Um hier schnellstmöglich den Anschluss zu finden, warb man von Dunlop Entwicklungsingenieur Peter Ingley ab, der 20 Jahre Erfahrung besitzt und maßgeblich an der Entwicklung der Radial-Slicks mitwirkte.

Pierfrancesco Chilis Wirken auf der letztjährigen Dreizylinder-Honda war den HRC-Bossen Anlaß, dem jungen Italie-

Toni Mang errang in Suzuka seinen 42. GP-Sieg, hier beschatten ihn Sito Pons, John Kocinski und Jacques Cornu

ner für dieses Jahr eine der neuesten Vierzylinder-Maschinen anzuvertrauen, betreut von Roberto Gallina und wieder gesponsort von HB.

Ebenfalls wieder in HB-Farben plante auch der Schotte Niall Mackenzie eine neue Grand Prix-Offensive. Auf Anraten seines Betreuers Erv Kanemoto verbrachte er während des Winters viele Wochen in Kalifornien und versuchte dort, hinter die Geheimnisse des Dirt Track-Fahrens zu kommen, wo das ›sliden‹ mit dem Hinterrad das ausschlaggebende Kriterium ist. Mackenzie fuhr bisher einen ganz anderen Stil, nämlich

ausschließlich ›über das Vorderrad‹, weshalb seine Kurvenzeiten nie ganz an die der Top-Finisher herankamen, die ja mit dem ›amerikanischen‹ Stil aufwachsen. Mit gestärktem Selbstbewußtsein kam Mackenzie zwei Wochen vor dem ersten Grand Prix nach Suzuka zum 2 + 4 Race und ging dort – zur großen Freude der HRC-Leute – derart wirkungsvoll ran, daß an seinem Sieg nie zu zweifeln war. Wayne Gardner mochte übrigens bei diesem Rennen nicht an den Start gehen, um der Konkurrenz nicht vorzeitig ›reinen Wein‹ einzuschenken.

Beim Grand Prix von San Marino in

Misano eröffnete letzten Herbst Toni Mang Sponsor Rothmans und HRC-Direktor Oguma, daß er sich nach dem Gewinn der Weltmeisterschaft gern von der aktiven Rennerei zurückziehen möchte und dann – dem Beispiel Agostini und Roberts folgend – als Manager sein eigenes Team aufbauen würde.

Colette und Toni Mang suchten mehr oder weniger auffällig Kontakt zu Wayne Gardner, in Südamerika auch zu Masahiro Shimizu, mußten den Plan aber dann aufgeben, weil weder Rothmans noch HRC Interesse zeigten. Rothmans lag mehr daran, einen Fahrer mit der

Die 500 cm³ Cagiva mit ihrem deutlich von Yamaha beeinflußten Motorendesign

Die 250 cm³ Werks-Yamaha YRZ von Juan Garriga in den Farben des Ducados-Teams

Startnummer eins ins Gefecht zu schicken als einen nicht Englisch sprechenden Teammanager. Und HRC-Direktor Oguma nahm gar kein Blatt vor den Mund: »Shimizu braucht keinen Manager Mang.«

So erstaunte es niemand, daß Toni Mang eine volle Kehrtwendung machte und wieder weiterfahren wollte, zumal er als amtierender Weltmeister aus seinem Erfolg so am meisten Kapital schlagen konnte.

Die große Überlegenheit der Honda-Maschinen auch in der 250 cm³Klasse führten im letzten Jahr bei Yamaha zu der Überlegung, ob es nicht sinnvoll sei,

sich werksseitig aus der kleineren Kategorie zurückzuziehen und vorläufig alle Kapazitäten auf die Entwicklung der neuen Fünfhunderter zu konzentrieren. Daß es dazu doch nicht kam, lag an der Intervention von Carlos Lavados' HB-Venemotos Team und an der von Giacomo Agostini, die die Yamahas notfalls auch ohne Werksunterstützung einsetzen wollten. Daß Martin Wimmer nicht mehr für Agostinis Marlboro-Team starten sollte, stand auf einem anderen Blatt – die Tage des sympathischen Münchners im Aufgebot des Italieners wären ohnedies gezählt gewesen: Agostini favorisierte ganz eindeutig seinen jungen Landsmann Luca Cadalora, in dem er einen zukünftigen Weltmeister sieht. Für Martin Wimmer begann eine schwierige Zeit mit der Suche nach einem fahrbaren Untersatz. Yamaha lehnte glatt ab, als er bat, ihm seine 87er Maschine auf privater Basis zur Verfügung zu stellen (einen Geldgeber hatte Wimmer in Hein Gericke schon gefunden). Zwei andere Möglichkeiten ließen sich nicht realisieren, und so bestellte Wimmer schließlich zwei Produktionsmaschinen bei Yamaha – Deutschland. Dieses TZ-Modell hat nicht wie die Werksmaschine das V2-Triebwerk, sondern einen völlig neu entwickelten Parallel-Zweizylindermotor, der – fast liegend – schräg nach vorn geneigt ist. Das ermöglicht, beide Auspuffrohre gerade nach hinten zu führen, was eine sehr gute Leistungsausbeute gewährleistet. – Mit Helmut Fath als Tuner sicherte sich Wimmer zudem einen der versiertesten Techniker der Branche.

Noch ehe die neue Saison aber richtig begonnen hatte, mußte Martin Wimmer zwei demoralisierende Rückschläge einstecken: Yamaha-Espana-Präsident Naito (Ex-Rennleiter) schanzte die dritte Werksmaschine Juan Garriga zu, und bei einem italienischen Meisterschaftslauf in Misano, den Wimmer als Probegalopp nutzen wollte, wurde er in einen Sturz verwickelt und brach sich dabei das linke Handgelenk. Beim Saison-

Mit einem Paukenschlag eröffnete Kevin Schwantz die neue Saison und holte sich überraschend den Sieg in der 500er Klasse

Auftakt in Suzuka konnte Wimmer deshalb nicht dabeisein – der denkbar schlechteste WM-Beginn für einen Privatfahrer, dessen Chancen ja hauptsächlich im konstanten Punktesammeln liegen.

Vizeweltmeister Reinhold Roth fehlte ebenfalls in Suzuka. Beim Training zu einem Inter-Rennen in Fuji hatte er sich letzten Herbst ein Bein gebrochen und war in Japan ärztlich so schlecht versorgt worden, daß der Bruch erst Anfang Februar gerichtet werden konnte. Eine später noch dazugekommene Infektion (die fixierende Schraube im Schienbein

hatte sich gelockert) machte Mitte März eine erneute Operation nötig und ruinierte damit den Saisonauftakt des Allgäuers. Mit dem ihm eigenen Durchhaltewillen machte er jedoch in Optimismus und meinte: »Noch ist gar nichts verloren. Es kommen noch so viele Rennen, und wenn jetzt alles gut verläuft, bin ich beim zweiten Lauf in Laguna Seca wieder dabei.«

Manfred Herweh beendete die letzte Saison als bester Privatfahrer und hegte dann die Hoffnung, wieder für Offerten attraktiv zu sein. Doch weder gelang es dem Vizeweltmeister von 1984, einen

großen Sponsor aufzutun, noch ließ sich sein Wunsch nach zumindest ›werksnahem‹ Material realisieren. So blieb ihm keine Alternative, als – wie Wimmer – Produktions-Rennmaschinen bei Mitsui zu bestellen. Daß er damit durchaus konkurrenzfähiges Material zur Verfügung hatte, dürfte dem Lampertheimer nicht erst bewußt geworden sein, als er sich im Training für die erste Startreihe qualifiziert hatte. Leider zerstörte er sich dann selbst jede Chance auf eine gute Plazierung, als er stürzte und ein Schlüsselbein brach – damit konnte er nicht am Rennen teilnehmen, und, schlimmer noch, den Start in Laguna Seca mußte er ebenfalls streichen.

Nach seinem fürchterlichen Sturz in Anderstorp brauchte Jacques Cornu viele Monate zur Genesung. Anfangs der Saison meldete er sich als »einigermaßen wieder fit« zurück, und da in der Zwischenzeit Parisienne-Teamchef Michel Metraux Ingenieur Jörg Möller dafür gewonnen hatte, zu dem Schweizer Team zurückzukehren, sah der hochgewachsene (und durch seine lange Rekonvaleszenz noch dünner gewordene) Cornu recht gute Chancen für sich.

Wie Toni Mang, Reinhold Roth und Jacques Cornu verfügten auch Alfonso ›Sito‹ Pons, Dominique Sarron, Carlos Cardus und Masahiro Shimizu über eine Honda NSR. Vom letztjährigen Modell unterschied sie sich durch die geänderte Vordergabel, einen neuen Kühler, den modifizierten Rahmen mit geändertem hinteren Dämpfer und neuer Auspuffanlage, insgesamt besserem Fahrverhalten und besserer Leistung im unteren Bereich – die Höchstleistung dürfte bei 80 PS liegen. Sepp Schlögl: »Das ist ein ganz anderes Motorrad; der Motor spricht viel besser an und hat über den ganzen Drehzahlbereich eine wesentlich höhere Leistung als das vorherige Modell.«

Der Front der höchst schlagkräftigen Hondas (zusätzlich setzte HRC in Japan noch Masaru Kobayashi ein) standen die Werks-Yamahas unter Carlos Lavado, Luca Cadalora und Juan Garriga gegenüber; für den Japan-Grand Prix und den in Laguna Seca hatte Kenny Roberts zusätzlich noch eine YZR250 für seinen jungen Protegé John Kocinski losgeeist. Für den Einsatz in der US-Meisterschaft hat Roberts übrigens ein Karbonfiber-Fahrwerk in Auftrag gegeben, das die Formel 1-Konstrukteure Nigel Leaper und Keith Noakes (bei McLaren bzw. March) für die neue Parallel-Twin Produktionsmaschine entwickeln sollen. Roberts: »Dieser Motor hat gar nicht so viel weniger Leistung als die Werks-Racer und ist für ein Karbonfiber-Chassis

geradezu prädestiniert.«

Eine Neuentwicklung setzte Loris Reggiani mit der Aprilia AF1 V ein, für die Rotax im Auftrag Aprilias einen Zweizylindermotor in V-Anordnung baute, der 1,5 kg leichter als der Reihenmotor wurde. Leider stürzte Reggiani im Training und brach sich das Kahnbein der rechten Hand; im Rennen gab er deshalb auf.

Wie schon im Vorjahr brillierte der Veranstalter wieder mit einer unübertroffen perfekten Organisation, die bis ins kleinste Detail durchdacht war. Für den Regen und die kalte Witterung während der Trainingstage konnte er nichts, und am Renntag gab sich der Wettergott gnädig gestimmt und ließ sogar die Sonne scheinen.

250 cm³: Souveräner Mang

Weil es im Training nur am Freitag einmal kurz trocken gewesen war, konnten die meisten Fahrer ihre Maschinen nur aufs Geratewohl abstimmen. Honda-Werksfahrer Shimizu fehlte übrigens ganz: er hatte sich beim Testen (eine Woche zuvor) das Handgelenk gebrochen. So war die Hoffnung der Japaner auf seinen Teamkollegen Masaru Kobayashi konzentriert, den Sieger dieses Rennens im Vorjahr (und wie der in den Farben des Isotronic-Getränkherstellers Ajinomoto), der hier erst seinen insgesamt zweiten Grand Prix bestritt und dieses Jahr von HRC auf die japanische Meisterschaft angesetzt ist.

Dominique Sarron, Toni Mangs Teamkamerad im Rothmans-Aufgebot, begann die Saison unter einem Unstern. Zum einen war er noch gehandicapt durch einen Skiunfall (Handbruch mit Bänder- und Sehnenriß), zum anderen eliminierte ihn ein Fehler seines Mechanikers schon in der Warmlaufrunde. Weil der Schlamper die Schraube des Zahnkranzes nicht festgezogen hatte, sprang die Kette ab – Sarron konnte nicht starten.

Mit der 16. Zeit (»Im Regen ist dieser Kurs gemein und tückisch, da reiß' ich mir lieber kein Bein aus«) startete Toni Mang aus der vierten Startreihe. Daß dies für einen alten Routinier wie ihn kein Nachteil ist, stellte der 38jährige fünfmalige Weltmeister unverzüglich unter Beweis; er preschte los wie die Feuerwehr und jagte hinter Spitzenreiter Jacques Cornu her, dem der Trainingsschnellste Honma (auf einer Yamaha TZ) folgte. Innerhalb von nur einer Runde stieß Mang vor an dritte Stelle und im Verlauf der zweiten passierte er erst den Japaner und dann auch den Schweizer – und ging als neuer Leader in die dritte Runde.

Kenny Roberts Neuvorstellung John Kocinski zeigte unterdessen, was in der Yamaha steckt, wenn sie nur forsch genug bewegt wird. Der 20jährige Kalifornier, vom Typ her ein junger Randy Mamola, war letztes Jahr zweiter bei den 100 Meilen von Daytona, dritter beim Achtstundenrennen in Suzuka und AMA Champion der 250 cm³-Klasse; heuer gewann er die 100 Meilen von Daytona auf einer Yamaha TZ, also der Maschine, die auch Martin Wimmer und Manfred Herweh in der WM einsetzen. Für Suzuka hatte ihm das Werk allerdings eine YZR zur Verfügung gestellt und mit der bolzte der Newcomer derart gnadenlos in der Spitzengruppe mit, daß es ihm sogar gelang, einmal kurzfristig an Mang vorbei an die Tête zu gehen! »Der ist herumgetollt wie ein junger Hund« beurteilte denn auch der abgeklärtere Toni Mang die Aktionen des Grand Prix-Neulings, dessen Attacken Schlag auf Schlag und ohne Unterlaß kamen. Kocinski nach dem Rennen: »Die Honda von diesem ›old guy‹ Mang – ich glaube, er ist fast alt genug, um mein Vater zu sein – die ging wirklich wie der Teufel. Um dranzubleiben, mußte ich einfach alles riskieren.« Ein dicht gedrängter Pulk, bestehend aus Mang, Kocinski, Carlos Cardus, Cornu, Pons und den Japanern Honma, Taguchi und Kobayashi (der schlecht gestar-

Hikaru Miyagi brachte seine 500 cm³-Werks-Honda auf den elften Platz

tet war) sowie Ruggia, bildete im ersten Drittel die Spitze. Daraus entfernten sich zunächst Ruggia, Cardus, Honma und Taguchi, weil sie das Tempo nicht halten konnten. Kocinski bedrängte Mang weiterhin mit aller Macht, mußte aber ab der elften Runde zu seiner Enttäuschung konstatieren, daß ihm eine fehlerhafte Zündanlage den ganz großen Coup vereitelte. Sein Triebwerk verlor Leistung, Kocinski fiel zurück und er mußte erst Sito Pons, dann Kobayashi und schließlich noch Cornu vorbeilassen, der selbst ein Problem hatte: »Ich habe leider einen zu weichen Reifen ge-

wählt und konnte gegen Ende nicht mehr so richtig forcieren.«
Nach schlechtem Start hatte sich inzwischen Juan Garriga nach vorn geschoben; seine YZR war die einzige der Yamahas, die keine Sperenzchen machte (Luca Cadalora gab mit Zündungsschaden auf, Carlos Lavado zockelte ohne Leistung im Mittelfeld herum), und so hatte der Spanier bald Kocinski eingeholt. Was der junge Kalifornier dann anstellte, um seinen vierten Platz vor Garriga zu verteidigen, war atemberaubend. Erst touchierte er Cornu, dann schleuderte er in der letzten Runde in

bestem Dirt Track-Stil mit einem Fuß am Boden quer durch die Schikane und röhrte dann mit schleifender Kupplung dem Ziel entgegen, das er ganz knapp vor Garriga erreichte.
Drei Runden vor dem Ziel hatten sich die drei Sieganwärter endgültig herauskristallisiert: Mang führte vor Pons und Kobayashi. So sehr sich Mang auch bemühte, es war ihm nicht gelungen, seine beiden Verfolger abzuschütteln. Durch die Schikane peilten sie jedesmal fast Seite an Seite, wobei Kobayashi offenbar versuchte, die Europäer zu bluffen und recht ungewöhnliche Linien ein-

schlug – sicher plante er, der Suzuka aus dem Effeff kennt, in einer letzten Attakke zuzuschlagen. Aber da hatte er nicht mit der einzigartigen Stärke des ›alten‹ Mang gerechnet, in der Endphase noch einmal alle Reserven zu mobilisieren. »Ich hab' zum Schluß erst am letzten Millimeter gebremst«, grinste Mang nach der Zieleinfahrt, »das hat halt den Ausschlag gegeben.« Pons und Kobayashi scheuten sich nicht, später zuzugeben, daß sie »alles versucht« hätten, aber Mang sei »zu schnell« für sie gewesen.

Nicht ins Ziel kamen die Japaner Yamamoto und Arai, die ebenso stürzten wie Helmut Bradl, Aaron Slight und Bruno Casanova; Ivan Palazzese gab mit Motordefekt auf.

500 cm³: New Age

Von Lampenfieber gebeutelt philosphierte Wayne Gardner vor dem Rennen: »Jetzt schlägt die Stunde der Wahrheit. Jetzt beginnt die Verteidigung meines Titels, und ich fürchte, das wird trotz allem schwer. Ich rechne damit, daß Lawson mein gefährlichster Gegner sein wird – die Weltmeisterschaft wird wohl zwischen ihm und mir entschieden. Ich sehe sonst keinen, bei dem Können, Maschine und Umfeld so eine Einheit bilden, daß er eine echte Bedrohung werden könnte. Sicher wird der eine oder andere – Kevin Magee zum Beispiel – die Chance haben, einen Lauf zu gewinnen, aber den Titel werden Eddie und ich unter uns ausmachen.«

Einer, der sich große – und berechtigte – Hoffnungen auf den GP-Sieg in Japan machte, war Niall Mackenzie; ein anderer, der nach jedem Training ein Stück hoffnungsloser wurde, war Randy Mamola.

Er (und gleichermaßen sein Teamkamerad Raymond Roche) fand sich zu seinem wachsenden Entsetzen mit einem Problem konfrontiert, das die Mechaniker vor ein Rätsel stellte und der Crew schließlich den letzten Nerv raubte: Jeweils nach wenigen Kilometern legte ein Kurzschluß die Auslaßventilsteuerung lahm. Mamola und Roche kamen deswegen kaum zum Trainieren, und zum Schaden mußten sie noch den Hohn ertragen, mit dem man sie mehr oder minder elegant verbrämt darauf hinwies, wie gut die neue Suzuki im Vergleich zur Cagiva doch ginge... Im Vorjahr war Mamola umjubelter Sieger in Suzuka, diesmal hatte er nicht den geringsten Grund zur Freude. Deprimiert sah er die vakante Rothmans-Honda von Freddie Spencer herumstehen, aber nicht nur deswegen haderte er mit dem Schicksal: »Ich begreife es einfach nicht! Vor zwei Wochen haben wir in Laguna Seca getestet, da lief die Maschine einwandfrei. Warum jetzt dieses Desaster?« Verzweiflung hatte den Sonnyboy gepackt, aber nicht nur ihn, sondern die ganze Cagiva-Mannschaft wurstelte kopflos drauflos und fand deshalb den Fehler in der Elektrik natürlich nicht.

Für Suzuki bedeutete der Sieg bei den 200 Meilen von Daytona (vier Wochen vor dem Japan-GP), den Kevin Schwantz mit der neuen RGV Gamma errang, daß das Werk wieder Anschluß an Honda und Yamaha gefunden hatte, und allgemein wurde die Renaissance der Suzuki freudig begrüßt. Schwantz lobte die ›Neue‹ über den grünen Klee: »Diese Maschine ist 100 Prozent besser als das letztjährige Modell,« wagte aber trotzdem keine andere Prognose als: »Ich bin mir über meine Chancen nicht ganz sicher, wenn es nicht regnet. Bleibt es allerdings zum Rennen naß, dann mische ich ganz vorne mit, das haben mir meine Zeiten am Samstag nachmittag bestätigt. Von den sieben Grand Prix-Läufen, die ich bisher bestritten habe, waren dies jedenfalls die schlechtesten Verhältnisse, die ich mir vorstellen kann. An manchen Stellen waren riesige

Kevin Schwantz führt vor Gardner, Sarron, Ito, Haslam, Lawson, McElnea und Magee

Pfützen, an anderen floß das Wasser wie ein Bach. Daß ich trotzdem so schnell sein konnte, machte mich ungemein zuversichtlich.«

Wohl niemand aber rechnete mit dem Rennverlauf, wie er dann geschah und der ganz neue Perspektiven eröffnete: Schwantz gelang ein perfekter Start, er überholte den noch besser gestarteten Wayne Rainey nach wenigen Kilometern und versuchte dann, sich etwas vom Feld abzusetzen. Ihm dicht auf den Fersen war allerdings die Rothmans-Honda unter Wayne Gardner, und es schien nur eine Frage von wenigen Augenblicken, daß der Australier den Texaner ›schnappen‹ würde. Zu seiner eigenen großen Überraschung aber gelang Gardner das nicht, und so kam Schwantz als Spitzenreiter aus der ersten Runde zurück. Dahinter folgten HRC-Fahrer Shinichi Ito (der als Nachfolger für Yatsushiro eingeplant ist) vor Rainey und Christian Sarron, der schlecht gestartete Eddie Lawson und Ron Haslam (auf der neuesten Elf, der HRC aber nur noch ungern ein 88er Triebwerk zugestand, weil man von der Aussichtslosigkeit dieses Projekts mehr denn je überzeugt ist), sowie Kevin Magee, Hikaru Miyagi (HRC Honda) und Rob McElnea auf der zweiten Suzuki.

Mehrere Runden lang gewährte Gardner der Suzuki und Schwantz den Vortritt; der Weltmeister schien mit seinem Konkurrenten zu spielen, er belauerte ihn wie ein Jäger sein Wild, in felsenfestem Vertrauen darauf, im entscheidenden Moment die überlegene Leistung seiner Honda als As ausspielen zu können. In der vierten Runde passierte Gardner endlich Schwantz – aber wenig später drängte sich die Suzuki wieder vorbei und ging erneut in Führung!

Damit wurde klar, daß der Honda-Motor nicht sauber lief. Gardner ließ zwar nicht locker in seinem Bemühen, Schwantz zu halten, aber er hatte sichtlich Mühe dabei. Nach dem Rennen schilderte er, daß er fast die ganze Zeit ein Vergaserproblem gehabt habe und

die Leistung deshalb unkontrollierbar schlagartig eingesetzt habe. Beim Öffnen des Motors sah der Motor aus »wie ein Diesel« (so Chefmechaniker Jerry Burgess), weil die Vergaser nicht synchron arbeiteten und zwei das Gemisch stärker angereichert hatten als die beiden anderen. Runde um Runde duellierten sich die beiden Spitzenreiter, wechselten dabei noch mehrere Male die Positionen und entfernten sich immer weiter vom Feld. An dritte Stelle vorgearbeitet hatte sich nach dem ersten Drittel Eddie Lawson, aber das war für ihn dann schon Endstation: »Mir fehlte heute eine ganze Menge Leistung,« klagte der Kalifornier. Beinahe wäre der Yamaha-Pilot noch ein Opfer der sagenhaften Aufholjagd Niall Mackenzies geworden, der seinen schlechten Start durch besonders flotte Fahrweise kompensierte und dem es schließlich gelang, an Lawson vorbei zu huschen. Kurz darauf aber kaufte ein haarsträubender Slide dem Schotten den Schneid ab, und er begnügte sich mit dem vierten Platz: »Ich bin tief enttäuscht, denn ich rechnete mir einen Platz ganz vorne aus.«

Große Enttäuschung aber auch bei Randy Mamola, der seine »absolut unfahrbare« Cagiva nach der achten Runde seinen Leuten übergab; Raymond Roche gab eine Runde später auf. Rob McElnea, der im Training zweimal hart abgestiegen war, warf in der elften Runde ein Motordefekt aus dem Rennen.

An der Spitze hielt Schwantz Gardner noch immer in Schach. Bis zur letzten Runde verharrte Gardner hinter dem Suzuki-Fahrer: »Ich wollte ihn im letzten Moment überrumpeln, weil mein kranker Motor keinen anderen Schachzug zuließ – die Mehrleistung, die er unter normalen Bedingungen der Suzuki gegenüber gehabt hätte, die konnte ich vergessen.« Gardner plante seine Attacke für die schnelle Rechtskurve nach der Spitzkehre kurz vor dem Ziel. Er riß das Gas auf, um Schwantz zu passieren – da brach das Hinterende der Honda aus, Gardner kam ins Schleudern, geriet von

der Piste, rumpelte eine Stück über eine Wiese und hatte dann das Riesenglück, sich auf den dahinter befindlichen Hubschrauber-Landeplatz retten zu können, wo er bremsen und zurück auf die Straße steuern konnte.

Schwantz bekam den Abstecher seines Kontrahenten ins Gelände gar nicht mit: »Ich wagte nicht, mich umzudrehen, bis ich die karierte Flagge sah!« Acht Sekunden später kam Gardner als Zweiter ins Ziel und die Erleichterung darüber war ihm deutlich anzumerken: »Das war ein Dusel – um ein Haar wär's schief gegangen. In jeder anderen Kurve wäre ich mit Sicherheit schwer gestürzt.«

Hinter Lawson und Mackenzie auf den Plätzen drei und vier folgte ein ganzes Rudel Yamahas: Tadahiko Taira (der heuer nur einige Grand Prix fahren wird) schob sich vor Wayne Rainey und Kevin Magee (die beiden Roberts-Fahrer bemängelten, zu weiche Reifen bekommen und zudem Probleme mit der Motorabstimmumg gehabt zu haben), Christian Sarron und Didier DeRadigues bekrittelten mangelnde Leistung und schlechte Abstimmumg ihrer Maschinen.

Wenig Zufriedenheit auch bei den danach plazierten Honda-Piloten Yatsushiro, Miyagi und Haslam sowie bei Patrick Igoa und Piero Chili, der seine Vierzylinder mit Müh und Not auf den 14. Rang brachte: »Mit diesem Apparat kam ich einfach nicht zurecht, er hat ein so anderes Fahrverhalten als meine gewohnte Dreizylinder.«

Nicht ins Ziel kam Manfred Fischer (Gustl Reiner war gar nicht nach Japan gereist), er stürzte ebenso wie Shinichi Ito, Hisashi Yamana und Norihiko Fujiwara; Katunori Shinozaki (defekter Vorderreifen) und Marco Gentile (Motordefekt) gaben auf.

Mit einem unerwarteten Außenseiter-Sieg endete also der erste Grand Prix der Saison 1988 – und eine Sportzeitung in den Staaten trug dem mit folgender Schlagzeile Rechnung: »Good bye, Freddie – hello Kevin«.

Klasse 250 cm³

			20 Runden = 117,18 km
1. Anton Mang	Deutschland	Honda	47.14,264 = 148,850 km/h
2. Alfonso Pons	Spanien	Honda	47.14,880
3. Masaru Kobayashi	Japan	Honda	47.15,438
4. Jacques Cornu	Schweiz	Honda	47.19,239
5. John Kocinski	USA	Yamaha	47.19,837
6. Juan Garriga	Spanien	Yamaha	47.20,572
7. Jean Ruggia	Frankreich	Yamaha	47.21,598
8. Toshihiko Honma	Japan	Yamaha	47.23,828
9. Carlos Cardus	Spanien	Honda	47.29,694
10. Masumitsu Taguchi	Japan	Honda	47.33,437
11. Seigo Kikuchi	Japan	Honda	47.33,626
12. Kyoji Nanba	Japan	Yamaha	47.34,432
13. Carlos Lavado	Venezuela	Yamaha	47.35,255
14. Takayoshi Yamamoto	Japan	Yamaha	47.43,030
15. Keiji Tamura	Japan	Yamaha	47.45,210

16. Y. Hori (J) Honda 47.54,420; 17. D. McLeod (GB) EMC 47.54,707; 18. H. Tomita (J) Honda 47.54,974; 19. J−M. Mattioli (F) Yamaha 48.09,141; 20. U. Luzi (CH) Honda; 26. A. Auinger (A) Aprilia; weitere sechs Fahrer im Ziel; neun Fahrer nicht klassifiziert.

Schnellste Runde: Alfonso Pons (Honda) in 2.19,631 = 151,069 km/h
Diese Daten sind nicht mit denen des Vorjahrs vergleichbar, da die Strecke modifziert wurde.

Stand der Weltmeisterschaft

		Pkt.
Mang	Honda	20
Pons	Honda	17
Kobayashi	Honda	15
Cornu	Honda	13
Kocinski	Yamaha	11
Garriga	Yamaha	10
Ruggia	Yamaha	9
Honma	Yamaha	8
Cardus	Honda	7
Taguchi	Honda	6
Kikuchi	Honda	5
Nanba	Yamaha	4
Lavado	Yamaha	3
Yamamoto	Yamaha	2
Tamura	Yamaha	1

Trainingszeiten

Honma 2.19,794; Tamura 2.20,595; Kocinski 2.21,299; Cornu 2.21,358; Herweh 2.21,647; Balde 2.21,9o1; Taguchi 2.22,053; Yamamoto 2.22,155; Cardus 2.22,350; Lavado 2.22,417; Ruggia 2.22,542; Hori 2.22,701; Tomita 2.22,896; Cadalora 2.22,990; Casoli 2.23,101; Mang 2.23,295.

Klasse 500 cm³

			22 Runden = 128,9 km
1. Kevin Schwantz	USA	Suzuki	50.03,750 = 154,496 km/h
2. Wayne Gardner	Australien	Honda	50.12,134
3. Eddie Lawson	USA	Yamaha	50.16,474
4. Niall Mackenzie	Großbritannien	Honda	0.19,535
5. Tadahiko Taira	Japan	Yamaha	50.40,133
6. Wayne Rainey	USA	Yamaha	50.45,820
7. Kevin Magee	Australien	Yamaha	50.45,929
8. Christian Sarron	Frankreich	Yamaha	50.48,936
9. Didier DeRadigues	Belgien	Yamaha	51.04,963
10. Shunji Yatsushiro	Japan	Honda	51.14,038
11. Hikaru Miyagi	Japan	Honda	51.19,951
12. Ron Haslam	Großbritannien	Honda	51.23,795
13. Patrick Igoa	Frankreich	Yamaha	51.33,285
14. Pierfrancesco Chili	Italien	Honda	51.42,739
15. Osamu Hiwatashi	Japan	Suzuki	51.46,295

16. S. Katayama (J) Yamaha 51.49,361; 17. M. Mizutani (J) Suzuki 52.08,196; 1 Runde zurück: 18. K. Kinoshita (J) Honda; 19. A. Valesi (I) Honda. Neun Fahrer nicht klassifiziert.

Schnellste Runde: Kevin Schwantz (Suzuki) in 2.15,225 = 155,991 km/h (Rekord). Diese Daten sind nicht mit denen des Vorjahres vergleichbar, da die Strecke modifiziert wurde.

Stand der Weltmeisterschaft

		Pkt.
Schwantz	Suzuki	20
Gardner	Honda	17
Lawson	Yamaha	15
Mackenzie	Honda	13
Taira	Yamaha	11
Rainey	Yamaha	10
Magee	Yamaha	9
Sarron	Yamaha	8
DeRadigues	Yamaha	7
Yatsushiro	Honda	6
Miyagi	Honda	5
Haslam	Honda	4
Igoa	Yamaha	3
Chili	Honda	2
Hiwatashi	Suzuki	1

Trainingszeiten

Sarron 2.41,559; Lawson 2.42,103; Gardner 2.43,044; Chili 2.43,500; Magee 2.44,345; Ito 2.44,385; Haslam 2.45,039; Rainey 2.45,064; Miyagi 2.45,086; Schwantz 2.46,786; McElnea 2.46,828; DeRadigues 2.47,125; Yatsushiro 2.47,551; Mackenzie 2.48,608; Igoa 2.48,638.

Grand Prix USA

Laguna Seca, 10. April

Zuschauer: 100 000
Wetter: sonnig, 30 Grad
Streckenlänge: 3,534 km

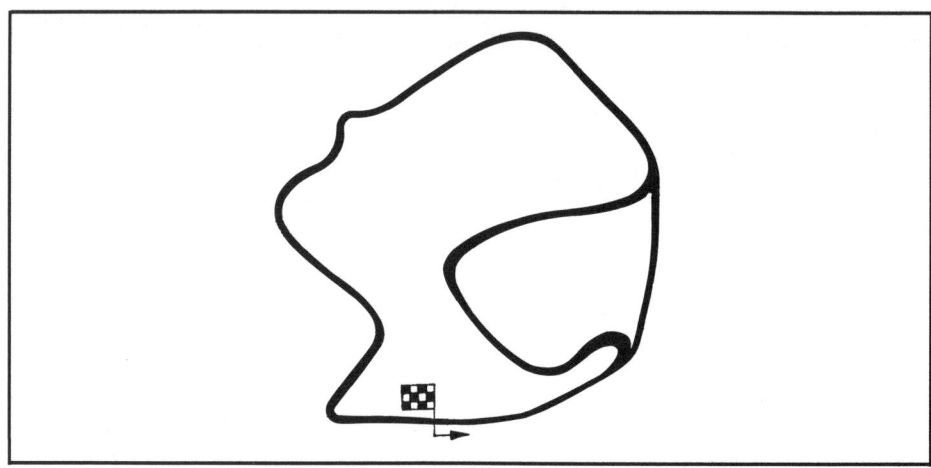

In den Vereinigten Staaten besitzt das Motorrad eine lange Tradition; sie reicht bis in die Anfänge des Jahrhunderts zurück. Marken wie Indian, Henderson oder Excelsior gingen in die Geschichte ein, großvolumige Zweiräder zumeist, von denen allein die noch heute in Milwaukee gebaute Harley-Davidson übrig geblieben ist. In den dreißiger und vierziger Jahren versank dann die Motorrad-Herstellung in den USA weitgehend zur Bedeutungslosigkeit: das Auto hatte das Motorrad gekillt.

Als die Japaner – in der Hauptsache Honda – nach neuen Absatzgebieten suchten und dabei das ungeheuere Potential der USA entdeckten, mußte Honda mit einem vorher nie dagewesenen Werbefeldzug (»You'll meet the nicest people on a Honda« – sinngemäß etwa »Die nettesten Leute fahren eine Honda«) erst einen Markt für ihre klein-

volumigen Maschinen schaffen. Den automobilgläubigen Amerikanern, die als Motorrad nur die schwere Harley-Davidson kannten, bleute Honda damals mit allen Mitteln seinen Markennamen als Synonym für das wendige, kleine Motorrad ein: man kaufte beim Händler nicht irgendein ›bike‹, sondern eine ›Honda‹; die Jungs bretterten nicht mit ihrem ›bike‹ zum Drugstore, um ihre Freunde zu treffen, sondern mit ihrer ›Honda‹.

Seltsamerweise entwickelte sich aus der Liebhaberei für das Motorrad – und die Amerikaner kauften die Flitzer aus Fernost zu Millionen – keine zum Schnellfahren oder gar Rennfahren. Offroad, also im Gelände wollten die Leute fahren, frei und ungebunden über freies, weites Land ›reiten‹; Motorrad-Rennsport fand deshalb nie größere Akzeptanz. So hatte das Riesenland auch

weniger Rennstrecken als etwa das kleine England.

Umso bemerkenswerter ist deshalb, daß die heutige Rennszene so klar von US-Fahrern dominiert wird. Zu verdanken ist das eigentlich Kel Carruthers, heute Cheftechniker im Marlboro-Yamaha Werksteam. Der gebürtige Australier war jahrelang als Privatfahrer mit dem Continental Circus unterwegs und 1969 (auf einer Werks-Benelli) Weltmeister der 250 cm^3-Klasse geworden. Er ließ sich später in Kalifornien nieder und etablierte sich dort als Tuner für Dirt Track-Maschinen. Er war es, der das außergewöhnliche Talent des blutjungen Kenny Roberts erkannte und ihn davon überzeugte, daß er das Zeug habe, in der Straßen-WM Furore zu machen.

Nachdem der kalifornische ›Cowboy‹ 1978 zum ersten Mal Weltmeister der

40

Laguna Seca, die kalifornische Strecke bei Monterey, war zum ersten Mal Austragungsort eines Grand Prix

Ordnungshüter hoch zu Roß

500er Klasse geworden war und mit seinem – damals – ungewöhnlichen Stil, ›sideways‹ durch die Kurven zu driften, die europäischen Fahrer das Fürchten gelehrt hatte, erzählte er zu Hause in den Staaten jedem, ob er es hören wollte oder nicht: »Wir brauchen wieder einen Grand Prix für unser Land. Eine Weltmeisterschaft ohne ein Rennen auf unsrer Seite des Atlantiks ist doch keine echte Weltmeisterschaft.«

Daß Kenny Roberts damals mit seinem Verlangen alles andere als offene Türen einrannte, lag daran, daß die beiden WM-Läufe, die die FIM 1964 und 1965 an die American Motorcyclist Association (AMA) zur Ausrichtung in Daytona Beach vergab, regelrechte Flops gewesen waren: sie hatten kaum Interesse bei Zuschauern und Medien gefunden, und einheimische Fahrer hatten in dem Feld der europäischen Asse keine Chance.

Erst nachdem Kenny Roberts dreimal Weltmeister war und nach ihm Eddie Lawson, Freddie Spencer und Randy Mamola in der Weltmeisterschaft ebenfalls Furore gemacht hatten, erwachte ein neues nationales Interesse für einen US-Grand Prix. In diesem Jahr nun gelang es der AMA wieder, einen WM-Lauf zu bekommen, und weil das ›Speedbowl‹ Daytona Beach heutigen Anforderungen kaum mehr gerecht würde, blieb als einzige Alternative Laguna Seca als Austragungsort. Aber auch diese Strecke mußte erst für FIM-Maßstäbe umgebaut und verlängert werden; die Verantwortlichen investierten zwar viel (von Honda, Yamaha, Shoei und Philip Morris aufgebrachtes) Kapital und gaben sich redliche Mühe, doch was bei ihren Bemühungen herauskam, hätte in Europa zu einer Palastrevolution der Fahrer geführt – eine solche Strecke wäre hierzulande undenkbar. Sogar Kel Carruthers ließ Lokalpatriotismus beiseite und wurde deutlich: »Dies ist eine lausigschlechte Strecke mit lausigschlechtem Drumherum. Ich hoffe bloß, daß hier noch eine Menge geändert wird, wenn nächstes Jahr wieder ein Grand Prix stattfinden soll.«

Literatur-Nobelpreisträger John Steinbeck (»Jenseits von Eden«) nannte einen seiner Romane ›Die Straße der Ölsardinen‹; er handelt von Tagedieben und Taugenichtsen in der Cannery Row in Monterey, der nächstgelegenen Stadt von Laguna Seca. Es liegt mir fern, etwa eine Verbindung von Motorradrennfahrern zu Tagedieben oder Taugenichtsen herstellen zu wollen – die Strecke von Laguna Seca aber hat enorme Ähnlichkeit mit dem Holperpfad Cannery Row, wie ihn Steinbeck schildert. Besonders schlimm waren die alten Streckenpassagen (Toni Mang: »Ein Acker ist nichts dagegen«), die wellig wie Blechpisten waren. Ein speziell schwieriges Stück stellte – besonders für die nicht-amerikanischen Fahrer – die ›Corkscrew Corner‹ dar: hier knickt die Strecke mit starkem Gefälle erst scharf nach links, dann nach rechts und wieder nach links ab.

Nach dem Umbau hatten aber auch die US-Fahrer ihre Probleme mit der Strecke. Eddie Lawson: »Dies ist sicher der härtest zu fahrende Kurs, den ich kenne. Es kostet enorme physische Kraft, andauernd zu bremsen, herunterzuwinkeln und wieder zu beschleunigen – da wird mancher seine Schwierigkeiten haben.« Sein großer Gegenspieler Wayne Gardner dagegen mühte sich nicht um eine elegante Umschreibung, zu der Lawson sich als nationalstolzer US-Bürger verpflichtet fühlen mochte, und kritisierte recht deutlich: »Das ist ein elend schlechter Kurs – eher geeignet als Motocross-Strecke und so eng, daß mir ganz bang wird! Wir haben so viel Leistung, aber hier kann ich die kaum ausspielen. Die Honda ist gut für zirka 300 km/h Topspeed – hier kommen wir nur auf etwa 200 Spitze.«

Einer, der mit der Strecke ›seine Schwierigkeiten‹ hatte, war Didier DeRadigues: er zollte ihr schon im Training seinen Tribut und stürzte gleich zweimal. Kenny Roberts verkniff sich daraufhin nicht folgenden Ausspruch: »Ich schätze, Eddie kriegt von Didier heuer keine Hilfe – da ist einfach nichts vorhanden.« Auch Ron Haslam legte sich mit der Elf 5 einmal hin: »Der vordere Schwingarm tauchte zu tief ein, und mir ging das Vorderrad weg.« Patrick Igoa

Eddie Lawson zirkelt vor Wayne Gardner durch die Corkscrew-Corner

stürzte ebenfalls und brach sich ein Schulterblatt.

Auch Randy Mamola hatte Schwierigkeiten, aber nicht so sehr mit der Strekke. Er mühte sich redlich, die Probleme, mit denen ihn die Cagiva immer wieder konfrontierte, zu lösen und schien dabei sogar Fortschritte zu machen, als er im zweiten Training schwer zu Fall kam, weil (wegen eines Mechanikerfehlers) der Getriebezahnkranz locker wurde und die überspringende Antriebskette das Hinterrad blockierte. Mamola erlitt eine Gehirnerschütterung, konnte die restlichen Trainings nicht mehr absolvie-

ren und mußte zu seiner eigenen und seiner Fans großen Enttäuschung auf die Teilnahme an seinem Heimat-Grand Prix verzichten.

Während Gustl Reiner und Manfred Fischer, die deutschen 500er Piloten, die Reise nach Kalifornien gescheut hatten, waren zwei der drei verletzten deutschen 250er Kämpen nach Laguna Seca gekommen: Reinhold Roth und Martin Wimmer; Manfred Herwehs Schlüsselbeinbruch war noch nicht verheilt. Gesund waren aber auch Roth und Wimmer nicht. Der HB-Matador litt noch immer erheblich unter seiner Beinver-

letzung, humpelte deutlich und war weit davon entfernt, fit zu sein. Wimmer störten Schmerzen im gebrochenen Handgelenk, und beide Fahrer durften über ihre Trainingszeiten stolz sein, denn sie waren hart erarbeitet. Auch hier gab es einige Trainingsstürze, so Paolo Casoli mit der Garelli, der sich den vierten Finger der rechten Hand brach, oder Jean-Philippe Ruggia, der junge Draufgänger auf der Gauloises-Yamaha, der gleich zweimal abstieg und ziemlich lädiert an den Start ging.

Die große Überraschung von Laguna Seca waren aber nicht die großen oder

kleinen Widrigkeiten und das seltsame ›Ambiente‹ dieser Veranstaltung (ausgerechnet im Land der unbegrenzten Möglichkeiten mußten die Teams ihre Maschinen statt in festen Boxen in provisorisch errichteten Zelten präparieren), sondern der den meisten Europäern bis dato unbekannte Jim Filice. Der 26jährige, vor Jahren eine der Entdeckungen von Kenny Roberts und jetzt Vertragsfahrer bei Honda-USA, saß auf Betreiben von Erv Kanemoto auf der vakanten 250er Werks-Honda des verletzten Shimizu und schockte das überseeische Establishment mit der zweiten Trainingszeit. Zwar kann der in Modesto lebende Kalifornier auch mit Erfolgen auf Straßenrennmaschinen aufwarten, seine Stärke aber liegt beim Dirt Track, wo er auch die vier Siege seiner bisherigen Laufbahn errang. Unbeeindruckt von dem Rummel, den er verursacht hatte, kalkulierte er nach dem Training seine Chancen für das erste Grand Prix-Rennen seines Lebens: »Erv setzte mich auf die beste Maschine, die ich je fuhr. Die Boys aus Europa, die haben doch alle viel mehr zu verlieren

als ich, ihnen steht noch eine lange Saison bevor. Ich aber habe nur dieses eine Rennen, deshalb werde ich alles riskieren. Ich denke, ich kann das Rennen gewinnen.«

Ebenfalls seinen ersten Grand Prix absolvierte ›Bubba‹ Shobert, auch er bei Honda-USA unter Vertrag. Der geborene Texaner lebt im nahen Carmel Valley, hat 32 Siege bei AMA-Nationals zu verzeichnen und ist einer der drei Fahrer in den AMA-Rekordbüchern, dem je ein ›Grand Slam‹ gelang, also mindestens ein Sieg bei jeder der sechs verschiedenen Disziplinen (Short Track, Mile, Half-Mile, TT Steeplechase, Dirt Track und Straßenrennen), die zum US-Championat zählen.

Kenny Roberts' jüngster Protegé John Kocinski fuhr auch hier wieder die YZR250 und es sprach für ihn, wie gewissenhaft er sich von Training zu Training steigerte. Agostinis Schützling Luca Cadalora – auch auf der YZR – wunderte sich: »Jedesmal, wenn ich eine schnelle Zeit fahre, zieht der nach. Dies ist die holprigste Strecke, die ich überhaupt kenne; ich weiß nicht, wie Kocinski da so schnell sein kann.« Doch der junge Kalifornier hatte sogar noch mehr in petto und setzte im dritten Training die Bestzeit. Damit waren die zwei Pole-Positionen mit Roberts-Fahrern besetzt, denn Wayne Rainey hatte die schnellste Zeit bei den 500ern gefahren – die beste Bestätigung für Roberts' Fähigkeit, seine Piloten leistungsorientiert zu führen. So verhehlte Roberts seine Zufriedenheit über die beiden Trainigsbestzeiten keineswegs, wußte aber auch: »Mit einer schnellen Runde gewinnt man kein Rennen. Die Pole ist gut für's Selbstbewußtsein und für's Prestige, aber Voraussetzung für einen Sieg ist sie nicht.«

250 cm³: Fantastischer Filice

Nach 23 Jahren wieder ein Grand Prix in den USA – und aus amerikanischer Sicht wurde er zur Offenbarung. Fast

Haslam vor Sarron, Lawson, Chili und DeRadigues in der berüchtigten Korkenzieher-Kurve

fühlten sich die regulären Weltmeister-schafts-Teilnehmer in Nebenrollen ab-gedrängt, so dominant gaben sich die US-Boys. ›Jimbo‹ Filice war von Erv Kanemoto instruiert, sein Heil in einem guten Start zu suchen (»Dann hast du von Anfang an die Nase vorn, und die andern müssen dich jagen«), doch Filice vermurkste den Start (»Es ist über fünf Jahre her, daß ich eine Zweihundert-fünfziger gefahren und gestartet habe«) und kam erst verspätet los. Umso besser gelang John Kocinski der Start, er preschte sofort an die Spitze, und hinter ihn schob sich Bubba Shobert. Als das Feld sich zum ersten Mal der ›Cork-screw‹ näherte, übernahm Shobert vor Kocinski die Führung, und am Ende der ersten Runde folgte Filice hinter Domi-nique Sarron bereits an vierter Stelle. In der nächsten rang er erst den Franzosen und dann seine beiden Landsleute nie-der – und riß die Führung an sich. Sho-bert sackte nach einem Patzer (»Mit dem Superbike hast du soviel Power, daß man einen Fehler im Handumdre-hen ausbügeln kann, aber mit so einer 250er kostet jeder Fehler enorm viel Zeit«) an die fünfte Stelle ab, während Filice mit einer ganz erstaunlichen Un-verfrorenheit die Pace machte und sich dabei jede Runde eine halbe Sekunde weiter vom Feld absetzte. Auch bei hal-ber Distanz ließ er keineswegs nach: »Wenn ich einen vor mir sehe, habe ich immer Angst, in der Hektik des Verfol-gens einen Fehler zu machen und zu stürzen, deshalb wollte ich hier um je-den Preis der Gejagte sein. Ich bin so hart gefahren, wie ich nur konnte, bis die Reifen fünf Runden vor dem Ziel rutschig wurden – aber da wußte ich schon, daß mir den Sieg keiner mehr nehmen konnte.«

Für die begeistert mitgehenden, förm-lich überschäumend enthusiastischen Zuschauer gab es nun nur noch die Fra-ge, ob ein zweiter US-Fahrer mit aufs Podium würde steigen können. John Kocinski hielt die zweite Position, bis sein Hinterreifen schlapp machte und

Jimmy Filice

ihn zu gemäßigter Gangart zwang. Sito Pons – nach schlechtem Start nach vorn gedrungen – nutzte das aus, passierte den Roberts-Azubi und machte sich dann an die Verfolgung des Spitzenrei-ters Filice, ein Vorhaben, dessen Aus-sichtslosigkeit er bald einsah: »Sein Vor-sprung war schon zu groß, also war ich mit dem zweiten Platz zufrieden.« Do-minique Sarron gelang es, sich gegen Kocinski durchzusetzen und seinen er-sten Grand Prix in dieser Saison auf Platz drei zu beenden; Shobert beein-druckte mit der Souveränität, mit der er – der Superbike-Spezialist – auf einer 87er Camel-Honda den fünften Rang belegte und dabei Kocinski noch einmal gefährlich nahe auf den Pelz rückte.

Luca Cadalora belegte den sechsten Platz, nachdem er sich getraut hatte, den vor ihm zirkelnden Toni Mang (»Ich bin rein auf Sicherheit und Ankommen gefahren, weil ich zu diesem Kartoffel-acker von Anfang an keine gute Einstel-lung finden konnte«) zu passieren. Der Suzuka-Sieger fand sich dank einer letz-ten Offensive von Jacques Cornu kurz vor dem Ziel sogar noch auf Rang acht

verdrängt, als der Schweizer in einer Blitzoffensive an Mang vorbeizog. »Echt zufrieden« mit seinem neunten Platz war Reinhold Roth: »Ich war ja praktisch sechs Monate krank und konn-te mich überhaupt nicht vorbereiten. Die Rüttelpiste war schwer zu fahren, ich bin froh, es geschafft zu haben. Von jetzt an geht's wieder aufwärts.« Juan Garriga und Bruno Casanova stritten bis ins Ziel um die Punkte für den zehnten Platz, die sich endlich der Spanier si-cherte. Loris Reggiani mit seinem ge-brochenen Handgelenk war froh über Rang zwölf, ihm folgten Ruggia, Gustl Auinger und USA-Emigrant Alan Car-ter (in Daytona zweiter hinter Kocinski) ins Ziel. Mit quälenden Schmerzen im maladem Handgelenk landete Martin Wimmer außerhalb der Punkte auf Rang 17.

Nicht ins Ziel kamen unter anderen Lu-zi, Puig, Eckl und Cardus wegen techni-scher Defekte, sowie Carlos Lavado, der stürzte.

Von seinem Erfolg und dem freneti-schen Jubel der Zuschauer regelrecht berauscht, ließ sich Jimmy Filice unter-dessen im ›Winners Circle‹ feiern und gab, strotzend vor Selbstbewußtsein, folgenden Satz von sich: »Die HRC-Honda ging fantastisch, die Michelin-Reifen gingen fantastisch, mein Shoei-Helm war fantastisch, mein Kushitani-Leder war fantastisch – und ich fuhr fantastisch!«

500 cm³: ›Made in USA‹

Was Kenny Roberts nie vergönnt war, das fiel nun seinem Nachfolger als Ya-maha-Werksfahrer, Eddie Lawson, zu: bei seinem Heimat-Grand Prix zu bril-lieren. Und Lawson hatte sich darauf mit Akribie vorbereitet und intensiv an der Abstimmung seiner Maschine ge-feilt. Auch bei der Wahl seiner Reifen überlegte er gründlich und war dann recht zuversichtlich: »Ich schätze, daß ich eine gute Chance habe.«

Die Maschine des verletzten HRC-Werksfahrers Shimizu führte Jimmy Filice zu einem großartigen Sieg

Beinahe aber hätte er sie nicht wahrnehmen können, denn der Start wurde problematisch: »Kel riet mir, möglichst hochtourig zu starten, also hielt ich die Nadel auf 13000/min, aber als ich die Kupplung losließ, ›verschluckte‹ sich der Vergaser und der Motor lief bis zur ersten Kurve sehr unsauber. Ich wußte nicht, an welcher Stelle ich lag, mir kam es vor, als sei ich ungefähr fünfzigster – ich machte die Augen zu und stach innen in den Turn 1 hinein.«

Tatsächlich lag er an siebter Position, in Führung aber war Niall Mackenzie, und der war über seinen Raketenstart selbst so perplex, daß er sich die ersten paar Runden einige Schnitzer erlaubte und sich erst wieder sammeln mußte. Hinter dem Schotten folgten Wayne Gardner, Kevin Schwantz und Wayne Rainey; Lawson schob sich noch vor dem Ende der ersten Runde an fünfte Stelle, vor Christian Sarron, Ron Haslam, Didier DeRadigues und Pierfrancesco Chili. Nachdem sich Mackenzie wieder zu voller Konzentration gezwungen hatte, fuhr er mehrere Runden um die 1.30 min und setzte sich dabei immer weiter von seinem nächsten Verfolger, Wayne Gardner, ab. Schwantz und Rainey du-

ellierten sich um Platz drei, und Lawson dahinter befürchtete, daß das Rennen für ihn schon ›gelaufen‹ sei: »Während der ersten Runden dachte ich: das war's, du hast die andern verloren.« Seine Maschine aber lief inzwischen so prächtig, daß Lawson bald Anschluß an das Paar Schwantz/Rainey fand und es belauern konnte. Wenig später ging er mühelos an Schwantz vorbei; Rainey jedoch wehrte sich lange und verbissen gegen Lawson – bis ihn der in Turn 2 mit einem tollen Manöver passierte: ganz rechts außen steuerte Lawson mit vollem Karacho in die 180 Grad-Linke hinein, rich-

47

tete die Maschine auf, bremste scharf und zog dabei nach innen, genau vor Rainey und auf die Ideallinie zum Herausbeschleunigen.

Das war so gut gegangen, daß Lawson es gleich noch zweimal durchexerzierte: in der 15. Runde schnappte er sich Gardner, in der 18. Runde Mackenzie, und als die Zuschauer einen Amerikaner an der Spitze sahen, entlud sich ihre Spannung in unbeschreiblichem Jubel. Lawson: »Für den Rest der Distanz wollte ich nichts anderes mehr als in Führung bleiben.«

Die beiden Honda-Piloten machten diesmal der Bezeichnung wirklich alle Ehre, denn, wie Gardner später meinte: »wir flogen mehr als wir fuhren. Viele Male stand ich grauenvoll quer, und mehr als einmal hatte ich regelrecht Angst, komplett abzuheben.« Beide hatten Mühe, die schiere Leistung des Motors mit dem Fahrverhalten des Chassis in Einklang zu bringen, und je weiter das Rennen fortschritt, desto cklatantcr machten sich an beiden Hondas Probleme mit den Bremsen bemerkbar. Gardner: »Nicht nur, daß das Fahrwerk so hart auf die Reifen einwirkte, daß die bald ruiniert waren, zusätzlich wurde auch die vordere Bremse so heiß, daß der Belag verschmorte.« Trotzdem ließ Gardner nicht locker, hetzte hinter Mackenzie her und überholte den HB-Mann in der berüchtigten ›Korkenzieher-Kurve‹. Zwar wagte Mackenzie in der drittletzten Runde noch einmal eine Gegenoffensive, die aber schmetterte Gardner glatt ab und sicherte sich wie schon in Japan die 17 Punkte für den zweiten Platz: »Ich hasse es, zweiter zu sein, aber mehr war heute für mich nicht zu machen.« Knapp eine Sekunde hinter ihm preschte Mackenzie über die Linie, froh und traurig zugleich: »Schade, daß

Bubba Shobert (75) und John Kocinski (80) schlugen sich bei ihrem Heimat-GP prächtig; Kevin Magee (16) fiel aus; Niall Mackenzie wurde dritter

48

**Eddie Lawson war sein Sieg
vor heimischem Publikum so wichtig
wie die Weltmeisterschaft**

mir die defekte Bremse den Sieg vereitelte – aber jetzt weiß ich, daß ich in
diesem Jahr ganz sicher noch ein Rennen gewinnen kann.«

Bei halber Distanz entschied Rainey seinen Zweikampf gegen Schwantz zu seinen Gunsten; bis zum Ziel machte er
gegen den Texaner sogar noch 13 Sekunden gut. Teamchef Roberts geizte
nicht mit Lob: »Ich glaube nicht, daß
irgendjemand die Maschine heute hätte
besser fahren können. Ich jedenfalls

nicht.« Schwantz (»Mein Sieg in Suzuka hat mir noch eine Riesenportion Extra-Auftrieb gegeben«) monierte diesmal Probleme mit der Straßenlage der Suzuki.

Christian Sarron (der Laguna Seca als einziger Europäer noch aus seiner Formel 750-Zeit kannte) landete auf Platz sechs, sicher vor Ron Haslam. DeRadigues, Rob McElnea auf der zweiten Suzuki und Mike Baldwin (bei seinem vorläufig einzigen diesjährigen GP) mußten eine Überrundung hinnehmen, Alessandro Valesi zwei, und Marco Gentile wurde trotz sieben Runden Rückstand gewertet. Nicht ins Ziel kamen Kevin Magee und Raymond Roche (Cagiva) wegen Motordefekt; Rothmans-Honda Nummer zwei-Fahrer Shunji Yatsushiro und Piero Chili stürzten.

Die letzten zehn Runden wurden für Eddie Lawson endlos lang: »Ich hatte keinen anderen Gedanken mehr als ›bloß nicht durchdrehen, nur kühles Blut behalten‹.« In dem Moment aber, wo er die karierte Flagge sah, war es mit seiner Beherrschung vorbei und der sonst so emotionslose Introvertierte explodierte geradezu in einem Freudentaumel: auf seiner Ehrenrunde hielt er in der ›Corkscrew‹ an, stieg von der Maschine und warf Helm und Handschuhe in die tobende Menge, die sich vor Begeistung die Seele aus dem Leib schrie. Doch unter dem Stars-and-Stripes Banner bei Winner's Circle feierte man nicht nur den Sieg zweier Amerikaner auf heimischem Boden, sondern der Jubel der Zuschauer galt sicher auch den Fahrern, die seit über zehn Jahren den Grand Prix-Sport mitprägten und noch prägen: Pat Hennen und Steve Baker, Kenny Roberts, Freddie Spencer, Randy Mamola, Wayne Rainey und Kevin Schwantz.

Klasse 250 cm³

31 Runden = 109,554 km

Pos	Fahrer	Land	Marke	Zeit
1.	Jim Filice	USA	Honda	48.22,545 = 135,880 km/h
2.	Alfonso Pons	Spanien	Honda	48.32,388
3.	Dominique Sarron	Frankreich	Honda	48.44,232
4.	John Kocinski	USA	Yamaha	48.47,877
5.	Bubba Shobert	USA	Honda	48.53,110
6.	Luca Cadalora	Italien	Yamaha	48.55,771
7.	Jacques Cornu	Schweiz	Honda	49.00,260
8.	Anton Mang	Deutschland	Honda	49.00,577
9.	Reinhold Roth	Deutschland	Honda	49.14,390
10.	Juan Garriga	Spanien	Yamaha	49.17,552
11.	Bruno Casanova	Italien	Aprilia	49.19,553
12.	Loris Reggiani	Italien	Aprilia	49.24,285
13.	Jean-Philippe Ruggia	Frankreich	Yamaha	49.31,975
14.	August Auinger	Österreich	Aprilia	49.32,308
15.	Alan Carter	Großbritannien	Yamaha	49.36,377

16. R. Renfrow (USA) Honda 49.48,441; 17. M. Wimmer (D) Yamaha 49.48,765; 18. D. McLeod (GB) EMC 49.53,114; 1 Runde zurück: 19. D. Greene (USA) Honda; 20. J–M. Mattioli (F) Yamaha; 21. H. Bradl (D) Honda; weitere sechs Fahrer im Ziel; neun Fahrer nicht klassifiziert.

Schnellste Runde: Bruno Casanova (Aprilia) in 1.32,321 = 137,806 km/h. Daten nicht zu vergleichen, da die Strecke modifiziert wurde.

Stand der Weltmeisterschaft		Pkt.
Pons	Honda	34
Mang	Honda	28
Kocinski	Yamaha	24
Cornu	Honda	22
Filice	Honda	20
Garriga	Yamaha	16
Kobayashi	Honda	15
Sarron	Honda	15
Ruggia	Yamaha	12
Shobert	Honda	11
Cadalora	Yamaha	10
Honma	Yamaha	8
Cardus	Honda	7
Roth	Honda	7
Taguchi	Honda	6

Trainingszeiten

Kocinski 1.32, 958; Filive 1.32,962; Sarron 1.33,121; Pons 1.33,178; Lavado 1.33,550; Casanova 1.33,747; Mang 1.33,762; Cadalora 1.33,784; Roth 1.33,797; Shobert 1.33,977; Wimmer 1.34,394; Reggiani 1.34,397.

Klasse 500 cm³

40 Runden = 141,36 km

Pos	Fahrer	Land	Marke	Zeit
1.	Eddie Lawson	USA	Yamaha	1:00.48,075 = 139,497 km/h
2.	Wayne Gardner	Australien	Honda	1:00.55,614
3.	Niall Mackenzie	Großbritannien	Honda	1:00.56,123
4.	Wayne Rainey	USA	Yamaha	1:01.02,713
5.	Kevin Schwantz	USA	Suzuki	1:01.15,534
6.	Christian Sarron	Frankreich	Yamaha	1:02.07,282
7.	Ron Haslam	Großbritannien	Honda	1:02.18,305
8.	Didier DeRadigues	Belgien	Yamaha	39 Runden
9.	Rob McElnea	Großbritannien	Yamaha	39 Runden
10.	Alessandro Valesi	Italien	Honda	38 Runden
11.	Marco Gentile	Schweiz	Fior	33 Runden

Schnellste Runde: Eddie Lawson (Yamaha) in 1.29,969 = 141,408 km/h (Rekord). Keine Vergleichswerte, da die Strecke modifiziert wurde.

Stand der Weltmeisterschaft		Pkt.
Lawson	Yamaha	35
Gardner	Honda	34
Schwantz	Suzuki	31
Mackenzie	Honda	28
Rainey	Yamaha	18
Sarron	Yamaha	18
DeRadigues	Yamaha	15
Haslam	Elf Honda	13
Taira	Yamaha	11
Magee	Yamaha	9
McElnea	Suzuki	7
Yatsushiro	Honda	6
Baldwin	Honda	6
Miyagi	Honda	5
Valesi	Honda	5

Trainingszeiten

Rainey 1.29,214; Lawson 1.29,466; Mackenzie 1.29,473; Schwantz 1.29,491; Magee 1.29,652; Gardner 1.29,766; Sarron 1.30,366; Yatsushito 1.31,445; DeRadigues 1.31,688; Chili 1.31,707; McElnea 1.31,767; Haslam 1.31,793; Igoa 1.32,459; Roche 1.32,475; Baldwin 1,32,838; Mamola 1.33,462.

Grand Prix Spanien

Jarama (Madrid), 24. April

Zuschauer: 100 000
Wetter: sonnig, 25 Grad
Streckenlänge: 3.312 km

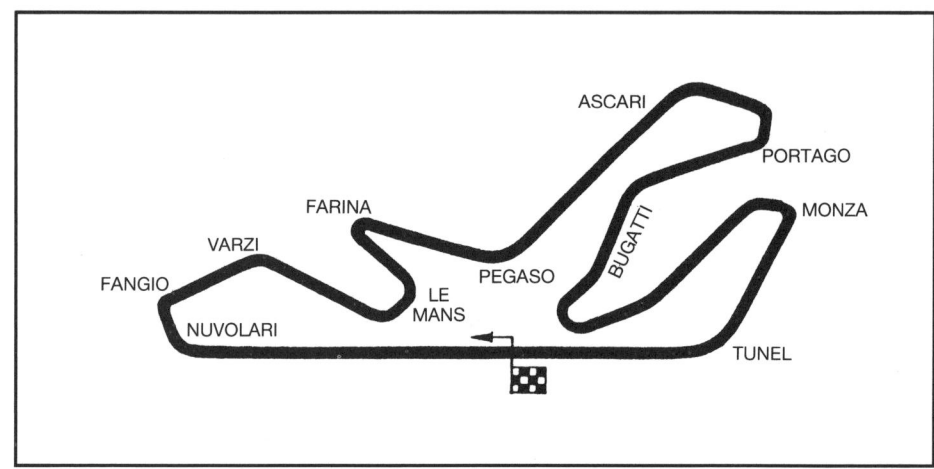

»Finally back to normal« freute sich Wayne Gardner bei seiner Ankunft in Spanien, meinte mit der ›Rückkehr zu normalen Verhältnissen‹ aber wohl hauptsächlich seine erhoffte Rückkehr aufs oberste Siegerpodest. Es fiel dem Weltmeister schwer, zu verdauen, daß er weder in Japan noch in den Staaten hatte gewinnen können, und so verkniff er sich keineswegs ziemlich harsche Worte über die Konkurrenzfähigkeit seiner Maschine. Zusätzliche Probleme verursachte zum einen die Honda-Vorderbremse, die zu heiß wurde; ein Hutzen, der kühlende Luft an die Bremsbacken führt, sollte da ab sofort Abhilfe schaffen; zum anderen beunruhigte Gardner ein ganz beträchtliches Durchdrehen des Hinterrads. Erst versuchte er, durch Verlagerung seines Körpergewichts eine Besserung zu erzielen, aber erst nachdem seine Mechaniker die Sitzbank etwas nach hinten versetzten, ließ das Durchdrehen nach. Daß nicht alles so reibungslos lief, wie Gardner das erwartet hatte (und nach seiner Überlegenheit im Vorjahr auch erwarten durfte), zerrte sichtlich an seinen Nerven. So passierte ihm denn auch am Freitag ein dummer Sturz, als er einen neuen Hinterreifen ausprobierte: »Das war unnötig! Nur gut, daß ich mich nicht verletzt habe.« Das stimmte nicht ganz, denn abends humpelte er deutlich – schlimmer noch aber war der Schlag, den der Sturz seiner Moral zugefügt hatte.

In einer echten Krise befand sich das Cagiva-Team. Randy Mamola litt nach seinem Sturz in Laguna Seca unter einer schweren Gehirnerschütterung; wegen der Ursache seines Sturzes (ein Mechanikerfehler) zermürbte sich die Crew mit gegenseitigen personellen Anklagen, wobei deutlich wurde, daß weder von Management noch von Menschenführung die Rede sein konnte. Zu allem Überfluß beschuldigte man auch noch Reifentechniker Peter Ingley, bei Pirelli seine Kompetenzen nicht besser zu nutzen. Raymond Roche maulte denn auch: »Dauernd kriegen wir neue Reifen – aber alle taugen nichts.« Jeder gegen jeden – das mußte im Fiasko enden. Entnervt verzichtete Mamola auf das Rennen (und ebenso auf den Portugal-GP); er flog am Freitag nach Varese und beschwor die Castiglioni-Brüder, bis Imola eine modifizierte Maschine zu bauen und sie bis zum Italien-Grand Prix ausgiebig zu testen und kontinuierlich zu verbessern.

Christian Sarron hat seit jeher ein Faible für diesen Kurs (»Ich liebe Jarama«) und unterstrich das mit der schnellsten Trainingszeit der zweiten Session. Beim Versuch, sich noch zu verbessern, flog

Christian Sarron (7) und Kevin Magee (16) hinter Weltmeister Wayne Gardner, dessen NSR ihm einiges Kopfzerbrechen bereitete

der Franzose am Samstag gleich zweimal aus dem Sattel, blieb aber unverletzt. Auch Ron Haslam, Shunji Yatsushiro, Tadahiko Taira (bei einem seiner einzelnen Grand Prix-Abstecher) und Kevin Schwantz hatten Trainingsstürze zu verdauen.

Lucky Strike-Team-Eigner Kenny Roberts predigt seinen Fahrern unentwegt, von welch ausschlaggebender Wichtigkeit es ist, im Training die Maschine perfekt abzustimmen. »Es ist absoluter Blödsinn, auf Biegen und Brechen nur eine schnelle Runde zustandezubringen,

die man dann über die ganze Distanz nie mehr schafft. Um siegen zu können, muß die Maschine Top-Performance bringen und es ist die verdammte Pflicht und Schuldigkeit meiner Fahrer, den Technikern dazu die richtigen Angaben zu machen. Wenn dann zusätzlich noch die Pole-Position dabei herauskommt, ist das gut – vor allem für die Moral des Fahrers und seines Mechanikers.«

Wie das richtig funktioniert, zeigte Kevin Magee im Vormittags-Training am Samstag, als er die schnellste Zeit vorlegte. Das aber ließ Eddie Lawson nicht

eher ruhen, als bis er bis auf zwei Zehntelsekunden an die Zeit des Australiers herankam. Marlboro-Cheftechniker Kel Carruthers: »Wir hatten wieder ziemliche Probleme mit der Vergasereinstellung und fanden erst spät die richtigen Daten. Deshalb konnte Eddie erst im Abschlußtraining das Fein-Tuning machen und eine schnelle Runde fahren.« Gleich drei Spanier durften sich für das 250 cm³-Rennen in der Favoritenrolle sonnen: Sito Pons, Juan Garriga und Carlos Cardus. Letzterer eroberte sich mit der Ducados-Honda die Pole-Posi-

Gute Sicht für die Fans; Trainingspause für Lawson

men und dem jungen Japaner ein paar Tips zu geben: Einstimmung auf seine künftige Rolle als Team-Manager? Shimizu, auf dessen Maschine Jimmy Filice in Laguna Seca gewonnen hatte, trat übrigens in Jarama mit Bandage am rechten Handgelenk an und war längst noch nicht wieder fit.

Auch Martin Wimmer benötigte für sein gebrochenes Handgelenk noch immer eine feste Bandage; Manfred Herweh schmerzte die in Suzuka lädierte Schulter, und Reinhold Roth, der HB Römer-Ritter ohne Furcht und Tadel, täuschte glänzend darüber hinweg, welche Überwindung er aufbringen musste, um hier schnell zu sein. Verständlich, denn der läppischste Ausrutscher konnte für ihn fatale Folgen haben.

Als klarer Favorit galt hier Sito Pons, dessen größter Vorzug seine Geduld ist, seine Fähigkeit, in brenzlichen Situationen kühles Blut zu bewahren. 1984 gewann er hier seinen ersten Grand Prix auf einer JJ Cobas, und Antonio Cobas war auch diesmal ständig in seiner Nähe und half ihm offenbar beim Präparieren der Campsa-Honda.

Ihr Debut erlebten in Spanien die neuen Einhundertfünfundzwanziger mit nur noch einem Zylinder. Mehrere Hersteller hatte das neue Reglement zu Neuentwicklungen inspiriert, so Derbi, Garelli und Cagiva, während andere – wie JJ Cobas und Aprilia – ein Rotax-Triebwerk verwendeten. Viele Käufer fand die 125er Produktions-Honda auf der Basis des im letzten Jahr unter Ezio Gianola eingesetzten Prototyps, für den Honda noch ein Tuning-Kit anbot. Litt die Achtelliterklasse in den letzten Jahren unter der Dominanz der ewig siegenden Garelli an Farblosigkeit, so gewann sie in diesem Jahr durch die Vielfalt der neu hinzugekommenen Marken. Nicht alle aber vermochten gleich mitzuhalten: die beiden Cagiva zum Beispiel, von Ian McConnachie und Pierpaolo Bianchi eingesetzt, scheiterten bei ihrem Debut an der Qualifikationshürde. Und dem erfolgverwöhnten Fausto Gresini

tion, während Garriga mit der Ducados-Yamaha ›nur‹ die vierte Zeit realisieren konnte, hinter Pons und Cornu, aber vor Toni Mang.

Der Sieger von Suzuka sah sich in Jarama mit enormen Problemen konfrontiert, weil es ihm nicht gelingen wollte, sein Fahrwerk richtig abzustimmen.

Hauptproblem-Verursacher war nach Mangs Meinung das Showa-Federbein, das er aber nicht gegen ein Konkurrenzfabrikat austauschen durfte – Showa ist eine Honda-Tochter. Trotz seiner Troubles fand der deutsche Rothmans-Star dennoch Zeit, HRC-Werksfahrer Masahiru Shimizu unter seine Fittiche zu neh-

In Jarama gelang Kevin Magee der große Coup: der Australier siegte in der 500er Klasse

blies nun ein kalter Wind ins Gesicht, denn seine einzylindrige Garelli hinkte noch hinter der Leistung der Twin her. Weil die achtziger Klasse ab 1990 nicht mehr im Rahmen der Weltmeisterschaft gefahren wird, stiegen mehrere Fahrer – wie der junge Jörg Seel oder Gerd Waibel – schon jetzt auf die 125er um. Ob die kleinste Hubraumkategorie heute noch eine Bedeutung als ›Einsteiger‹- Klasse hat oder nicht, darüber streiten sich die verschiedenen Interessenvertreter nach wie vor; mit WM-Status aber war sie doch erheblich überbewertet,

weil Anfänger sowieso nicht in der höchsten Prädikatklasse beginnen können. Fest steht auch, daß man die Qualität eines 80er Titels – so diffizil die Mini-Racer mit ihrem schmalen Drehzahlband auch zu fahren sein mögen – nicht mit dem eines Halbliterpiloten vergleichen kann; keiner der gegenwärtigen Spitzenfahrer begann übrigens in einer kleinen Klasse, alle fingen sie mindestens mit einer 250er Maschine an.

80 cm³: Große Ziele

Mit viel Geld von Philip Morris ausgestattet nahm sich Stefan Dörflinger für diese Saison vor, in beiden kleinen Klassen erfolgreich zu sein. Von Krauser bekam er wieder eine ›Werks‹-Maschine, die Tuner Herbert Rittberger seit letztem Jahr kräftig verbessert hatte, und so setzte sich der viermalige Weltmeister recht selbstbewußt den Titelgewinn zum Ziel: »Mit weniger kann ich mich eigentlich nicht zufriedengeben.« Das gleiche Vorhaben hatten auch die

55

Wayne Gardner mit seinem Betreuer Jerry Burgess

Lufthutzen sollten die Bremsen der NSR-Maschinen kühlen

hinteren Mittelfeld weggekommen war. Bravourös erfocht sich der junge Bayer Peter Öttl (wie Dörflinger und der Ungar Karoly Juhasz auf einer Werks-Krauser) den fünften Platz, vor dem Spanier Torrontegui auf einer Autisa, der ihn hart bedrängte. Juhasz, der Bulgare Nikolov, der Belgier Julin und McConnachie folgten, und weil die FIM in diesem Jahr Punkte bis zum 15. Platz vergibt, nahmen auch die Überrundeten, Jos Van Dongen, Günther Schirnhofer, Jacques Bernard, Hubert Abold und Xavier Arumi, WM-Punkte mit nach Haus.

125 cm³: Derbi-Sieg

Daß sie sich sehr gewissenhaft vorbereitet hatten und der »drohenden japanischen Gefahr« (Derbi-Teamchef Santiago Rabasa) gewaltig Paroli bieten wollten, machten die Derbi-Leute hier überdeutlich. Schon im Training war Jorge Martinez eine Sekunde schneller als alle anderen, und im Rennen distanzierte ›Aspar‹ die Konkurrenz so nachhaltig, daß der Begriff ›Heimvorteil‹ recht strapaziert werden musste. 18 Sekunden Vorsprung hatte Martinez im Ziel – die sprachen eine deutliche Sprache.

Ezio Gianola auf der (natürlich mit dem Spezial-Kit umgerüsteten Produktions- und deshalb unrichtig ›Werks‹-Maschine genannten) Italia-Honda verfolgte Martinez anfangs an zweiter Stelle, kämpfte aber einen aussichtslosen Kampf: In der vierten Runde brach seine Schaltwelle, er fuhr dennoch tapfer weiter, weil er eine Runde zuvor bemerkt hatte, daß Martinez seinen Schalldämpfer verloren hatte und er früher oder später mit dem Ausfall des Spaniers rechnete. In der vorletzten Runde ging das Honda-Getriebe dann endgültig fest und zwang den jungen Draufgänger aus Lecco zur Aufgabe.

Statt seiner holte Julian Miralles für Honda die Kastanien aus dem Feuer. Im

Derbi-Leute und ihr Star Jorge Martinez im Sinn. Die Spanier hatten den Winter über bis zum Überdruss getestet und waren bei Saisonbeginn von der Wettbewerbsfähigkeit ihrer Maschinen fest überzeugt. Ausgerechnet bei ihrem Heimat-Grand Prix ließ sie aber das

Glück im Stich; alle drei Werks-Derbi litten unter einem unerklärlichen Leistungsabfall, und so war es dem Routinier Dörflinger ein Leichtes, seine Krauser vor Martinez, Criville und Herreros ins Ziel zu bringen, und das, obwohl er den Start vermasselt hatte und erst im

Jean-Philippe Ruggia erkämpfte sich in Jarama mit der Produktions-Yamaha den hervorragenden dritten Platz in der 250 cm³-Klasse

letzten Jahr fuhr er noch Derbi, dann holte ihn sich Angel Nieto in sein Ducados-Aufgebot und sicherte sich damit ein hoffnungsvolles Talent. Miralles bestach durch seinen kämpferischen Einsatz, mit dem er sich gegen so ›alte Hasen‹ wie Grassetti, Gresini, Stadler und Waibel durchzusetzen wusste. Der Schwabe indessen musste sich bis zuletzt gegen den Japaner Unemoto wehren, der schließlich zwei Zehntelsekunden hinter Waibel siebter wurde.

Lucio Pietroniro duellierte sich bis über die Linie mit einem weiteren Japaner, Koji Takada; zwölf Sekunden hinter diesen beiden kam Hans Spaan als zehnter ins Ziel.

Hinter Heinz Lüthi, Manuel Hernandez und Stefan Prein belegte Stefan Dörlinger den kaum befriedigenden 14. Rang.

250 cm³: Stolze Spanier

Hatte schon der vorangegangene Sieg von Jorge Martinez mit seinem nichtendenwollenden Freudentaumel und die Enttäuschung über seine Niederlage die Zuschauer in ein Wechselbad der Gefühle gestürzt, so schwappten die Wogen der Erregung über den Verlauf der Viertelliterklasse schier über, und die Euphorie kannte keine Grenzen mehr.

Nicht erst die Trainingsbestzeit von Carlos Cardus signalisierte, daß in dieser Saison die Spanier in der 250 cm³-Klasse endlich ganz vorn ins Rampenlicht treten wollten. Cardus, einer der beiden Nieto-Piloten, zeigte sich besonders ›heiß‹: »Ein Sieg hier wäre mein Traum«. Er startete perfekt und preschte knapp hinter Sito Pons' Hinterrad in

die erste Kurve, überschätzte dabei aber die Haftfähigkeit seiner Reifen gewaltig und stürzte. Beim Aufprall verlor er den Helm; bewußtlos überschlug er sich mehrmals und blieb dann reglos auf der Piste liegen. Cardus erlitt einen Schädelbruch; sein Zustand wurde als ›besorgniserregend‹ beschrieben.

Sito Pons gewann durch den Crash seines Landsmanns gleich einen erklecklichen Vorsprung, weil er von dem Malheur völlig unbehelligt blieb, seine Verfolger aber alle davon behindert wurden. Pons nutzte das aus, um sich wie der Blitz davonzumachen; nach der vierten Runde lag er schon sechs Sekunden vor dem Feld. Dessen Spitze bestand zu dem Zeitpunkt aus einer Fünfergruppe: Toni Mang, Jacques Cornu, Reinhold Roth, Masahiro Shimizu und Juan Gar-

Pierfrancesco Chili kam nach
kurzer Eingewöhnungszeit sehr gut
mit der schwierig zu fahrenden
Vierzylinder-Honda zurecht

Eddie Lawson mit dem Techniker des Marlboro-Teams, Kel Carruthers

riga, dem zweiten Nieto-Fahrer, den der Sturz seines DucadosTeamgefährten gehörig geschockt hatte.

Obwohl er Pons schon nicht mehr im Blickfeld hatte, ließ sein Jagdinstinkt Toni Mang keine Ruhe – er witterte die Chance, den spanischen Honda-Mann vielleicht noch abfangen zu können, und so machte er sich daran, den Abstand zu Pons zu verringern. In der sechsten Runde fuhr der deutsche Rothmans-Star die gleiche Zeit wie Pons, und in der siebten war er gar um eine halbe Sekunde schneller. Doch seinem Vorhaben war kein Erfolg vergönnt: in der achten Runde forcierte er eine Nuance zuviel, und das quittierte seine Maschine mit einem brutalen Abwurf. Mang schlitterte an die hundert Meter auf der Piste entlang, sein Motorrad fuhr alleine weiter, bis eine Leitplanke es stoppte. Keineswegs geknickt meinte Mang: »Nicht weiter schlimm, dieser Sturz, noch habe ich 13 Rennen vor mir«, doch gerade er als gefuchster Taktiker täuschte sich innerlich sicher nicht darüber hinweg, daß es nie gut ist, in einem Rennen punktelos zu bleiben, während der Hauptkonkurrent das Punktemaximum absahnt.

Nachdem sich also Pons' Gegner Nummer eins selbst eliminiert hatte, übernahm Vizeweltmeister Reinhold Roth die zweite Position. Doch der Allgäuer vermochte sie nur kurz zu halten, dann verdrängte ihn Pons' Gegner Nummer zwei (laut Pons' eigener Analyse), Juan Garriga, der 25jährige Katalane, wie Pons in Barcelona zu Hause, trotz allem verbindenden Patriotismus' aber durchaus nicht sein Freund, der mit bewunderungswürdiger Selbstüberwindung seine Bestürzung über Cardus' Sturz wegsteckte und wieder voll auf Attacke ging.

Während Pons an der Spitze mit elf Sekunden Vorsprung ungefährdet dem Sieg entgegenfuhr und Garriga sich sicher an zweiter Stelle wähnte, gerieten die Verfolger dahinter immer mehr in die Schußlinie des Newcomers Jean-Philippe Ruggia auf der Gauloises-Yamaha, der seine Produktionsmaschine derart erbarmungslos voranpeitschte, daß er erst Carlos Lavado bezwang (der später wegen Getriebedefekts aufgab), dann Donnie McLeod (auf der EMC mit dem sicherlich schnellsten aller Rotax-Triebwerke, das laut EMC-Boss Ehrlich 84 PS hat), dann Shimizu auf der Werks-Honda und schließlich auch noch Cornu und Roth. Sogar auf Garriga ritt er noch eine letzte Attacke, die aber erfolglos

blieb. Im Ziel trennten Pons noch immer sieben Sekunden von Garriga, dem aber war Ruggia bis auf zwei Sekunden nahe gekommen. Den Doppelerfolg der beiden Spanier feierten die Zuschauer nun mit unüberbietbarem Enthusiasmus und ausuferndem Überschwang: hunderte Kanonenschläge wurden gefeuert, und in all dem Getöse ging das Beifallgeschrei der Fans fast unter, die sich vor Begeisterung heiser brüllten.

Parisienne-Fahrer Cornu landete mit beträchtlichem Abstand auf Platz vier, und Roth litt gegen Ende so unter Konditionsschwäche, daß er froh war, hinter Shimizu auf Platz sechs einzulaufen: »I bin z'friede, es isch ganz guet g'laufe.« Roth verhehlte nicht, daß ihm bei Mangs Sturz ein »großer Schreck« in die Glieder gefahren sei und er befürchtet habe, von der schleudernden Maschine getroffen zu werden – tatsächlich fehlte nur wenig.

Roth: »Anschließend hatte ich eine Weile Hemmungen am Gas, weil ich mir dachte, Punkte gibt's wieder beim nächsten Lauf, aber heile Knochen nicht.« Luca Cadalora fuhr nach verpatztem Start noch vor bis auf Rang sieben: »Mehr ist auf einer Strecke wie dieser, wo man kaum überholen kann, nicht mehr drin – das war Pech, denn mein Motor ging gut, und meine Rundenzeiten waren so schnell wie die der Spitze.« Im ›Dreierpack‹ fegten hinter dem Italiener Donnie McLeod, Martin Wimmer und Manfred Herweh über die Ziellinie, wobei der Lampertheimer besonders befreit aufatmete, denn er hatte den Schalldämpfer verloren.

Gustl Auinger brachte seine Reggiani-Replika an elfter Stelle ins Ziel, die ›Werks‹-Aprilia AF1V unter Loris Reggiani dagegen sah das Ziel nicht, sie fiel mit Motordefekt aus; schon im Training hatte sie mehrere Kolbenschaden gehabt. Hinter Mattioli, Vitali und Puig sicherte sich Harald Eckl den Punkt für den 15. Platz. Dominique Sarron (»Im Gegensatz zu meinem Bruder Christian mag ich diesen Kurs nicht«) stürzte in

60

Martin Wimmer erlebte eine Saison voller Probleme

der 13. Runde auf Position acht und der Bayer Helmut Bradl, unterstützt von Rolf Schwabe-Schott bzw. dessen Rallye Sport-Team, gab wegen einer bei einem Trainigssturz erlittenen Verletzung nach zwei Runden auf.

500 cm³: Yamaha-Duell

Ein böses Erwachen gab es für die Suzuki-Crew: Kevin Schwantz kämpfte schon im Training mit »allen möglichen« Problemen, und im Warm-up machte sein Motor erneut schlapp. Nach elf Runden gab der Texaner frustriert auf: »Für ei-

nen lausigen Punkt riskiere ich doch nicht Kopf und Kragen.«

So leicht aus der Affäre ziehen konnte Wayne Gardner sich nicht – der Australier mußte sein ganzes Können aufbieten, um hier nicht mit vollen Segeln unterzugehen. Anstatt den ›feindlichen‹ Yamahas endlich wieder gehörig Mores lehren zu können, sah sich Gardner mit eklatanten Bremsproblemen konfrontiert; ab der siebten Runde überhitzte die Honda-Vorderbremse so stark, daß Gardner unzählige Mal in große Bedrängnis geriet: »Ich hatte dann überhaupt kein Vertrauen mehr – einmal verzögerte sie okay, das nächste Mal

nicht. Ich hatte eine Stinkwut im Bauch, denn mein Motor lief heute perfekt und meinen lädierten rechten Fuß spürte ich gar nicht, und wenn diese Shit-Bremse mir nicht einen Strich durch die Rechnung gemacht hätte, hätte das Ergebnis anders ausgesehen.«

Vielleicht – vielleicht aber auch nicht. Denn Eddie Lawson ging trotz einer Schrecksekunde am Start (er erwartete das ›Go‹ einen Bruchteil zu früh, mußte seinen Körperschub zurücknehmen, neu sammeln und kam deshalb nicht ganz so furios von der Linie, wie er das kalkuliert hatte) sofort in Führung; hinter ihn schob sich die blaue Gauloises-Yamaha

Toni Mang hatte im Training Probleme mit der Fahrwerksabstimmung; im Rennen stürzte er

unter Christian Sarron, und hinter Gardner an dritter Stelle folgte die Lukky Strike-Yamaha von Kevin Magee. Förmlich umzingelt von drei Yamahas und später durch seine Bremsprobleme aus dem Konzept gebracht, hatte Wayne Gardner keine Siegchance; mit der Rückkehr zur ›Norm‹, sprich seiner unschlagbaren Überlegenheit, wurde es also wieder nichts.

Lawson verteidigte die Spitze bis zur 25. der 37 Runden, vermochte es aber nicht, ›Magoo‹ abzuschütteln, der ihn wie ein Schatten verfolgte. Der Australier zeigte Lawson mehrere Mal sein Vorderrad und nahm ihm dann die Tête ab, mußte drei Runden später aber nochmal dem Kalifornier den Vortritt lassen, ehe er sich endgültig an die Spitze setzen konnte. Rad an Rad absolvierten sie die restliche Distanz; Lawson gab sich längst noch nicht geschlagen, wurde aber in der letzten Runde beim Überrunden von Yatsushiro und Haslam behindert, während Magee glatt vorbeikam – und den Sieg einheimste.

Während der Australier einen tiefen Zug Champagner nahm und genüßlich meinte: »Schmeckt ganz gut, das Zeug – daran könnte ich mich sogar gewöhnen«, gönnte ihm Lawson sichtlich die Freude über seinen ersten GP-Erfolg (in seinem erst sechsten GP-Rennen) und sparte auch nicht mit Lob: »Magoo ist toll gefahren, er hat mich redlich geschlagen. Selbst ohne die Behinderung beim Überrunden hätte ich am Ausgang des Rennens nichts mehr ändern können.«

Wayne Gardner betrachtete seinen dritten Platz zwar als magere Ernte, »aber immer noch besser als zu stürzen«. Fast sechs Sekunden hinter ihm belegte Christian Sarron den vierten Platz: »Ich hatte mir vorgenommen, so viele Punkte wie möglich zu holen, und weil ich im Training schon zweimal abgestiegen bin, wollte ich heute nicht wieder zuviel riskieren.« Niall Mackenzie auf der von HB eingesetzten Werks-Honda trauerte einer besseren Plazierung nach: »Nach

Masahiro Shimizu

Kevin Magee

dem Start lag ich an fünfter Stelle, mußte aber Sarron ausweichen, der mich
behinderte, und sackte deshalb an
zwölfte Stelle ab. Es kostete verdammt
viel Energie, mich wieder vorzuarbeiten, und ich ärgere mich, weil ich heute
viel besser hätte abschneiden können.«
Kein Wort verlor der Schotte dagegen
über Probleme mit den Bremsen ...
Mit dem Kommentar »lahme Ente« lie-

**Niall Mackenzie
mit seinem Teamchef Erv Kanemoto**

Klasse 80 cm³			
			22 Runden = 72,865 km
1. Stefan Dörflinger	Schweiz	Krauser	36.58,811 = 118,223 km/h
2. Jorge Martinez	Spanien	Derbi	37.03,937
3. Alex Criville	Spanien	Derbi	37.05,851
4. Manuel Herreros	Spanien	Derbi	37.20,340
5. Peter Öttl	Deutschland	Krauser	37.44,012
6. Herri Torrontegui	Spanien	Autisa	37.44,390
7. Karoly Juhasz	Ungarn	Krauser	37.50,428
8. Bogdan Nikolov	Bulgarien	Krauser	38.20,154
9. Serge Julin	Belgien	Casal	38.33,258
10. Ian McConnachie	Großbritannien	Autisa	38.33,529
11. Jos Van Dongen	Niederlande	Casal	21 Runden
12. Günther Schirnhofer	Deutschland	Krauser	21 Runden
13. Jac Bernard	Belgien	Fantic	21 Runden
14. Hubert Abold	Deutschland	Krauser	21 Runden
15. Xavier Arumi	Spanien	Cobas	21 Runden

16. R. Koster (CH) LCR; 17. A. Nijenhuis (NL) Casal; 18. A. Sanchez (E) Cobas; 19. J.
Cabanes (E) Autisa; 20. J. Saez (E) Autisa; weitere drei Fahrer im Ziel. 13 Fahrer nicht
klassifiziert.
Schnellste Runde: Alex Criville (Derbi) in 1.38,668 = 120,843 km/h
Rekordhalter: Jorge Martinez (Derbi) 1.37,528 (1987)

Stand der Weltmeisterschaft

		Pkt.
Dörflinger	Krauser	20
Martinez	Derbi	17
Criville	Derbi	15
Herreros	Derbi	13
Öttl	Krauser	11
Torrontegui	Autisa	10
Juhasz	Krauser	9
Nikolov	Krauser	8
Julin	Casal	7
McConnachie	Autisa	6
Van Dongen	Casal	5
Schirnhofer	Krauser	4
Bernard	Fantic	3
Abold	Krauser	2
Arumi	Cobas	1

Trainingszeiten

Martinez 1.38,328; Dörflinger 1.39,239; Juhasz
1.40,565; Criville 1.40,831; Torrontegui 1.40,831; Herreros 1.41,053; Öttl 1.42,055; Abold 1.43,419; Ascareggi 1.43,466; McConnachie 1.43,963; Nikolov
1.44,148; Gnani 1.44,314; Schirnhofer 1.44,706; Julin
1.44,886; Van Dongen 1.44,914.

Klasse 125 cm³			
			28 Runden = 92,74 km
1. Jorge Martinez	Spanien	Derbi	45.20,869 = 122,701 km/h
2. Julian Miralles	Spanien	Honda	45.38,260
3. Gastone Grassetti	Italien	Honda	45.40,758
4. Fausto Gresini	Italien	Garelli	45.40,989
5. Adi Stadler	Deutschland	Honda	45.42,909
6. Gerd Waibel	Deutschland	Honda	45.56,660
7. Hisashi Unemoto	Japan	Honda	45.56,809
8. Lucio Pietroniro	Belgien	Honda	45.59,661
9. Koji Takada	Japan	Honda	45.59,845
10. Hans Spaan	Niederlande	Honda	46.11,393
11. Heinz Lüthi	Schweiz	Honda	46.13,158
12. Manuel Hernandez	Spanien	Honda	46.15,785
13. Stefan Prein	Deutschland	Honda	46.24,576
14. Stefan Dörflinger	Schweiz	Honda	46.35,380
15. Paul Bordes	Frankreich	Honda	46.52,842

16. J. Bolart (E) JJ Cobas 46.53,091; 17. Josef Fischer (A) Rotax 46.56,750; 18. K. Galatowicz
(GB) Honda 47.14,956; 19. C. Macciotta (I) Honda 27 Runden; 20. B. Hassaine (TN) Honda;
weitere fünf Fahrer im Ziel. Elf Fahrer nicht klassifiziert.
Schnellste Runde: Jorge Martinez (Derbi) in 1.35,670 = 124,630 km/h;
Rekordhalter: August Auinger (MBA) 1.33,258 (1987)

Stand der Weltmeisterschaft

		Pkt.
Martinez	Derbi	20
Miralles	Honda	17
Grassetti	Honda	15
Gresini	Garelli	13
Stadler	Honda	11
Waibel	Honda	10
Unemoto	Honda	9
Pietroniro	Honda	8
Takada	Honda	7
Spaan	Honda	6
Lüthi	Honda	5
Hernandez	Honda	4
Prein	Honda	3
Dörflinger	Honda	2
Bordes	Honda	1

Trainingszeiten

Martinez 1.35,55; Gianola 1.36,12; Wickström 1.36,68;
Grasini 1.36,70; Miralles 1.36,92; Grassetti 1.37,13;
Reyes 1.37,51; Spaan 1.37,54; Pietroniro 1.37,57; Dörflinger 1.37,67; Stadler 1.37,70; Takada 1.37,73; Waibel 1.37,83; Roses 1.37,94; Prein 1.38,16.

ferte der sechstplazierte Wayne Rainey seine Lucky Strike bei Cheftechniker Mike Sinclair ab. Mit letzter Kraft rettete sich Pierfrancesco Chili als Siebter ins Ziel: »Die Vierzylinder ist soviel schwerer zu fahren als die Dreizylinder«; zudem plagte ihn ein Blutstau im rechten Handgelenk, den sein zu enges Leder verursachte. Immerhin gelang es dem jungen Italiener, Didier DeRadigues auf der zweiten WerksYamaha in Schach zu halten, der allerdings zu seiner Entschuldiging sein erst vor kurzem operier-

tes rechtes Handgelenk anführte, wo er eine Tendonitis beheben ließ. Yatsushiro machte Bremsprobleme für seine Überrundung und den neunten Platz verantwortlich; Haslam beklagte Trouble mit dem Powervalve.

In seinem ersten diesjährigen Grand Prix-Lauf wollte Gustl Reiner »lediglich heil ins Ziel kommen«. Das gelang ihm nur zum Teil, denn in der 26. Runde zwang den blonden Schwaben ein Getriebedefekt zur Aufgabe.

Einem Zwang ganz anderer Art folgte

das Honda-Werksteam und legte gegen Eddie Lawson Protest wegen angeblichen Frühstarts ein, den die Jury jedoch abwies. Honda dürfte damit eine Retourkutsche gefahren sein, denn in Suzuka hatte Yamaha gleich drei Proteste vom Stapel gelassen: einen gegen Kevin Schwantz wegen Frühstarts, einen gegen die NSR500 wegen Überschreitung der zulässigen Phonwerte und einen gegen Wayne Gardner wegen Verlassens der Strecke in der letzten Runde. Alle drei Proteste wurden niedergeschlagen.

Klasse 250 cm³

31 Runden = 102,67 km

1. Alfonso Pons	Spanien	Honda	46.59,807 = 131,081 km/h
2. Juan Garriga	Spanien	Yamaha	47.07,246
3. Jean-Philippe Ruggia	Frankreich	Yamaha	47.09,119
4. Jacques Cornu	Schweiz	Honda	47.18,651
5. Masahiro Shimizu	Japan	Honda	47.26,331
6. Reinhold Roth	Deutschland	Honda	47.28,944
7. Luca Cadalora	Italien	Yamaha	47.36,486
8. Donnie Mcleod	Großbritannien	EMC	47.42,070
9. Martin Wimmer	Deutschland	Yamaha	47.42,592
10. Manfred Herweh	Deutschland	Yamaha	47.43,379
11. August Auinger	Österreich	Aprilia	47.44,398
12. Jean Mattioli	Frankreich	Diamant	47.52,994
13. Maurizio Vitali	Italien	Yamaha	47.57,092
14. Alberto Puig	Spanien	Honda	47.57,609
15. Harald Eckl	Deutschland	Honda	47.59,774

16. S. Caracchi (I) Honda 48.00,001; 17. T. Rapicault (F) Fior 48.16,910; 18. X. Cardelus (E) Aprilia 48.21,478; 19. K. Mitchel (GB) Yamaha 48.21,997; 20. A. Bronec (F) Honda 48.22,186; weitere drei Fahrer im Ziel. 13 Fahrer nicht klassifiziert.

Schnellste Runde: Alfonso Pons (Honda) in 1.30,128 = 132,293 km/h (Rekord);

Stand der Weltmeisterschaft

		Pkt.
Pons	Honda	54
Cornu	Honda	35
Garriga	Yamaha	33
Mang	Honda	28
Ruggia	Yamaha	27
Kocinski	Yamaha	24
Filice	Honda	20
Cadalora	Yamaha	19
Roth	Honda	17
Kobayashi	Honda	15
Sarron	Honda	15
Shobert	Honda	11
Shimizu	Honda	11
Honma	Yamaha	8
McLeod	EMC	8

Trainingszeiten

Cardus 1.29,507; Pons 1.29,620; Cornu 1.29,771; Garriga 1.29,773; Mang 1.29,795; Lavado 1.29,945; Roth 1.29,950; Sarron 1.30,131; Reggiani 1.30,173; Balde 1.30,191; Ruggia 1.30,570; Cadalora 1.30,615; Herweh 1.30,689; Mcleod 1.30,730; Mattioli 1.30,928;

Klasse 500 cm³

37 Runden = 122,54 km

1. Kevin Magee	Australien	Yamaha	54.52,476 = 133,991 km/h
2. Eddie Lawson	USA	Yamaha	54.53,002
3. Wayne Gardner	Australien	Honda	55.04,101
4. Christian Sarron	Frankreich	Yamaha	55.09,928
5. Niall Mackenzie	Großbritannien	Honda	55.19,466
6. Wayne Rainey	USA	Yamaha	55.32,219
7. Pierfrancesco Chili	Italien	Honda	56.04,556
8. Didier DeRadigues	Belgien	Yamaha	56.05,379
9. Shunji Yatsushiro	Japan	Honda	36 Runden
10. Ron Haslam	Großbritannien	Elf–Honda	36 Runden
11. Raymond Roche	Frankreich	Cagiva	36 Runden
12. Rob McElnea	Großbritannien	Suzuki	36 Runden
13. Alessandro Valesi	Italien	Honda	36 Runden
14. Daniel Amatriain	Spanien	Honda	36 Runden
15. Bruno Kneubühler	Schweiz	Honda	36 Runden

16. S. Manley (GB) Suzuki 35 Runden; 17. R. Nicotte (F) Honda; 18. F. Barchitta (RSM) Honda; 19. N. Schmassmann (CH) Honda; 20. J–L. Demierre (CH) Suzuki; weitere zwei Fahrer im Ziel. 12 Fahrer nicht klassifiziert.

Schnellste Runde: Kevin Magee (Yamaha) in 1.28,092 = 135,351 km/h
Rekordhalter: Wayne Gardner (Honda) 1.27,995 (1987)

Stand der Weltmeisterschaft

		Pkt.
Lawson	Yamaha	52
Gardner	Honda	49
Mackenzie	Honda	39
Rainey	Yamaha	33
Schwantz	Suzuki	31
Sarron	Yamaha	31
Magee	Yamaha	29
DeRadigues	Yamaha	23
Haslam	Elf Honda	19
Yatsushiro	Honda	13
Taira	Yamaha	11
Chili	Honda	11
McElnea	Suzuki	11
Valesi	Honda	8
Baldwin	Honda	6

Trainingszeiten

Magee 1.27,148; Lawson 1.27,352; Sarron 1.27,629; Gardner 1.27,694; Rainey 1.27,756; Schwantz 1.28,087; Mackenzie 1.28,126; DeRadigues 1.28,571; Taira 1.28,657; Chili 1.28,836; Baldwin 1.29,271; Yatsushiro 1.29,648; Haslam 1.29,819; McElnea 1.29,842; Reiner 1.30,433.

Martin Wimmer (oben) und Manfred Herweh (unten) jagten dem Erfolg hinterher

Prunkstück: Derbi-Transporter

Jorge Martinez

Ersatzteil-Depot

Ezio Gianola bewegte die 125 cm³-Honda mit großem fahrerischen Einsatz

Die Elf-Honda von Ron Haslam (oben) und die Cagiva von Randy Mamola – Exoten des 500er Felds

Wayne Gardner übte heftige Kritik
am Fahrverhalten der NSR 500 und
forderte eine Reihe Verbesserungen,
die es ihm dann ermöglichten,
vier grandiose Siege zu erringen

Eddie Lawson und die 500 cm³-Yamaha YZR bildeten eine schwer zu schlagende Kombination

Kel Carruthers, technischer Leiter im Agostini-Team

Kevin Schwantz (oben) und Kevin Magee (unten) machten Eindruck

Niall Mackenzie (oben) und Christian Sarron (unten)

Juan Garriga (11) und Dominique Sarron (4), Protagonisten der 250 cm³-Klasse

Grand Prix Portugal

Jerez de la Frontera (Spanien), 1. Mai

Zuschauer: 40 000
Wetter: bedeckt, 20 Grad
Streckenlänge: 4,218 km

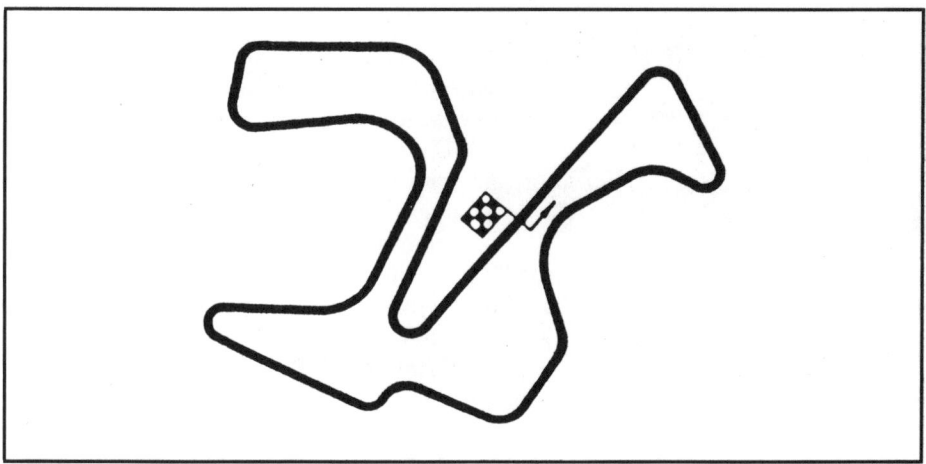

Sichtlich frustriert von der (von ihm so empfundenen) ›Schmach‹, als Weltmeister in drei Grand Prix noch keinmal gewonnen zu haben, quälte Wayne Gardner sich und seine Mechaniker auch in Jerez mit immer neuen Unzulänglichkeiten seiner Maschine. So monierte er das »grauenvoll miserable« Handling, lamentierte wieder über das Bremsproblem und beklagte zudem, daß sein Hinterrad »dauernd« durchdrehe und »null Haftung« habe. »Ich kriege einfach die Leistung des Motors nicht auf die Straße«, jammerte der Australier, dessen wunder Punkt sein Ehrgeiz ist, der ständig an ihm nagt.

Sein Teammanager Jerry Burgess gab sich gelassener: »Wayne sieht Gespenster, wo keine sind. Er ist ein bischen mit den Nerven fertig, weil er sich ins Hintertreffen geraten fühlt. Wir haben ein paar Probleme, aber sie sind keinesfalls so gravierend, wie Wayne sie darstellt. Das Durchdrehen des Hinterrads zum Beispiel kennt er doch seit Jahren, das ist eine Honda-Eigenart, die aus der enormen Motorleistung resultiert. Und die Schwierigkeit mit der Bremse, die zu heiß und dann wirkungslos wird, hat meiner Meinung nach hauptsächlich mit seiner Fahrweise zu tun. Es kommt jetzt sehr darauf an, Wayne den Rücken zu stärken, ihm Selbstvertrauen zu geben – dann fängt er sich wieder. Er will unbedingt zum Testen nach Rijeka, gut, das machen wir; und um ihm eine moralische ›Stütze‹ zu geben, holen wir Wilf Needham wieder ins Team, auf den Wayne große Stücke setzt und mit dem er seit Jahren befreundet ist.« Keinesfalls wollte Burgess den Ernst der Lage verkennen, aber auch nicht dramatisieren: »Die andern kochen auch nur mit Wasser und haben sicher auch ihre Probleme. Außerdem: ›unsere‹ Strecken kommen ja noch.«

Wie man der negativen Motorcharakteristik der NSR500 mit ihrer brutal und geradezu explosiv einsetzenden Leistung die Spitze nehmen könnte, darüber war Erv Kanemoto dieser Meinung: »Wir sollten die Kurbelwellen durch zusätzliche Gewichte an den Hubscheiben schwerer machen, dann setzt die Leistung ›sanfter‹ ein, und das Fahrverhalten würde besser. Damit könnten wir auch erreichen, daß die Maschine nicht mehr so hart auf den hinteren Reifen arbeitet, was sich bei manchen Rennen gegen Ende schon kritisch auswirkte.« Tatsächlich standen die Michelin-Techniker schon oft konsterniert vor dem Reifen-Wrack der Gardner-Honda, während der Pneu der Lawson-Yamaha nach dem gleichen Rennen lediglich ›gefahren‹ aussah.

73

Die fahrerisch sehr anspruchsvolle Strecke von Jerez forderte schon im Training ihren Tribut: Pierfrancesco Chili stürzte am Samstag und konnte wegen innerer Blutungen nicht starten; Gustl Reiner flog am Freitag aus dem Sattel und dann mit gebrochenem Schlüsselbein gleich heim; auch Kevin Schwantz schmiss sich einmal hin, blieb aber heil. Bei Suzuki ist man übrigens dabei, einen neuen Motor zu bauen, der Ende des Jahres bereits fertig sein soll.

Nur um Sekundenbruchteile voneinander getrennt qualifizierten sich die fünf Schnellsten im Training für die erste Startreihe, eine seltene Konstellation großartiger Konkurrenzfähigkeit. Angestachelt von Kevin Magees Sieg in Jarama zeigte sich diesmal sein Teamkamerad Wayne Rainey besonders ehrgeizig und verwandte viel Zeit darauf, den am besten passenden Reifen aus seiner Dunlop-Auswahl zu treffen: » Mit der richtigen Reifenwahl steht oder fällt hier alles.«

Das wußte auch Eddie Lawson und wählte einen extrem harten Vorderreifen: »Davon verspreche ich mir gegen Ende des Rennens bessere Haltbarkeit, und das könnte entscheidend werden in einem Rennen, wo vier Yamahas, eine Honda und eine Suzuki fast gleichschnell sind.«

Seine Phase völligen Motivationsmagels beendete Carlos Lavado und steigerte sich in neuerwachter Beschwingtheit zur Traingsbestzeit der Viertelliterklasse, die ihm im übrigen bei den Fünfhundertern den achten Startplatz beschert hätte. Luca Cadalora placierte die zweite Werks-Yamaha neben Lavado auf den zweiten Startplatz, zeigte sich aber trotzdem zurückhaltend wie immer: »Ich bin nicht zufrieden, denn ich vermisse Leistung im unteren Bereich, und die ist gerade in Jerez ausschlaggebend.«

Martin Wimmer feierte in Jerez letztes Jahr seinen letzten Grand Prix-Sieg; er mochte mit Wehmut daran denken, denn mit seinem käuflichen Produktionsmaterial durfte er sich – trotz neuer Zylinder, Kolben und Auspuffanlage – keine Hoffnungen auf einen Spitzenplatz machen. Zudem war er durch das gebrochene Handgelenk noch immer gehandicapt; er brauchte zwar den Verband nicht mehr, vielleicht aber hätte ihm ein ›seelisches Pflaster‹ für sein angeknacktes Ego gut getan. Statt dessen legte er sich am Freitag ungewollt hin und schuf sich so keine gute Ausgangsposition. Auch Manfred Herweh stürzte am Freitag; der Lampertheimer versuchte wieder einmal, sein Leistungsmanko durch verstärkten fahrerischen Einsatz zu egalisieren und bewegte sich dabei so weit außerhalb des Limits, daß er ›abflog‹. Unbeeindruckt davon eroberte sich Herweh dann im Abschlußtraining noch die zehnte Zeit.

Mit großer Bedachtsamkeit arbeitete Toni Mang an der Vorbereitung seiner Rothmans-Honda, dennoch gelang es ihm nicht, die richtige Abstimmung zu finden, und so ging der Weltmeister mit gemischten Gefühlen an den Start. Reinhold Roth tastete sich indessen Stück für Stück an seine alte Form heran, machte sich aber nichts vor: »Ich brauche noch einige Zeit, bis ich wieder vorn mitfahren kann.«

So hatten statt der deutschen Asse nun die Spanier das Sagen in der 250er Klasse. Sito Pons gab zwar zu, Jerez nicht sehr zu mögen, hatte sich aber dennoch vorgenommen, seinen Erfolg von Jarama zu wiederholen: »So eine Gelegenheit kommt wahrscheinlich nie wieder, zweimal hintereinander einen Grand Prix auf spanischem Boden zu haben, das muß ich doch nutzen.« Sein großer Gegenspieler Juan Garriga wollte da nicht hintanstehen: »Sito hatte letztes Mal viel Glück – diesmal wird er es nicht so leicht haben!«

Inzwischen wurde der in Jarama gestürzte Carlos Cardus aus der Intensivstation einer Madrider Klinik in die Neurologie verlegt; sein Zustand wurde als gut bezeichnet, Folgeschäden seines Schädelbruchs sind nicht zu befürchten. Weil aber seine Wiederherstellung dauern wird, vertraute Angel Nieto die vakante Honda seinem Nachwuchsmann Alberto Puig an, der sie immerhin auf den elften Startplatz stellte.

Wie schon letztes Jahr exerziert, durfte die portugiesische Federation mit Segen der FIM ihren Grand Prix auch heuer wieder an Spanien verschachern, weil die Rennstrecke von Estoril aus Sicherheitsgründen nicht homologiert werden konnte – trotz FIM-Bestimmung, daß ein Grand Prix nur noch im eigenen Land ausgetragen werden darf. Warum allerdings San Marino seinen Lauf verlor, Portugal aber nicht – das darf nicht mit logischen Maßstäben gemessen werden, denn hier walteten die weisen Allgewaltigen der FIM. Die Regierung in Lissabon sah sich übrigens veranlasst, der Veranstaltung den offiziellen Nationalitäten-Status zu entziehen; sie hieß

Start der Achtziger in Jerez: Herreros (2) liegt vor dem Feld, neben ihm sein Teamkollege Martinez, belauert von Torrontegui (21) und Criville (6); McConnachie (4) verpatzte den Start

74

Marlboro
Marlboro
Marlboro
Ducados Ducados Ducados Ducados
Campsa
Kodak Kodak Kodak
BRADOL

Jorge Martinez bestätigte sich als Nieto-Nachfolger

250 cm³: Kollisionskurs

Bereits in der Einführungsrunde verabschiedete sich Carlos Lavado mit einem kapitalen Crash (»Keine Ahnung, wie das passiert ist«) und gab damit den Auftakt zu einer Sturzserie, die innerhalb kurzer Zeit böse Ernte hielt: in der ersten Runde rammte Sito Pons den im Pulk vor ihm liegenden Alberto Puig (auf der Ducados-Honda des verletzten Cardus), kam dadurch zu Fall und schmiß damit seine 19 Punkte Vorsprung in der Tabelle ›über den Jordan‹. Mit vor wütender Enttäuschung grünbleichem Gesicht haderte der Spanier mit dem Schicksal: »So ein Pech! Ich dachte, ich hätte genug Platz für mein Überholmanöver, aber ich war zu schnell und knallte auf Puig drauf.« Nutznießer dieser Kollision war diesmal sein Hauptrivale, Juan Garriga, der nach gutem Start in Führung lag und sich anschickte, davonzuziehen, allerdings mit Masahiro Shimizu auf der Werks-Honda als Schatten, dem Reggiani, Jean-Philippe Ruggia, Dominique Sarron, Jacques Cornu, Jean-Michel Mattioli, Manfred Herweh und Toni Mang folgten.

Die zweite Runde brachte das Aus gleich für zwei Fahrer: Loris Reggiani touchierte Luca Cadalora und zerstörte dabei nicht nur seine Werks-Aprilia, sondern auch alle Chancen des Marlboro-Fahrers. Der war denn auch eine helle Empörung: »Ich will nicht sagen, daß ich heute gewonnen hätte – aber ein vorderer Platz wäre mir sicher gewesen!«

Juan Garriga preschte an der Spitze so vehement voran, daß keiner seiner Verfolger ihn mehr passieren konnte. Shimizu wagte zwar anfangs einige recht verwegene Attacken, sah aber dann ein, daß ein ›sicherer‹ zweiter Platz besser sei als ein überzogenes Risiko.

Temperamentvoll wurde um den dritten Platz gefochten. Ruggia hielt ihn bis zur achten Runde, dann ertrotzte ihn sich Sarron, mußte aber bei Halbdistanz dem

---

deshalb ›Expo 92‹. Warum auch nicht – bei der FIM geht alles.

Die Zuschauer quittierten jedenfalls den Anachronismus zweier Grand Prix-Läufe auf spanischem Boden an zwei aufeinanderfolgenden Wochenenden auf ihre Weise: nach Jerez kamen nur noch höchstens 40 000.

80 cm³: Tolle Revanche

Grandioser hätte Derbis Rachefeldzug für die vor einer Woche erlittene Niederlage nicht ausfallen können: alle drei roten Werks-Flitzer lagen diesmal vorn, und zwar gänzlich unangefochten und überlegen – Positionskämpfe fanden nur ›intern‹ statt, da aber reichlich. Jorge Martinez, Manuel Herreros und Alex Criville spielten dabei jede mögliche Konstellation durch und distanzierten sich immer weiter vom Feld; mit sicherem Abstand belegten sie die ersten drei Plätze.

Stefan Dörflinger verpatzte den Start so gründlich, daß er lange brauchte, um nach vorn zu dringen. Auf seiner Verfolgungsjagd fuhr er immerhin die schnellste Runde, fand aber schließlich auf Platz vier in Francisco Torrontegui einen hartnäckigen Widersacher, der sich mit allen Mitteln gegen eine Überholung wehrte. Erst der Ausfall des Spaniers bescherte Dörflinger Platz vier.

Nach einem Absitzer im Warm-up am Morgen und eiligen Reparaturen brachte Peter Öttl seine Krauser an fünfter Stelle ins Ziel und sicherte sich so elf WM-Punkte. Hinter Ascareggi mußte sich der Bulgare Nikolov dem Italiener Gnani im Kampf um Platz sieben beugen; dem Ungarn Juhasz waren Van Dongen und René Dünki auf den Fersen; Günter Schirnhofer mußte sich dem Belgier Bernard geschlagen geben, und hinter Arumi und Mariano landete der unglückliche Ian McConnachie außerhalb der Punkte auf Rang 16: »Das war ein Trauerspiel! Erst verreckte die Kupplung, dann die Bremsen, und der Motor hatte keine Leistung.«

Was Juan Garrigas Yamaha in der Spitze fehlte, machte der junge Spanier durch fahrerischen Einsatz wett

langen Parisienne-Reiter Cornu weichen. Doch der Schweizer sah sich anschließend immer wieder in die Defensive gedrängt, Sarron und Ruggia schoben sich noch einmal an ihm vorbei, und es gelang Cornu erst in der 21. (Ruggia) bzw. der 24. (Sarron) Runde, seine beiden Kontrahenten endgültig hinter sich zu lassen.

Trotz seiner Konditionsschwächen eroberte sich Reinhold Roth bravourös den sechsten Platz und überquerte die Ziellinie eineinhalb Sekunden vor Toni Mang, der schlecht gestartet war, in der zweiten Runde als Zehnter durchkam, bis zur fünften Runde noch drei Plätze gutmachte, schließlich aber mit dem siebten Rang zufrieden war: »Ich hatte kein Vertrauen zum Handling meiner Maschine; nachdem ich im Training nichts als Probleme hatte, wußte ich nicht, wo das Limit lag.« Offenbar wuß-

te der Showa-Techniker für Shimizus Honda die richtige Abstimmung...

Alberto Puig brachte die Ducados-Honda bei seinem ersten Versuch immerhin an achter Stelle ins Ziel, und hinter Mattioli eroberte sich Manfred Herweh dank feuriger Fahrweise den zehnten Platz, wobei ihm nicht anzumerken war, daß ihn die Prellungen seines Trainingssturzes doch schmerzten.

Martin Wimmer gab bereits nach zwei Runden auf: den sympathischen Münchner hatte eine Virusinfektion erwischt, die ihn völlig schachmatt setzte. Knapp geriet die Entscheidung um die Plätze elf bis 13: Caracchi setzte sich da gegen McLeod und Luzi durch; Harald Eckl rangierte mit Abstand dahinter an 14. Stelle. Nicht ins Ziel kam Hansi Lindner, der schon in Jarama durch viel Pech die Qualifikation nicht schaffte; diesmal schied er in der vorletzten Runde nach

einem Rutscher aus. Gustl Auinger musste in der viertletzten Runde mit Motordefekt das Handtuch werfen.

500 cm³: Erfahrungssache

Wie eine Rakete zischte Wayne Rainey vom Start, hinter ihm ordneten sich Kevin Schwantz, Eddie Lawson, Christian Sarron, Kevin Magee, Ron Haslam, Didier DeRadigues, Wayne Gardner und Rob McElnea ein. Haslam war der erste, der die Segel strich: bereits nach einer halben Runde verzögerte die Vorderbremse der Elf nur noch minimal; wenig später blockierte die Hinterbremse und zwang den Briten zur Aufgabe. Bis zur sechsten Runde fetzte die Suzuki hinter der Lucky Strike her, dann wurde sie plötzlich langsamer und Schwantz rollte mit überfluteten Vergasern aus.

Chilis Maschine nach seinem Sturz im Samstags-Training

Seine Position übernahm Magee auf der zweiten Lucky Strike, und die Roberts-Crew verfolgte mit gespannten Mienen und leuchtenden Augen ihre beiden Spitzenreiter.

Eddie Lawson an dritter Stelle hatte inzwischen nicht unbedingt leichtes Spiel gegen Christian Sarron, der ihn mit Verve attackierte. Lawson: »Ich hatte ein wenig Mühe mit Christian, weil mein harter Vorderreifen noch nicht ganz ›ready to go‹ war.« Sein Marlboro-Team-kamerad DeRadigues bedrängte indessen den Weltmeister, und das war eine Situation, die Wayne Gardner überhaupt nicht passte: »Was könnte deutlicher die Misere zeigen, in der ich stecke, wenn ich mich jetzt gegen Didier zur Wehr setzen muß!«

Nach dem ersten Drittel hatte sich Niall Mackenzie fest auf Platz sieben etabliert. Der Schotte in den HB-Farben war am Start so nervös, daß er den Motor abwürgte, anschieben musste und erst mit Verzögerung loskam. Die vermochte er dann nicht mehr zu egalisieren, zumal er zusätzlich – wie Gardner – mit dem unguten Fahrverhalten seiner Maschine zu kämpfen hatte. Sein bester

Freund, Rob McElnea, belegte mit der zweiten Suzuki hinter ihm den achten Platz, mit einer Minute und 37 Sekunden Rückstand deutlich distanziert und der letzte nicht überrundete Fahrer des Feldes.

Bis Halbdistanz war es Wayne Rainey gelungen, einen Vorsprung von vier Sekunden vor ›Magoo‹ herauszuschinden; bei Lucky Strike und Dunlop mochte man schon mit einem Doppelsieg liebäugeln – während Eddie Lawson sich endgültig von Sarron freimachte und wie der Teufel hinter den beiden Roberts-Boys herjagte. Lawson: »Mein Vorderreifen wurde endlich ›reif‹, und meine Crew signalisierte mir, daß Wayne und Kevin Reifenprobleme hatten und langsamer wurden.« Das war es, worauf ›Steady Eddie‹ spekuliert hatte: »Ich wollte am Ende noch Tempo machen können, wenn die anderen eventuell ihre Reifen schon ruiniert hatten.« Zu seinem Entsetzen mußte Rainey tatsächlich sein Tempo drosseln, und auch Magee konnte nicht mehr mithalten; beider Hinterreifen waren ›fertig‹ und sie kamen gefährlich ins Schlingern. Lawson rückte den beiden unaufhaltsam näher,

schnappte in der 21. Runde erst Magee und hetzte dann hinter Rainey her, der noch immer knapp vier Sekunden Vorsprung vor Lawson besaß. Innerhalb von nur vier Runden aber war von diesem Vorsprung nichts mehr geblieben, und Lawson saß Rainey direkt im Nakken. Der wollte seinen ersten Grand Prix-Sieg nicht kampflos abgeben und wehrte sich verzweifelt. Schließlich, nach einem harrsträubenden Slide zwei Runden vor dem Ziel, mußte Rainey seine Gegenwehr doch aufgeben, und Lawson zog vorbei, seinem zweiten Lauf-Sieg entgegen, mit dem er seine Tabellenführung auf zwölf Punkte anschwellen ließ. Mit versteinerter Miene ließ sich Wayne Rainey zum zweiten Platz gratulieren: »Ich bin tief enttäuscht – noch nie habe ich ein Rennen so lange geführt und dann nicht gewonnen!«

Kevin Magee geriet gegen Ende noch einmal unter Beschuß von Christian Sarron und vermochte sich erst in der letzten Runde mit einem Wheelie-Sprint über die Linie gegen den Franzosen durchzusetzen.

Nach diesem tollen Finish im besten Rennen der bisherigen Saison konnte Wayne Gardner nur noch trauern: »Ich hab' mir die Seele aus dem Leib fahren müssen, um fünfter zu werden. Fünfter! Wenn wir nicht bis Imola eine Lösung für unser Problem finden, dann sehe ich schwarz.« Sein japanischer Rothmans-Teamkamerad Yatsushiro stürzte in der vierten Runde an zehnter Stelle; Raymond Roche stellte seine Cagiva schon in der fünften Runde zur Seite: »Unfahrbar, das Ding.«

Gespanne: Spanischer Regen

Die ersten Tropfen rieselten schon zur Aufwärmrunde. Es wurde dennoch gestartet und wie erwartet zischten Rolf Biland und Kurt Waltisperg in ihrem neongelb lackierten Fahrzeug sofort in Führung. Im Training hatten die beiden

Nachdem Lawson (3) Sarron (7) bezwungen hatte, schlug er Rainey und Magee und siegte vor seinen Markenkollegen

Schweizer mit 1.49,37 min eine tolle Zeit vorgelegt, waren damit schneller als die Fünfhunderter und unterstrichen, daß heutige moderne Seitenwagengespanne eigentlich gar keine mehr sind, sondern Dreirad-Fahrzeuge, die immer mehr zur Automobil-Technik tendieren. Daß ein Zweispur-Fahrzeug immer höhere Kurvengeschwindigkeiten als ein einspuriges Motorrad erreichen kann, dürfte niemand mehr verblüffen, spe-

Klasse 80 cm³

18 Runden = 75,924 km

1. Jorge Martinez	Spanien	Derbi	37.36,39 = 121,134 km/h
2. Manuel Herreros	Spanien	Derbi	37.36,64
3. Alex Criville	Spanien	Derbi	37.36,92
4. Stefan Dörflinger	Schweiz	Krauser	37.57,62
5. Peter Öttl	Deutschland	Krauser	38.10,99
6. Giuseppe Ascareggi	Italien	BBFT	38.18,49
7. Gabriele Gnani	Italien		38.22,70
8. Bogdan Nikolov	Bulgarien	Krauser	38.23,07
9. Karoly Juhasz	Ungarn	Krauser	38.43,70
10. Jos Van Dongen	Niederlande	Casal	38.47,40
11. Rene Dünki	Schweiz	Krauser	38.48,14
12. Jac Bernard	Belgien	Fantic	38.50,63
13. Günter Schirnhofer	Deutschland	Krauser	38.50,98
14. Xavier Arumi	Spanien	Krauser	39.08,89
15. Jaime Mariano	Spanien	JJ Cobas	39.09,12

16. I. McConnachie (GB) Autisa 39.36,13; 17. R. Koster (CH) Casal 17 Runden; 16. E. Falencia (E) Arbizu; 23. H. Paschen (D) Casal; 24. T. Engl (D) Krauser; weitere vier Fahrer im Ziel. Elf Fahrer nicht klassifiziert.

Schnellste Runde: Stefan Dörflinger (Krauser) in 2.03,41 = 123,043 km/h;
Rekordhalter: Jorge Martinez (Derbi) 2.02,50 (1987)

Stand der Weltmeisterschaft

		Pkt.
Martinez	Derbi	37
Dörflinger	Krauser	33
Criville	Derbi	30
Herreros	Derbi	30
Öttl	Krauser	22
Juhasz	Krauser	16
Nikolov	Krauser	16
Van Dongen	Casal	11
H.Torronotegui	Autisa	10
Ascareggi	BBFT	10
Gnani	Gnani	9
Julin	Casal	7
Schirnhofer	Krauser	7
Bernard	Fantic	7
McConnachie	Autisa	6

Trainingszeiten

Martinez 2.01,96; Criville 2.03,01; Dörflinger 2.03,51; Herreros 2.04,10; Nikolov 2.05,64; Öttl 2.06,15; F.Torrontegui 2.06,24; Mariano 2.06,36; Dünki 2.06,49; McConnachie 2.07,22; Ascareggi 2.08,00; Juhasz 2.08,29; Gnani 2.08,47; Saez 2.08,59; Bernard 2.08,77.

Klasse 250 cm³

25 Runden = 105,450 km

1. Juan Garriga	Spanien	Yamaha	47.22,77 = 133,539 km/h
2. Masahiro Shimizu	Japan	Honda	47.28,38
3. Jacques Cornu	Schweiz	Honda	47.31,51
4. Dominique Sarron	Frankreich	Honda	47.31,96
5. Jean-Philippe Ruggia	Frankreich	Yamaha	47.33,17
6. Reinhold Roth	Deutschland	Honda	47.46,95
7. Toni Mang	Deutschland	Honda	47.48,49
8. Alberto Puig	Spanien	Honda	48.01,06
9. Jean-Michel Mattioli	Frankreich	Yamaha	48.02,11
10. Manfred Herweh	Deutschland	Yamaha	48.06,76
11. Stefano Caracchi	Italien	Honda	48.09,90
12. Donnie McLeod	Großbritannien	EMC	48.11,19
13. Urs Luzi	Schweiz	Honda	48.12,12
14. Harald Eckl	Deutschland	Aprilia	48.16,80
15. Bruno Casanova	Italien	Aprilia	48.27,72

16. T. Rapicault (F) Rotax 48.29,03; 17. M. Vitali (I) Aprilia 48.29,74; 18. G. Cowan (Ir) Yamaha 48.33,04; 19. B. Bonhuil (F)Honda 48.35,25; 23. Jochen Schmid (D) Honda 48.53,55; weitere fünf Fahrer im Ziel; zehn Fahrer nicht klassifiziert.

Schnellste Runde: Juan Garriga (Yamaha) in 1.51,65 = 136,004 km/h (Rekord).

Stand der Weltmeisterschaft

		Pkt.
Pons	Honda	54
Garriga	Yamaha	53
Cornu	Honda	50
Ruggia	Yamaha	38
Mang	Honda	37
Sarron	Honda	28
Shimizu	Honda	28
Roth	Honda	27
Kocinski	Yamaha	24
Filice	Honda	20
Cadalora	Yamaha	19
Kobayashi	Honda	15
McLeod	EMC	12
Herweh	Yamaha	12
Shobert	Honda	11

Trainingszeiten

Lavado 1.51,57; Cadalora 1.51,74; Pons 1.51,77; Garriga 1.51,93; Sarron 1.52,35; Ruggia 1.52,77; Cornu 1,52,86; Reggiani 1.52,90; Shimizu 1.53,20; Herweh 1.53,38; Puig 1.53,52; Roth 1.53,53; Mang 1.53,60; Mattioli 1.53,62; Eckl 1.53,69.

ziell nicht auf einer so langsamen Strecke wie Jerez.

In der zweiten Runde rauschte der Regen herab wie ein Sturzbach – und die führenden Schweizer kreiselten von der Piste. Weltmeister Webster/Hewitt übernahmen die Führung, konstatierten aber bald, daß unter den Umständen ein Weiterfahren unmöglich war und verständigten sich mit den anderen per Handzeichen, das Rennen abzubrechen. Nach der vierten Runde rollten sie an die Boxen; der Rennleitung blieb nichts anderes übrig, als die Entscheidung der Fahrer zu billigen. Nach einer dreißigminütigen Pause zum Reifenwechseln wurde ein zweiter Lauf (über 19 Runden) gestartet; das Ergebnis bestand folglich aus den addierten Zeiten beider Läufe.

Nach dem zweiten Start wurde bald klar, daß Webster/Hewitt sich bei ihrer Reifenwahl völlig vertan hatten; Biland/Waltisperg dagegen fegten davon und heimsten einen sicheren Sieg ein. In ihrem Schlepptau bewegten sich Streuer/Schnieders.

Webster/Hewitt landeten enttäuscht auf Platz drei, und Brindley/Rose münzten ihre Vorliebe für Nässe in einen vierten Platz um, sicher vor Michel/Fresc. Abbott/Smith an sechster Stelle lagen weit vor Van Kempen und Jones, und die Österreicher Stropek/Demling waren als Neunte die letzten nicht Überrundeten. Während Rolf Steinhausen und sein Compagnon Bernd Hiller bereits in der siebten Runde ausscheiden mussten, eroberte sich die Nachwuchs-Crew Scherer/Schröder die vier Punkte für den 12. Platz, und die Gebrüder Stölzle nahmen noch einen Punkt mit nach Hause.

Roland Biland und Kurt Waltisperg dominierten klar bei den Gespannen

Klasse 500 cm³

29 Runden = 122,322 km

Pos.	Fahrer	Land	Marke	Zeit
1.	Eddie Lawson	USA	Yamaha	53.47,99 = 136,419 km/h
2.	Wayne Rainey	USA	Yamaha	53.49,63
3.	Kevin Magee	AUS	Yamaha	53.55,66
4.	Christian Sarron	Frankreich	Yamaha	53.55,78
5.	Wayne Gardner	Australien	Honda	54.16,62
6.	Didier DeRadigues	Belgien	Yamaha	54.18,51
7.	Niall Mackenzie	Großbritannien	Honda	55.00,02
8.	Rob McElnea	Großbritannien	Suzuki	55.25,41
9.	Marco Papa	Italien	Honda	28 Runden
10.	Alessandro Valesi	Italien	Honda	28 Runden
11.	Daniel Amatriain	Spanien	Honda	28 Runden
12.	Steve Manley	Großbritannien	Suzuki	28 Runden
13.	Rachel Nicotte	Frankreich	Honda	28 Runden
14.	Bruno Kneubühler	Schweiz	Honda	27 Runden
15.	Mark Duyzers	Niederlande	Honda	27 Runden

16. N. Schmassmann (CH) Honda; 17. J. Doppler (A) Honda; 18. I. Pratt (GB) Suzuki; neun Fahrer nicht klassifiziert.

Schnellste Runde: Eddie Lawson (Yamaha) in 1.49,29 = 138,940 km/h (Rekord);

Stand der Weltmeisterschaft

		Pkt.
Lawson	Yamaha	72
Gardner	Honda	60
Rainey	Yamaha	50
Mackenzie	Honda	48
Magee	Yamaha	44
Sarron	Yamaha	44
DeRadigues	Yamaha	33
Schwantz	Suzuki	31
Haslam	Honda	19
McElnea	Suzuki	19
Valesi	Honda	14
Yatsushiro	Honda	13
Taira	Yamaha	11
Chili	Honda	11
Amatriain	Honda	7

Trainingszeiten

Lawson 1.50,12; Rainey 1.50,23; Magee 1.50,29; Sarron 1.50,52; Gardner 1.50,58; Schwantz 1.50,95; Makkenzie 1.51,25; DeRadigues 1.51,56; Haslam 1.51,86; Chili 1.52,11; McElnea 1.52,29; Yatsushiro 1.52,64; Papa 1.53,69; Valesi 1.55,35; Barchitta 1.55,40.

Seitenwagengespanne

22 Runden = 92,796 km

Pos.	Gespann	Land	Marke	Zeit
1.	R. Biland/K. Waltisperg	Schweiz	LCR Krauser	42.58,80 = 113,418 km/h
2.	E. Streuer/B. Schnieders	Niederlande	LCR Yamaha	42.59,30
3.	S. Webster/T. Hewitt	Großbritannien	LCR Krauser	43.41,72
4.	B. Brindley/G. Rose	Großbritannien	Krauser	44.14,68
5.	A. Michel/J.-M. Fresc	Frankreich	LCR Krauser	44.34,92
6.	S. Abbott/S. Smith	Großbritannien	Windle Yam	44.43,08
7.	T. Van Kempen/S. Birchall	Niederlande/GB	LCR Yamaha	44.51,99
8.	D. Jones/P. Brown	Großbritannien	LCR Yamaha	45.06,97
9.	W. Stropek/H. Demling	Österreich	LCR Krauser	45.18,94
10.	A./M. Zurbrügg	Schweiz	LCR Yamaha	18 Runden
11.	M. Kumano/M. Fahrni	Japan/CH	LCR TEC	18 Runden
12.	B. Scherer/T. Schröder	Deutschland	BSR Krauser	18 Runden
13.	D. Bingham/G. Irlam	Großbritannien	Yamaha	18 Runden
14.	I. Nigrowsky/M. Charpentier	Frankreich	Seymaz JPX	18 Runden
15.	F./H. Stoelzle	Deutschland	LCR Krauser	18 Runden

Vier Gespanne nicht klassifiziert.

Schnellste Runde: Webster/T.Hewitt (LCR Krauser) in 1.56,87 = 129,929 km/h
Rekordhalter: R.Biland/K.Waltisperg (Krauser) 1.53,58 (1987)

Stand der Weltmeisterschaft

	Pkt.
Biland/Waltisperg	20
Streuer/Schnieders	17
Webster/Hewitt	15
Brindley/Grahame	13
Michel/Fresc	11
Abbott/Smith	10
Van Kempen/Birchall	9
Jones/Brown	8
Stropek/Demling	7
Zurbrügg	6
Kumano/Fahrni	5
Scherer/Schröder	4
Bingham/Irlam	3
Nigrowsky/Charpentier	2
Stoelzle	1

Trainingszeiten

Biland 1.49,37; Webster 1.51,75; Michel 1.52,84; Streuer 1.53,01; Zurbrügg 1.54,17; Steinhausen 1.54,93; Kumagaya 1.55,47; Egloff 1.55,55; Abbott 1.55,86; Bosman 1.55,98; Larratte 1.56,29; Jones 1.56,30; Brindley 1.56,39; Van Kempen 1.56,84.

Grand Prix Italien

Circuito Dino Ferrari, Imola, 22. Mai

Zuschauer: 70 000
Wetter: sonnig, 20 Grad
Streckenlänge: 5,040 km

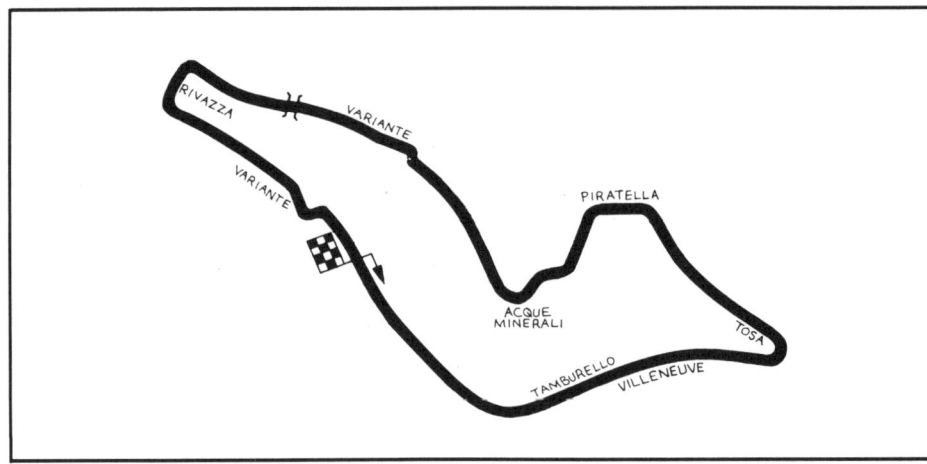

Nach Eddie Lawsons Sieg in Jerez de la Frontera orakelte Yamaha-Entwicklungsingenieur Mizoguchi: »Imola wird die Zerreißprobe für uns. Wenn wir dort auch gewinnen, werden wir wieder Weltmeister.«

Wayne Gardner setzte inzwischen alles daran, diese für ihn »alptraumhafte Vorstellung« nicht Wirklichkeit werden zu lassen: Nach dem Portugal-GP (»Ich bin so tief enttäuscht, tiefer geht's gar nicht«) hatte er seinen Teamchef beschworen, in Japan ein neues Fahrwerk zu ordern, und tatsächlich kam in der Woche darauf ein modifiziertes Chassis, mit dem sich die Rothmans-Mannschaft zum Testen nach Rijeka aufmachte. Dort herrschte allerdings so schlechtes Wetter, daß Gardner nicht zum Fahren kam und erst am andern Tag – trotz starker Windböen – einige Runden drehen konnte.

Kurz vor der Mittagspause passierte dem Weltmeister dann ein Sturz, bei dem er sich fünf Mittelfußknochen im linken Fuß (dem Schaltfuß) brach.

Von Rijeka fuhr Gardner gleich nach Imola und konsultierte dort Dr. Claudio Costa, der in Bologna als Neurologe praktiziert, die Saison über aber als Rennarzt der Clinica Mobile die Rennfahrer behandelt. Costa legte Gardner einen Spezialverband an und erklärte ihn im übrigen für durchaus rennfit. Daß aber auch für Rothmans-Star Wayne Gardner das Rennen von Imola eine Zerreißprobe bedeutete, machte sein Ausspruch deutlich: »Dieser Grand Prix ist der wichtigste der Saison für mich.« So verheimlichte er die Brüche in seinem Fuß, gab lediglich eine »Prellung« zu und sang im übrigen ein Loblied auf seinen ›neuen‹ Rahmen, mit dem er vielleicht bei der Konkurrenz die Gefüh-

le einer Maus erwecken wollte, die bereits der hypnotische Blick einer Schlange lähmt. Doch um etwas Neues handelte es sich keineswegs, sondern – im Gegenteil: man hatte ihm ein Fahrwerk gemacht, das sich an das vorjährige Modell anlehnte (aber mit höher gesetzter Schwingenachslagerung, dadurch steiler angestellter Schwinge); Gardner kam auf Anhieb viel besser mit ihm zurecht und hatte endlich »viel mehr Grip auf dem Hinterrad.« Übrigens wurden in Imola nicht mehr die Zusatz-Lufthutzen zum Kühlen der Bremse verwendet, sondern die '87er Bremse, die einfach mit größeren Bremsklötzen ›aufgerüstet‹ worden war. Obwohl Gardner den Circuito Dino Ferrari nur vom Sehen kannte und etwas Respekt vor der nicht leicht zu bewältigenden Strecke hatte, verzichtete er auf das erste Training, weil es in Strömen regnete.

82

Der Sieg in Imola bedeutete für Eddie Lawson und sein Team die Weichenstellung für die Weltmeisterschaft

Mehrere Konkurrenten purzelten da schon aus dem Sattel (Gardner: »Und das war das letzte, was ich tun wollte«), auch Eddie Lawson, aber als der Australier seine Werks-Honda am Nachmittag erstmals auf die Strecke lenkte, war er guten Mutes und fast entspannt: »Ich spüre, wie meine Zuversicht zurückkommt, alles läuft prima.«

»Wie verhext« ging es derweil beim Agostini-Team zu. Lawson wunderte sich, weil er keine schnelle Zeit erreichte, und Didier DeRadigues verwundete seine beiden Maschinen bei zwei Stürzen

so sehr, daß seine Mechaniker meuterten. Für den Samstag wurde der Belgier von seinem Teamchef dann mit Trainingsverbot belegt, falls es wieder regnen sollte; Agostini: »Didier verbraucht sonst alle unsere Ersatzteile bei einem einzigen Rennen.«

Am zweiten Trainingstag aber wurde das Wetter besser, am Nachmittag war es endlich trocken; Gardner eroberte sich die Pole-Position (»Das hat mir innerlich enorm gutgetan«) und konstatierte mit Genugtuung, daß Lawson nur die siebte Zeit erreicht hatte. Kel Car-

ruthers fand inzwischen die Ursache für Lawsons (bildliches) Hinken: durch einen Haarriß drang Wasser in einen Zylinder.

Nach fünf Jahren Pause wurde in Imola wieder ein Grand Prix ausgetragen – damals gewann Freddie Spencer in einem unvergeßlichen Duell gegen ›King‹ Kenny Roberts seinen ersten 500er Titel. Seither wurden viele Umbauten vorgenommen, die die Strecke sicherer machen sollten; heute präsentiert sich der Kurs mit seinem pittoresken Ambiente – der alte Stadtkern von Imola ist nur ein

Die Campsa-Honda von Sito Pons

paar hundert Schritte entfernt – als eine Mixtur sehr schneller Partien mit langsamen Schikanen.

Wenige Fahrer kannten die Strecke von früher, viele erkundeten sie deshalb ›im Flug‹, darunter auch Niall Mackenzie (dessen ›neuer‹ Fahrstil ungeheuer bemüht und gewollt wirkte), Ron Haslam und Piero Chili, der – im nahen Bologna zu Hause – hier eine besonders »bella figura« abgeben wollte, aber noch immer nicht ganz an die brutale Power der Vierzylinder gewöhnt ist.

Cagiva trat in Imola gleich mit drei Fahrern an; daß auch Marco Lucchinelli noch eine vierte Maschine eingesetzt hätte, zerschlug sich, weil er unbedingt Michelin-Reifen fahren wollte, Cagiva in diesem Jahr aber exclusiv an Pirelli gebunden ist. Dieser Vertrag machte auch einen Deal zunichte, der Mike Baldwin (letztes Jahr bei Kenny Roberts' Lucky Strike-Team) die Möglichkeit geboten hätte, zum Grand Prix-Zirkus zurückzukehren – aber auch er ist ein Michelin-Mann, gegen dessen Einsatz Pirelli Einspruch erhob. Der dritte Mann bei Cagiva war Testfahrer Massimo Broccoli, der sonst um die italieni-

sche Meisterschaft fährt. Nach ausgiebigen Tests in Misano und Imola wagte sich die Cagiva-Truppe zurück in die Höhle des Löwen; Randy Mamola bezeichnete die Wettbewerbsfähigkeit seines roten Renners als »nicht wirklich schlecht«, mochte sich aber nicht festlegen und meinte, es käme eben sehr darauf an, wie die neuen Pirelli-Reifen seien. Entwicklungsingenieur Peter Ingley jedenfalls sorgte mit all seiner Kompetenz dafür, daß alle Erfahrungswerte, die die Piloten erarbeiteten, unverzüglich umgesetzt wurden – so wurde in der Nacht vor dem Rennen in der Fabrik in Mailand noch einmal ein Satz Reifen hergestellt, der alle im Training aufgetretenen Negativa nicht mehr haben sollte.

Ein intensives Testprogramm hatte auch das Lucky Strike-Team nach dem Portugal-GP absolviert, zuerst in Paul Ricard, anschließend in Rijeka. Wayne Rainey und Kevin Magee erreichten dabei mühelos schnelle Zeiten und konnten es sich dann nicht verkneifen, dem Honda-Team einen kleinen Seitenhieb zu verpassen: als Gardner mit seiner Crew am nächsten Tag ankam, prangte am Tor

zum Fahrerlager ein Schild mit der Aufschrift ›Willkommen, Honda! Diese Zeiten müßt ihr schlagen: Rainey 1.31,6 und Magee 1.31,2‹. In Rijeka war auch John Kocinski dabei, der sich mit dem neuen Karbonfiber-Chassis der 250 cm^3-Produktionsrennmaschine vertraut machen sollte, das Kenny Roberts in England entwickeln ließ und das er in Imola zum ersten Mal einsetzen wollte. Dieses Fahrwerk wog zwar vier Kilo weniger als das käufliche, doch erstaunte seine Verkleidung durch unorthodoxe Optik: eine angeblich im Windkanal entwickelte strömungsgünstige Form, die allerdings Kocinski den Ausspruch entlockte: »Wie kriegt ihr denn dieses Faß durch die Tür?«

So vielversprechend die Tests in Rijeka verliefen, so enttäuschend verlief das erste Training in Imola für die Roberts-Boys Magee und Rainey. Nicht nur war Kevin Schwantz mit der Suzuki in den beiden ersten Sessionen erstaunliche drei Sekunden schneller als Magee (und alle anderen), plötzlich wurden die beiden Lucky Striker von allen möglichen Übeln heimgesucht. ›Magoo‹ maulte: »Motor, Bremsen, Reifen – alles Mist! Nichts passt, es ist zum Verzweifeln.« Am Samstag lief es dann wieder, und die zwei realisierten die vierte bzw. sechste Zeit.

In ganz ungewöhnlichen Kalamitäten befand sich nach dem dritten Training Toni Mang: der Weltmeister hatte sich noch nicht qualifiziert! Erst im Abschlußtraining überwand Mang diese Hürde und mit ihm noch eine Reihe anderer Fahrer, denen der Regen fast einen Strich durch die Rechnung gemacht hätte; nur in der ersten Session war es zehn Minuten lang trocken, dann regnete es bis Samstag, und erst das Abschlußtraining fand auf trockener Bahn statt. Unter denen, die die Qualifikation nicht schafften, waren auch Jochen Schmid und Hansi Lindner.

Der zweite Rothmans-Honda-Pilot, Dominique Sarron, fuhr bereits im ersten Training die schnellste Zeit und sicherte

Start der 125 cm³-Klasse

sich die Pole-Position endgültig im Abschlußtraining, wobei er als einziger unter der Zweiminuten-Barriere blieb.
Sito Pons verwendete in Imola erstmals
einen ›Slipstream Spoiler‹ am Heck, den
ihm Antonio Cobas konstuierte und der
den Sog des Windschattens für die
Nachfolgenden abschneiden sollte. Der
Spanier hatte inzwischen seinen Fauxpas
von Jerez »rational verarbeitet«, wie er
sagte, »und ab jetzt muß ich eben versuchen, den Fehler wieder auszubügeln.«

80 cm³: Abgekartetes Spiel

Nach hinten abgeschirmt von seinen beiden Teamkameraden Manuel Herreros
und Alex Criville brauchte sich Weltmeister Jorge Martinez nicht zu plagen:
ohne große Mühe etablierte er sich an
der Spitze, verließ sich dann auf die
Überlegenheit seiner Maschine und sah
sich erst zu schärferer Gangart gezwungen, als Stefan Dörflinger ihm auf den
Pelz rückte. Der Schweizer bewegte sich
anfangs an sechster Stelle, passierte
dann die beiden Ostblock-Repräsentan-

ten Nikolov und Juhasz, später auch die
Martinez-Leibwache Criville und Herreros, und sicherte sich gut fünf Sekunden
hinter Martinez den zweiten Platz.
Peter Öttl auf der zweiten Werks-Krauser hatte nach einem Trainingssturz Mühe mit dèm Fahren, er ließ sich deshalb
auf keine Duelle ein und belegte – mit
großem Abstand vor Giuseppe Ascareggi, Reiner Koster und René Dünki – den
siebten Platz. Jörg Seel brachte die Kon-
struktion seines Vaters Horst knapp hinter Jos Van Dongen an 12. Stelle ins
Ziel; mit seiner neuen Hundertfünfund-

zwanziger dagegen konnte er sich nicht qualifizieren, weil er deren Fahrwerksprobleme nicht in den Griff bekam – wegen einer Sturzverletzung (beim Testen in Hockenheim vor dem ersten Grand Prix) hatte er schon den Auftakt in Spanien versäumt, und so begann die Saison für Seel & Sohn ziemlich schaumgebremst.

Günter Schirnhofer (Krauser) und Heinz Paschen (Casal) gehörten zu den sieben Fahrern, die technischen Defekten zum Opfer fielen und das Ziel nicht erreichten.

125 cm³: Doppelsieg

Nachdem Jorge Martinez mit seiner Derbi beim Saisonauftakt in Spanien auf heimischem Boden so dominant auftrat, erwartete man nun, daß die Italiener bei ihrem Lauf den Spieß umdrehen und auf der Bühne Imola ins Rampenlicht zurückkehren würden.

Doch an dem ›harten Brocken‹ Martinez bissen sie sich einer nach dem anderen die Zähne aus. Weltmeister Fausto Gresini – dessen Garelli ihrer einstigen Überlegenheit deutlich hinterherhinkt – war der erste, der seinem Übereifer zum Opfer fiel: er stürzte bereits im Warm-up-Training und brach sich einen Rückenknochen.

Corrado Catalano stürzte mit der Aprilia in der zweiten Runde an fünfter Stelle; Andrea Brasini schied mit defektem Motor seiner MBA nach sieben Runden aus und machte dadurch den vierten Platz frei; Domenico Brigaglia war durch einen Trainingssturz mit der Gazzaniga so gehandicapt, daß er nur 20. wurde; Gastone Grassetti stellte in der Endphase seinen fünften Platz zur Verfügung und beschied sich – nach einem Schlenker in dichtem Kampfgetümmel nervös geworden – mit dem siebten, und Ezio Gianola schließlich, die heimliche Titel-Hoffnung Hondas und fahrerisch der stärkste der jungen italienischen Garde, sah sich wegen der eindeutigen

maschinellen Überlegenheit der Martinez-Derbi zu derart waghalsigen Manövern gezwungen, daß er in der letzten Runde seinen zweiten Platz nach einem Fast-Sturz an Manuel Herreros verlor.

Der Sieg stand für Jorge Martinez auch diesmal zu keiner Zeit in Frage und die 8,7 Sekunden, die die zweite Derbi unter Herreros im Ziel von ihm trennten, sprachen Bände. Dennoch war dieses Rennen spannend wie ein Thriller, denn

Karoly Juhasz und Herbert Rittberger

die Entscheidungen um die Plätze wurden mit großartigen Stellungsgefechten geführt und fielen erst auf den letzten Metern. Pierpaolo Bianchi dürfte dabei der einzige im italienischen Lager gewesen sein, der mit seiner Plazierung ehrlich zufrieden war, denn nach der Nichtqualifizierung der Cagiva in Jarama erreichte er diesmal mit dem vierten Platz ein akzeptables Ergebnis; im dichten Pulk stob er vor Hans Spaan, Miguel Reyes, Gastone Grassetti und Adi Stadler über die Linie.

Auch die Plätze dahinter waren dicht bevölkert: Hisashi Unemoto, Johnny Wickström, Stefan Prein, Heinz Lüthi, Alan Scott und Jussi Hautaniemi wimmelten wie im Formationsflug in dieser Reihenfolge ins Ziel. Den letzten Punkt für den 15. Platz holte Julian Miralles, dessen Ducados-Honda völlig falsch eingestellt war.

Gerd Waibel schied in der vorletzten Runde mit defektem Motor aus; Stefan Dörflinger legte seine Honda in

der vierten Runde hin, und Ian McConnachie blieb seine Pechsträhne auch diesmal treu: schon durch eine Rippenprellung gehandicapt (Trainingssturz mit der 80er Autisa, deshalb in dieser Kategorie nicht qualifiziert) ging ihm in der zweiten Runde der Motor seiner Cagiva fest.

250 cm³: Frère Dominique

Schon im Training erstaunte Dominique Sarron durch die ungewohnte Lässigkeit, mit der er es schaffte, in der ersten (nur etwa zehn Minuten dauernden) Trocken-Session die schnellste Zeit zu fahren und sich in der letzten (wieder trockenen) Session noch einmal zu steigern. Und offenbar animierte ihn die Tatsache, aus der Pole zu starten, so sehr, daß er auch das Off perfekt inszenierte und sofort in Führung schoß. Hinter ihn fädelten sich Sito Pons, Juan Garriga, Jacques Cornu, Masahiro Shimizu, Luca Cadalora, Carlos Lavado, Martin Wimmer, Toni Mang, Jean Ruggia und Loris Reggiani ein. Als das Feld sich der ersten Schikane näherte, ereignete sich das, wovor die Gegner der Kupplungsstarts so eindringlich warnten: einer – in diesem Fall der Ducados-Nachwuchsfahrer Alberto Puig auf der Werks-Yamaha des verletzten Cardus – agierte im dichten Pulk so überzogen, daß er stürzte und mehrere andere mit zu Boden riß; mehrere Fahrer konnten mit letzter Mühe noch ausweichen. Donnie McLeod, John Kocinski, Bruno Casanova, Jean-Francois Baldé und Alan Bronec fielen übereinander; lediglich McLeod konnte das Rennen fortsetzen. Kocinski war noch Stunden später fassungslos: »Da komme ich den ganzen weiten Weg herübergeflogen, bereite mich seit Wochen auf meinen dritten Grand Prix vor, meinen ersten in Europa, das Team steckte soviel Arbeit in die neue 250er Maschine – und dann schießt mich so ein Idiot ab!«

Dominique Sarron an der Spitze und

Dominique Sarron auf der 250 cm³ Rothmans Honda (4) und Juan Garriga auf der Ducados-Yamaha

Teamchef Kenny Roberts

Toni Mang

HRC-Zeitnehmer

›sicherer‹ Zweiter lieber als ein eventueller Crash.« Also ließ er den Franzosen ziehen, der mit einem Plus von fast neun Sekunden gewann und damit der fünfte Sieger im fünften Grand Prix wurde.

Loris Reggiani zog bei einem Rencontre mit Shimizu um den vierten Platz den Kürzeren, stürzte und verletzte sich dabei so, daß er auf dem Nürburgring nicht starten kann. Auch Martin Wimmer stürzte, in Runde sieben an elfter Position, in der ›Acque Minerali‹, und verletzte sich am Fuß.

Nach dem Abgang von Reggiani konnte sich Shimizu ungestört auf dem vierten Platz einrichten, vor ihm feilte Juan Garriga hinter den beiden Spitzenreitern Sarron und Pons her und das animierte den jungen Japaner zu immer forscheren Tempi: nach und nach knappste er an Garrigas Vorsprung, bis ihn nur noch vier Sekunden trennten, da aber erlöste Garriga die karierte Flagge: »Die letzten zehn Runden waren ein Trauma – mein Hinterreifen war komplett im Eimer.«

Reinhold Roth erlebte einen ›schlechten‹ Start – elfter am Ende der ersten Runde –, schob sich dann kontinuierlich nach vorn, verstrickte sich ab der neunten Runde mit Luca Cadalora in ein Duell um den fünften Platz und beugte sich am Ende dem Italiener: »Weil i unbedingt ins Ziel komme wollt.« Auch Toni Mang startete nicht gut, nachdem er die Warmlaufrunde wegen eines Problems mit dem Powervalve versäumte, kehrte er als zehnter aus der ersten Runde zurück und hatte später solche Probleme mit seiner Vorderbremse, daß er mit dem zehnten Rang hinter Lavado (»Das war das Maximum, das heute für mich möglich war!«), Cornu (»Reifenprobleme«) und Ruggia zufrieden war.

Dank einer grandiosen Aufholjagd gelang es Donnie McLeod, die bei dem Massensturz verlorene Zeit wieder einzuholen und sich vor Gustl Auinger, Stefano Caracchi, Harald Eckl und Manfred Herweh als elfter im Ziel zu plazieren.

Sito Pons knapp hinter ihm – rundenlang zogen die beiden so ihre Kreise. Pons hatte seine Honda nicht so perfekt abgestimmt wie der Franzose, er mußte ständig am Limit fahren, um den Rothmans-Mann zu halten. Der merkte etwa ab Mitte der Distanz, daß er »mit Leich-

tigkeit« noch etwas zulegen konnte, servierte Pons mit einer schnellen 58er Runde ab und ließ den Spanier endgültig hinter sich. Pons: »In Jerez habe ich mir einen Kardinalfehler geleistet – diesmal wollte ich unter allen Umständen viele Punkte holen, und da war mir ein

Niall Mackenzie auf der 500er HB HRC-Werksmaschine

500 cm³: Zerreißproben

Aus der zweiten Startreihe katapultierte sich Eddie Lawson sofort in Führung – und dort blieb er, bis er nach 25 Runden als Sieger abgewinkt wurde: »Das war's, was ich wollte – gewinnen!« Hatte er nicht mit einem Angriff von Gardner gerechnet? »Doch. Aber er scheint irgendwie furchtbar frustriert zu sein, und in einer solchen Verfassung fährt auch ein Gardner nicht so gut wie sonst. Ich kann ihn verstehen, denn mir ging es letztes Jahr ähnlich«.

So klar die Sache für den Marlboro-Piloten war, so turbulent ging es hinter ihm zu. Wayne Gardner, Didier DeRa-digues, Wayne Rainey und Kevin Schwantz lagen nach zehn Runden noch dicht hinter Lawson, als DeRadigues sich den dritten Sturz dieses Wochenendes leistete. Dadurch verloren die beiden Amerikaner den Kontakt zu Gardner, der nun Lunte roch, sein Tempo forcierte und hinter Lawson herhetzte. Doch in der 15. Runde agierte der Weltmeister – inzwischen nur noch 1,3 Sekunden hinter seinem Erzrivalen – eine Spur zu forsch, die Honda ging ihm »hinten seitwärts weg«, er holperte von der Strecke und schlug sich dabei den – schon verletzten – Fuß an. Gardner: »Von da ab schmerzten die Brüche höllisch, und ich war heilfroh, überhaupt zu Ende fahren zu können.« 15 Sekunden hinter Lawson kam der Weltmeister schließlich ins Ziel, und als Anerkennung für dessen Bemühungen überreichte er Dr. Costa das Kuvert mit seinem gesamten Preisgeld (immerhin 12 000 Schweizer Franken). Gardner: »Ohne ihn hätte ich wahrscheinlich gar nicht starten können.« Unter welch enormer Nervenbelastung er seit seinem Sturz in Rijeka gestanden haben mußte, wurde ersichtlich, als er wenig später in Tränen ausbrach.

Wayne Rainey kam bei halber Distanz in einer der Schikanen in eine bedrohliche Situation: als er voll bremste – tat sich gar nichts. »Von da ab riskierte ich

absolut nichts mehr und konzentrierte mich nur aufs Ankommen.« Sein nächster Verfolger aber war ebenfalls in Troubles, denn auch die Suzuki von Schwantz hatte im letzten Drittel Bremsprobleme, und so drohte dem Kalifornier keine Gefahr durch den Texaner.

In der neunten Runde eskalierte die Auseinandersetzung um den sechsten Platz, die sich Christian Sarron, Kevin Magee, Niall Mackenzie und Piero Chili lieferten; der Schotte peilte seine HB-Werks-Honda eben an der Lucky Strike von Magee vorbei, als Sarron umwarf,

Mackenzie mußte ausweichen und knallte in die Leitplanke. Sofort war er wieder auf den Beinen und setzte das Rennen fort, doch seine Maschine hatte mehrere Treffer abbekommen: ein Loch in der Verkleidung und einen böse verbogenen Lenker. An 14. Stelle nahm Mackenzie die Jagd wieder auf und schaffte es sogar noch, sich bis zum Ziel wieder auf Platz elf vorzuarbeiten. Auch ›Magoo‹ erlebte durch den unkonventionellen Abgang des Franzosen eine Schrecksekunde, meisterte die haarige Situation aber mit einem kurzen Ausritt in die Wiese. Weil DeRadigues eine

Runde später ›ausstieg‹, wurde das Duell Magee gegen Chili nun um Platz fünf geführt; der Italiener bezwang den Australier einmal (in Runde 21), mußte sich am Ende aber doch dem Stärkeren beugen. Spanien-Sieger Magee ärgerte sich trotzdem: »Ich wollte superschlau sein und nahm einen besonders harten Reifen, weil ich dachte, ich könnte am Ende damit mehr Speed fahren – aber das haute nicht hin.«

Ein zweites Quartett focht dahinter um Platz sieben: Tadahiko Taira, Raymond Roche, Shunji Yatsushiro und Randy Mamola. Letzterer warf all sein Können

---

80 cm³:

14 Runden = 70,560 km

1. Jorge Martinez	Spanien	Derbi	31.49,85 = 133,531 km/h
2. Stefan Dörflinger	Schweiz	Krauser	31.55,20
3. Manuel Herreros	Spanien	Derbi	31.58,29
4. Alex Criville	Spanien	Derbi	31.59,65
5. Karoly Juhasz	Ungarn	Krauser	32.10,19
6. Bogdan Nikolov	Bulgarien	Krauser	32.35,77
7. Peter Öttl	Deutschland	Krauser	32.55,75
8. Giuseppe Ascaregggi	Italien	BBFT	32.59,61
9. Reiner Koster	Schweiz	LCR Kroko	33.01,27
10. Rene Dünki	Schweiz	Krauser	33.01,55
11. Jos Van Dongen	Niederlande	Casal	33.02,07
12. Jörg Seel	Deutschland	Seel	33.03,06
13. Gabriele Gnani	Italien	Gnani	33.07,49
14. Bert Smit	Niederlande	Casal	33.08,50
15. Serge Julin	Belgien	Casal	33.13,32

16. M.Ehinger (D) Krauser 33.20,36; 17. P. Bordes (F) RB 33.20,55; 18. R. Kunz (Ziegler) 33.30,28; 19. R. Lionel (F) Krauser 33.39,98; 22. R. Hobl (D) Krauser 13 Runden; weitere acht Fahrer im Ziel; sieben Fahrer nicht klassifiziert.

Schnellste Runde: Jorge Martinez (Derbi) in 2.12,75 = 137,220 km/h (Rekord)

Trainingszeiten

Martinez 2.12,00; Dörflinger 2.13,96; Criville 2.16,75; Herreros 2.17,14; Nikolov 2.18,21; Ascaregggi 2.19,75; Seel 2.20,44; Torrontegui 2.20,79; Koster 2.20,81; Gnani 2.21,17; Van Dongen 2.21,53; Smit 2.21,63, Julin 2.22,41; Bordes 2.22,48; Nijenhuis 2.22,78.

Klasse 125 cm³

18 Runden = 90,720 km

1. Jorge Martinez	Spanien	Derbi	39.16,43 = 139,146 km/h
2. Manuel Herreros	Spanien	Derbi	39.25,13
3. Ezio Gianola	Italien	Honda	39.29,29
4. Pierpaolo Bianchi	Italien	Cagiva	39.30,10
5. Hans Spaan	Niederlande	Honda	39.30,25
6. Miguel Reyes	Spanien	Garelli	39.30,43
7. Gastone Grassetti	Italien	Honda	39.30,66
8. Adi Stadler	Deutschland	Honda	39.31,57
9. Hisahi Unemoto	Japan	Honda	39.51,58
10. Johnny Wickström	Finnland	Honda	39.52,47
11. Stefan Prein	Deutschland	Honda	39.52,90
12. Heinz Lüthi	Schweiz	Honda	39.53,25
13. Alan Scott	USA	Honda	39.55,78
14. Jussi Hautaniemi	Finnland	Honda	39.56.70
15. Julian Miralles	Spanien	Honda	40.03,06

16. E. Kytola (SF) Honda 40.14,69; 17. J. Fischer (A) Rotax 40.20,61; 18. A. Waibel (D) Honda 40.21,92; 19. K. Galatowicz (GB) Honda 40.22,19; 20. D. Brigaglia (I) Gazzaniga 40.31,61; 23. H. Abold (D) Honda 41.01,17; weitere fünf Fahrer im Ziel; neun Fahrer nicht klassifiziert.

Schnellste Runde: Jorge Martinez (Derbi) in 2.08,39 = 141,880 km/h (Rekord)

Trainingszeiten

Martinez 2.08,14; Gianola 2.08,72; Gresini 2.10,04; Bianchi 2.10,21; Catalano 2.10,27; Grassetti 2.10,33; Spaan 2.11,01; Brasini 2.11,36; Herreros 2.11,40; Pietroniro 2.11,43; Stadler 2.11,54; Miralles 2.11,60; Dörflinger 2.11,66; McConnachie 2.11,66; Lüthi 2.11,84.

Große Rivalen:
Wayne Gardner und Eddie Lawson

in die Waagschale (»Ich wollte unbedingt ein akzeptables Resultat erzwingen«), presste sich nacheinander an seinen Kontrahenten vorbei und wurde für seine Mühe mit dem siebten Platz belohnt. ›Hachi‹ Yatsushiro auf der zweiten Rothmans-Honda huschte hinter Mamola ins Ziel, und Roche erkämpfte sich mit der zweiten Cagiva den neunten Platz. In dem Moment, wo er die Ziellinie überquerte, nahm der Franzose das Gas weg – und wurde mit Vollgas von Taira gerammt. Anschließend hatte Dr. Costa wieder flott zu tun: er mußte Ro-

ches gebrochenen Fuß operieren; Taira brach sich eine Schulter.

Die dritte Cagiva unter Broccoli fiel aus; Roger Burnett – letztes Jahr noch im Rothmans-Honda-Stall und heuer notgedrungen in die Superbike-Meisterschaft abgewandert – brachte bei seinem Grand Prix-Abstecher (»Ich wünschte, ich könnte zurückkehren«) eine Honda des Katayama-Teams nur zwei Runden weit; unser Gustl Reiner fehlte wegen Verletzung und sein Teamkollege Manfred Fischer stellte die Hein Gericke-Honda nach neun Runden ab.

Klasse 250 cm³

22 Runden = 110,880 km

1. Dominique Sarron	Frankreich	Honda	43.57,53 = 151,942 km/h
2. Alfonso Pons	Spanien	Honda	44.06,17
3. Juan Garriga	Spanien	Yamaha	44.13,41
4. Masahiro Shimizu	Japan	Honda	44.17,80
5. Luca Cadalora	Italien	Yamaha	44.25,57
6. Reinhold Roth	Deutschland	Honda	44.29,43
7. Carlos Lavado	Venezuela	Yamaha	44.32,42
8. Jacques Cornu	Schweiz	Honda	44.35,57
9. Jean Ruggia	Frankreich	Yamaha	44.37,66
10. Anton Mang	Deutschland	Honda	44.45,64
11. Donnie McLeod	Großbritannien	EMC	45.17,96
12. Manfred Herweh	Deutschland	Yamaha	45.18,73
13. Harald Eckl	Deutschland	Aprilia	45.19,16
14. Stefano Caracchi	Italien	Honda	45.23,09
15. August Auinger	Österreich	Aprilia	45.24,10

16. M. Matteoni (I) Yamaha 45.31,82; 17. P. Casoli (I) Garelli 45.40,41; 18. S. Minich (A) Yamaha 45.44,06; 19. X. Cardelus (And) Aprilia 45.55,48; 20. J. Foray (F) Yamaha 45.56,77; weitere drei Fahrer im Ziel; 13 Fahrer nicht klassifiziert.

Schnellste Runde: Dominique Sarron (Honda) in 1.58,69 = 153,450 km/h (Rekord)

Stand der Weltmeisterschaft

		Pkt.
Pons	Honda	71
Garriga	Yamaha	68
Cornu	Honda	58
Sarron	Honda	48
Ruggia	Yamaha	45
Mang	Honda	43
Shimizu	Honda	41
Roth	Honda	37
Cadalora	Yamaha	30
Kocinski	Yamaha	24
Filice	Honda	20
McLeod	EMC	17
Herweh	Yamaha	16
Kobayashi	Honda	15
Lavado	Yamaha	12

Trainingszeiten

Sarron 1.59,99; Lavado 2.00,13; Garriga 2.00,17; Pons 2.00,46; Cadalora 2.00,67; Roth 2.01,01; Shimizu 2.01,07; Puig 2.01,10; Cornu 2.01,63; Wimmer 2.02,05; Reggiani 2.02,19; Casanova 2.02,22; Kocinski 2.02,38; Mang 2.02,55; Herweh 2.02,84;

Klasse 500 cm³

25 Runden = 126,000 km

1. Eddie Lawson	USA	Yamaha	48.17,16 = 157,188 km/h
2. Wayne Gardner	Australien	Honda	48.32,67
3. Wayne Rainey	USA	Yamaha	48.43,90
4. Kevin Schwantz	USA	Suzuki	48.50,02
5. Kevin Magee	Australien	Yamaha	49.05,65
6. Pierfrancesco Chili	Italien	Honda	49.10,28
7. Randy Mamola	USa	Cagiva	49.32,27
8. Shunji Yatsushiro	Japan	Honda	49.33,93
9. Raymond Roche	Frankreich	Cagiva	49.34,37
10. Tadahiko Taira	Japan	Yamaha	49.35,17
11. Niall Mackenzie	Großbritannien	Honda	49.44,72
12. Rob McElnea	Großbritannien	Suzuki	50.09,25
13. Alessandro Valesi	Italien	Honda	24 Runden
14. Marco Gentile	Schweiz	Fior	24 Runden
15. Patrick Igoa	Frankreich	Yamaha	24 Runden

16. R. Haslam (GB) Elf Honda; 17. A. Rora (I) Honda; 18. F. Barchitta (I) Honda; 19. B. Kneubühler (CH) Honda; 20. R. Balbi (I) Honda; weitere sechs Fahrer im Ziel; zehn Fahrer nicht klassifiziert.

Schnellste Runde: Eddie Lawson (Yamaha) in 1.54,41 = 159,217 km/h (Rekord)

Stand der Weltmeisterschaft

		Pkt.
Lawson	Yamaha	92
Gardner	Honda	77
Rainey	Yamaha	65
Magee	Yamaha	55
Mackenzie	Honda	53
Schwantz	Suzuki	44
Sarron	Yamaha	44
DeRadigues	Yamaha	33
McElnea	Suzuki	23
Yatsushiro	Honda	21
Chili	Honda	21
Haslam	elf Honda	19
Valesi	Honda	17
Taira	Yamaha	17
Roche	Cagiva	12

Trainingszeiten

Gardner 1.55,03; DeRadigues 1.55,23; Sarron 1.55,24; Rainey 1.55,36; Schwantz 1.55,46; Magee 1.55,57; Lawson 1.55,74; Mamola 1.56,19; Chili 1.56,33; Mackenzie 1.56,53; Roche 1.57,17; Taira 1.57,25; McElnea 1.57,89; Igoa 1.57,97; Hasalm 1.57,98;

Grand Prix Deutschland

Nürburgring, 28./29. Mai

Zuschauer: 35 000
Wetter: Regen, 10 Grad
Streckenlänge:

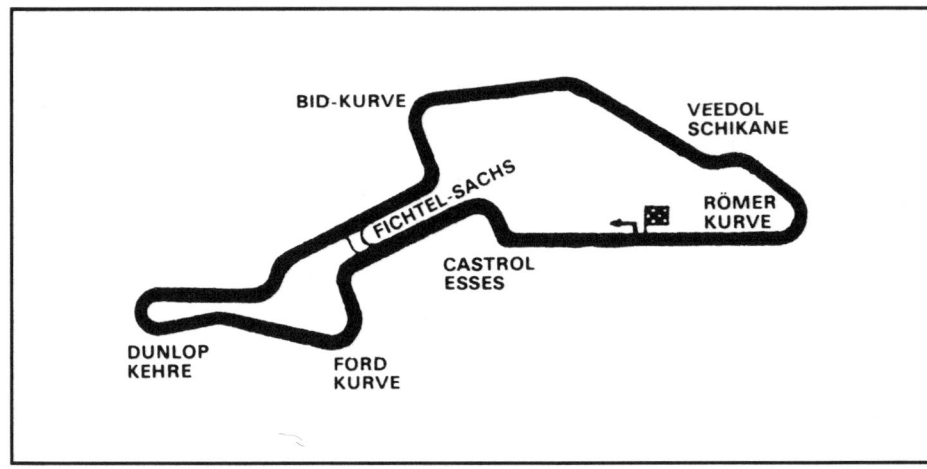

So grundverschieden Wayne Gardner und Eddie Lawson in ihrer Persönlichkeit auch sein mögen – der eine extrovertiert, der andere introvertiert –, so haben sie doch eine Gemeinsamkeit: ihre Erfolge zu Saisonbeginn stellen nicht nur die Weichen, sie sind für beide von ausschlaggebender Bedeutung über Wohl oder Wehe. Beide Männer neigen nämlich dazu, sich von ihren Erfolgen bzw. Niederlagen bei den ersten ein, zwei Rennen psychisch und mental abhängig zu machen, und die Bedeutung, die sie diesen Resultaten zumessen, in der Potenz zu steigern. Läuft bei ihnen gleich zu Anfang alles wunschgemäß, schaukeln sie sich auf einer Welle der Euphorie von Erfolg zu Erfolg und lassen sich von einem oder auch mehreren Mißerfolgen nicht mehr aus dem Konzept bringen. Beginnt aber die Saison gleich mit einer Niederlage, so ist sie für

sie fast schon ›gelaufen‹.

Mit Fug und Recht dürfen sich Wayne Gardner und Eddie Lawson die derzeit besten Fahrer nennen, sie sind die oberste Spitze der Pyramide. Für beide ist der Sieg das einzige Kriterium; Plätze sind für sie nicht wichtig. Beide sagen: »Ich gehe in kein Rennen, ohne mir vorzunehmen, zu siegen.« Derartig motiviert, fällt es natürlich schwer, verlieren zu müssen – Lawson kompensiert diese negativen Gefühle durch unterkühlte, extreme Gelassenheit (was durchaus nicht heißt, daß es ihm leicht fällt, zu verlieren), Gardner dagegen hat in der Bewältigung der Verlierenmüssens als Weltmeister noch keine Erfahrung, es fällt ihm schwer und er ist deshalb um alle möglichen Rechtfertigungen bemüht. Hat ein Top-Rennfahrer aber einen oder schon mehrere Mißerfolge auf seinem Konto, so schrumpft

nicht selten seine Motivation wie ein Luftballon, dem die Luft ausgeht. Die drei Wochen seit Imola nutzte Wayne Gardner, um sich mental neu aufzubauen: »Ich kann das Ruder noch herumreißen. Alles, was ich brauche, ist ein Sieg auf dem Nürburgring – und das ist eine Strecke, die mir liegt und die dem Potential meiner Maschine entgegenkommt.« Bei herrlichstem Wetter ›schoß‹ er sich im freien Donnerstag-Training ›ein‹, gab sich entspannt, völlig locker und zuversichtlich: »Noch ist nichts verloren – ab jetzt schlage ich zurück.«

Eddie Lawson bezeichnet den Nürburgring als seine Lieblingsstrecke; getragen von der euphorischen Zuversicht, daß er dieses Jahr wieder zu ›seinem‹ machen könne, vermochten ihn »einige kleine Probleme mit der Vergasereinstellung, die wir zur Zeit haben«, nicht zu inkom-

Start zur Regenschlacht auf dem Nürburgring; vorn: Lawson (3), Mamola (2), Haslam (4), DeRadigues (12), Mackenzie (5), Schwantz (34) und Rainey (17), dahinter verdeckt Chili Sarron und Magee (16).

modieren – einen Stich aber gab ihm, zu sehen, mit welch unverhohlener Sympathie Kel Carruthers den Texaner Kevin Schwantz beobachtete. Der Cheftechniker des Marlboro-Agostini-Teams voll Bewunderung: »Der Junge gefällt mir, er hat Talent – er ist mit Sicherheit ein kommender Weltmeister.«
Weltmeister Toni Mang beantwortete bei der Eröffnung des neuen Nürburgring vor Jahren die Frage, wie ihm die neue Strecke gefalle, sarkastisch: »Gut. Sie sollte nur nicht hier in der Eifel sein – oder ein Dach haben.« Nun liegt es

natürlich außerhalb jeder Realität, den Nürburgring zu überdachen – aber das notorisch schlechte Wetter in dieser Ecke Deutschlands ist die andere, schlimme Realität. Für das Wetter kann niemand verantwortlich gemacht werden, wohl aber für die organisatorischen Mängel, die durch Petrus' Grollen zu Tage traten. Kenny Roberts – noch nie ein Nürburgring-Fan – sprach es deutlich aus: »Wie lange machen die das hier schon? Jahrzehnte? Dann sollten sie es aber besser können.« Zur Ehre von Rennleiter Max Deubel sei gesagt: sein

Fehler war es nicht, daß in der Dunlop-Kurve der Regen Erde und Schlamm aus der Wiese wusch und damit die Strecke überflutete. Es wäre Sache der Nürburgring GmbH gewesen, mittels einer Drainage hier längst für Abhilfe zu sorgen. Ebensowenig konnte man es Deubel anlasten, daß die Zeitnehmer hoffnungslos überfordert waren, als die Fahrer – in quälender Zeitnot, sich zu qualifizieren – jeweils in ganzen Pulks kamen und eine ordentliche Zeitnahme unmöglich wurde. Es war auch nicht Deubels Schuld, daß die Dreirad-Fahrer

Miserables Wetter am Ring und miserable Stimmung bei Gardner

auf die Barrikaden gingen, als sie hörten, ihr Rennen werde (statt am Sonntag vor den Solo-Läufen) bereits am Samstag ausgetragen. Der Rennleiter war hier einem Wunsch der Konstrukteursvereinigung IRTA entgegengekommen, deren Sekretär Mike Trimby als Sprachrohr der Teams aufgetreten war, aber für dieses Vorgehen keinerlei Kompetenzen besaß.

So wurde der Große Preis von Deutschland zu einer Veranstaltung, an der niemand so recht Freude hatte – zeitweise sah es sogar aus, als könne er überhaupt nicht stattfinden. Denn am Freitag zum ersten Zeittraining lag über dem Nürburgring dichter Nebel und es duschte in Strömen. Die Achtziger und die Dreiräder drehten ein paar Trainingsrunden, dann war wieder ›zu‹; an ein reguläres Training war nicht zu denken. Rennleitung und Jury entwickelten ein Not-Programm: je drei Sessionen pro Klasse am Samstag.

Es regnete auch am Samstag; aus den drei wurden nur noch zwei Sessionen und viele Fahrer hatten echte Probleme, sich zu qualifizieren. Als das Trainingsergebnis veröffentlicht wurde, gab es

wütende Proteste: unter anderen wäre danach Juan Garriga nicht qualifiziert gewesen; andere Fahrer wurden mit Zeiten aufgelistet, die nie und nimmer korrekt sein konnten. Das Trainingsergebnis wurde korrigiert, auf Betreiben der Jury aber um Mitternacht für ungültig erklärt und eine neuerliche Qualifikation für Sonntag vormittag anberaumt. Eine ausgesprochen absurde Entscheidung traf die Jury unter Vorsitz von Vito Ippolito dann nach diesem Training: es wurden statt 36 (für die der Ring homologiert ist) 48 Starter zugelassen.

Am Samstag-Mittag absolvierten die 500er Fahrer ihr erstes Training. Lucky Strike-Teamster Wayne Rainey legte die beste Zeit vor, maß dem aber nicht viel Bedeutung bei: »Ich will im Rennen gewinnen, nicht im Training.« Der Kalifornier war zum ersten Mal auf dem Nürburgring: »Die Strecke gefällt mir.« Und wie stellt er sie sich im Regen vor? »Mein letztes Regenrennen fuhr ich 1984, aber ich fürchte mich nicht vor Regen.« Trotz der gespannten Athmosphäre, dem Zeitdruck und dem unbequemen Surrounding fand man im Luk-

ky Strike-Team noch Zeit für Spaß: im Vorzelt der Werkstatt hatte John Kocinski seinen Lederoverall drapiert … mit einer zum Brüllen komischen Karikatur von Prinz Charles' Kopf, einer Attrappe aus Plastik.

Alles andere als spaßig fand indessen der ehemalige Paddock-Clown Randy Mamola seine jetzige Situation. In der Cagiva-Box herrschte ein Durcheinander wie in einer orientalischen Karawanserei; als Randy hereinrollte, schüttelte er resigniert den Kopf. Pirelli-Techniker Ingley nahm mit trauriger Miene Randys Bericht entgegen: »Wenn es im Rennen regnet, komme ich mit diesen Reifen höchstens kopfüber in die Wiese – da werfe ich lieber vorher das Handtuch!« Sein Teamkamerad Raymond Roche wird übrigens während seiner Verletzungspause nicht ersetzt werden; die zweite Cagiva blieb also unbenutzt im Stall. Roche wurde nach seiner Behandlung durch Dr. Costa in Imola im Jet der Castiglionis nach Toulon geflogen und dort erneut operiert; er dürfte sechs Wochen zur Heilung brauchen.

Einen spektakulären Sturz überstand Ron Haslam am Samstag unverletzt: übermütig produzierte er ein gewaltiges Wheelie, beherrschte aber die Landung des Vorderrads nicht und überschlug sich.

Nach zwei Stürzen im Training (»Mei' Schuld!«) hatte sich Gustl Reiner selbst schachmatt gesetzt und konnte am Rennen nicht teilnehmen. Probleme belasteten auch die deutschen 250er Piloten: Manfred Herweh (inzwischen mit Spezialteilen von Yamaha versorgt) blieb in einer Session ohne Saft liegen und bangte dann um die Qualifikation; Reinhold Roth quälte sein Fitness-Rückstand und die langsame Heilung seines Beines; Martin Wimmer mußte wegen seiner Sturzverletzung von Imola mit einem Spezialstiefel antreten und bei Toni Mang grub sich sein Unwillen über das Showa-Federbein immer tiefer. Der deutsche Rothmans-Star ärgerte sich, die Macken der Federung nicht in den

Ezio Gianola in typischer Haltung auf der 125er Honda

Griff zu bekommen; seit seinem Sieg in Suzuka kam er auf keinen grünen Zweig mehr. Seine Weltmeister-Chancen schwanden immer mehr dahin – darin glich er seinem Pendant in der 500er Klasse, dem zweiten Rothmans-Pilot mit der Startnummer eins, Wayne Gardner. Doch die Flinte ins Korn werfen mochte auch der Bayer nicht: »Noch habe ich die Weltmeisterschaft nicht abgeschrieben.« Sito Pons, der aktuelle Tabellenleader, steckte unterdessen seinen weiteren Fahrplan ab: »Es gibt für mich nur ein großes Ziel, und um das zu erreichen, brauche ich kein festes Schema, sondern eine jeweils neue, der Situation angepasste Strategie. Hier am Ring rechne ich stark mit Mang, aber mein gefährlichster Gegner ist zur Zeit Garriga. Er hat Lunte gerochen – er ist zu jedem Risiko bereit, das macht ihn für mich so gefährlich.«

Enormer Druck lastete auch auf dem jungen Japaner Masahiro Shimizu, der von HRC als einziger mit einer echten Werksmaschine ausgerüstet worden war; alle anderen – von Sponsoren oder Importeuren geleasten – NSR250-Maschinen unterschieden sich von ihr in grundsätzlichen Motordetails. Der ehrgeizige Sohn Nippons (Erv Kanemoto: »Das ist eine Kämpfernatur durch und durch«) wollte unbedingt die in ihn gesetzten Erwartungen erfüllen, war damit aber wegen seiner Unerfahrenheit einigermassen überfordert.

Ungeheuer selbstbewußt taxierte Luca Cadalora seine Aussichten für dieses Rennen: »Ohne Übertreibung kann ich sagen, daß ich hier endlich beste Voraussetzungen für einen Sieg habe. Die Strecke ist wie für mich gebaut, meine Maschine ist wunderbar abgestimmt und ich habe in letzter Zeit so viel von Eddies Stil für mich übernommen, daß ich sicher bin, hier gewinnen zu können.«

80 cm³: Derbi-Triumpfzug

Völlig unbeeindruckt von den sintflutartigen Zuständen holte sich Jorge Martinez einen weiteren Sieg und zeigte sich dabei von einer derartigen Überlegenheit, daß er bis zum Ziel seine beiden Teamgefährten Alex Criville und Manuel Herreros um eine halbe Minute distanzierte. Martinez' einziger echter Gegner, Stefan Dörflinger, rutschte in der sechsten Runde von der Piste und stellte seinen fünften Platz zur Verfügung. Herri Torrontegui, ein spanischer Teenager mit beträchtlichem Durchsetzungsvermögen, hielt seine Autisa lange hinter Martinez an zweiter Stelle, segelte aber in der zehnten Runde auch ins Aus. Auch Jörg Seel und Undine Kummer verabschiedeten sich vorzeitig nach Ausrutschern; Rainer Kunz (Motor) und Peter Öttl (Knieverletzung) gaben auf. Recht eindrucksvoll behauptete sich der Italiener Gabriele Gnani mit seinem Eigenbau ab Halbdistanz an vierter Stelle, wenn auch fast eine Minute hinter der siegreichen Derbi. Jos Van Dongen stritt sich lange mit Giuseppe Ascareggi um den fünften Platz, mußte

dem Italiener aber doch den Vortritt lassen. Hinter dem siebtplazierten Holländer Nijenhuis behauptete sich Heinz Paschen in einem Duell gegen Hans Koopman, während Günter Schirnhofer das seine gegen Paolo Priori verlor. Der Ungar Karoly Juhasz investierte nach seinen Worten »über 100 000 Deutsche Mark« in seine Werks-Krauser und war über seinen 15. Rang hinter Dünki, Brägger und Hagen Klein »sehr enttäuscht.«

125 cm³: Aussteiger Martinez

36 Fahrer gingen in dieses Regenrennen – genau die Hälfte von ihnen kam nicht ins Ziel. Prominentester ›Aussteiger‹ war Jorge Martinez, vierter nach der ersten und zweiter nach der zweiten Runde – er segelte von der Piste, die er im Lauf davor so souverän bezwungen hatte. Aber auch Hubert Abold, Jos Van Dongen, Adi Stadler, Stefan Prein, Stefan Dörflinger, Corrado Catalano, Serge Julin, Lucio Pietroniro, Heinz Lüthi, Johnny Wickström und Pierpaolo Bianchi blieben auf der Strecke.

Nach perfektem Start lag Ezio Gianola mit der Italia-Honda an der Spitze und nutzte dann die Gunst der Stunde zu einem ungefährdeten Sieg, seinem zweiten GP-Erfolg und dem ersten für die 125er Honda seit 1966, als Luigi Taveri mit der Viertakt-Fünfzylinder Weltmeister wurde. Acht Sekunden hinter dem Italiener belegte Julian Miralles den zweiten Platz, den ihm allerdings Hans Spaan fast auf dem Silbertablett überreichte. Spaan arbeitete sich kontinuierlich vor bis auf Platz drei, verwies in der 16. Runde Miralles hinter sich – und stürzte wenig später! Sofort rappelte er sich wieder auf, hetzte hinter Miralles und Manuel Herreros – der ihn nach seinem Sturz überholt hatte – her und vermochte tatsächlich noch kurz vor dem Ziel, den Derbi-Mann wieder zu passieren. Mit großem Abstand folgte das restliche Feld. Alfred Waibel bot

Regenschlacht in der 250 cm³-Klasse; Luca Cadalora (7), der spätere Sieger, auf dem Weg an die Spitze des Feldes

dabei eine recht bemerkenswerte Vorstellung: er verpatzte den Start, kämpfte sich dann vom 14. Platz in Runde drei nach vorn, fuhr die schnellste Runde und etablierte sich schließlich an fünfter Position. Hinter dem Japaner Unemoto machten die beiden Italiener Grassetti und Brigaglia die Plätze sieben und acht unter sich aus und der Spanier Reyes placierte sich als neunter. Eng ging es bei dem Fight um Platz zehn zu: Gerd Waibel und der in England lebende Exil-Pole Galatowicz mussten sich hier McConnachie beugen.

250 cm³: Reifen-Poker

Der Regen hatte aufgehört, aber die Piste war sehr naß, als das Massenaufgebot der 48 Startberechtigten Aufstellung nahm. Bis auf Manfred Herweh hatten alle Regenreifen aufgezogen, weil außer ihm niemand sich vorstellen konnte, daß es nicht gleich wieder schütten würde. Toni Mang fabrizierte einen sehr guten Start, ebenso der Trainingsschnellste(!) Thierry Rapicault auf der Fior und Sito Pons und Luca Cadalora klemmten sich blitzschnell dahinter. Bis zum Ende der

ersten Runde gelang es Cadalora, die Führung des Riesenfeldes zu übernehmen, Mang lag in Lauerstellung hinter ihm und dem Rothmans-Piloten folgten wiederum Rapicault, Pons, Donnie McLeod auf der superschnellen EMC, Dominique Sarron, Martin Wimmer, John Kocinski, Masahiro Shimizu und Reinhold Roth. Zur abgrundtiefen Enttäuschung seines Teams rollte Manfred Herweh am Ende dieser ersten Runde an die Box und gab auf, weil sein Visier so beschlug, daß er »absolut null« sah. Cadalora behauptete sich bis zur fünften

Schlug sich wacker: Vizeweltmeister Reinhold Roth

Carlos Lavado fehlte in diesem Jahr die rechte Motivation

Runde an der Tête, dann verdrängte ihn Mang hinter sich und in der nächsten Runde zog auch noch Pons an ihm vorbei. Aber Cadalora ließ nicht locker und hetzte wie der Teufel hinter den beiden Hondas her. Mittlerweile begann die Bahn rapide abzutrocknen; als das Feld in die elfte Runde ging, schien sogar einmal kurz die Sonne. Nun zeigte sich, daß Regenreifen die falsche Wahl gewesen waren und Herwehs Freund Robert Bodenschatz, der dem Lampertheimer in wahrer Nibelungentreue ergeben ist, trauerte aus vollem Herzen: »Ewig schade um diese Chance, die der Manfred heute gehabt hätte! Mit seinen Interme-

diates wäre heute ein Spitzenplatz ›drin‹ gewesen.« Gut möglich, denn Mang & Co gerieten auf der unheimlich schnell abtrocknenden Piste zusehends in Schwierigkeiten. Pons: »Je trockener es wurde, desto heißer wurden unsere Pneus und desto weniger griffen sie.« Hilflos blieb den Fahrern nichts anderes übrig, als das Tempo zu drosseln – nur einen schien das Reifen-Dilemma überhaupt nicht zu berühren: Cadalora fegte in der elften Runde wieder an die Spitze und fuhr dann ein ausgesprochen ›reifes‹ Rennen, baute sich bald einen beruhigenden Vorsprung aus und sicherte sich mit einem Plus von 14 Sekunden den Sieg. Überglücklich kommentierte der 25jährige Agostini-Schützling später: »Agostini und ich haben lange an der Reifenwahl getüftelt und er riet mir schließlich zu einem mit einer speziell harten Mischung. Als ich dann merkte, wie super es für mich lief, habe ich 120 Prozent riskiert. Ich dachte nur noch eines: ich muß es schaffen! Gianola hat vor mir gesiegt, das war ein gutes Omen. Der Ring gefällt mir, hier habe ich meinen ersten Grand Prix-Sieg mit der 125er Garelli errungen und jetzt meinen ersten 250er Erfolg. Hätte es allerdings geregnet, hätte ich nie gewinnen können – die Hondas sind in der Leistung einfach zu überlegen.« Beim sechsten Lauf der Saison stand mit dem Italiener also der sechste Sieger auf dem obersten Siegerpodest.

Toni Mang stand nun eine herbe Enttäuschung bevor, denn in der 17. Runde waren seine Reifen so ruiniert, daß er sich nicht mehr an zweiter Stelle halten konnte und unaufhörlich weiter nach hinten sackte, bis ihn die karierte Flagge mit 41 Sekunden Minus an achter Stelle rettete. »Das war Pech, aber am Nürburgring ist die Reifenwahl immer eine Pokerpartie.« Noch schlimmer erging es Jacques Cornu, wie Mang bei Dunlop unter Vertrag: der lange Schweizer landete gar nur an 21. Stelle im Ziel. Sito Pons übernahm die zweite Position von Mang: »Mir wurde bald klar, daß

Luca Cadalora holte sich den Sieg in der 250 cm³-Klasse

ein Angriff auf Cadalora ein unnötiges Risiko war, also gab ich mich mit dem zweiten Platz zufrieden. Risiko hatte ich schon übergenug mit meinen Reifen!« Da dachte Juan Garriga anders, denn für zwei WM-Punkte mehr nahm er eine Menge Zusatzrisiko auf sich: neunter nach der dritten Runde – er mußte aus der siebten Reihe starten – kämpfte er sich unaufhaltsam nach vorn, bis er auf McLeod traf, der nach Mangs Sinkfahrt die dritte Stelle okkupierte. Der Spanier setzte in den letzten drei Runden dem Briten so zu, daß der ihn schließlich

vorbeiließ und sich mit dem vierten Platz beschied.

Martin Wimmer zog im ersten Drittel, als eine Reihe Fahrer dem Nürburgring Tribut zollte, unbeirrt seine Bahn und lag ab der neunten Runde an sechster Stelle. Hinter ihn schob sich Reinhold Roth, griff den Yamaha-Privatier aber erst zwei Runden vor Schluß an und verdrängte ihn hinter sich auf Platz sechs. Beide deutsche Asse waren mit ihrem Ergebnis zufrieden; Wimmer: »Mehr konnte ich heute nicht erreichen. Mein verletzter Knöchel hat mich ge-

schmerzt, aber mein TZ-Motor ging fast so gut wie die Werksmaschinen.« Roth: »Nach drei sechsten Rängen heut' ein fünfter – jetzt geht's weiter aufwärts.« Dominique Sarron brachte seine Rothmans-Honda hinter seinem Teamkollegen Mang an neunter Stelle ins Ziel, rettete sich aber nur hauchdünn vor Helmut Bradl über die Linie und war tief enttäuscht: »Ich war mir so sicher, die richtigen Reifen gewählt zu haben, habe aber voll danebengegriffen.« Zwei weitere Deutsche belegten die Plätze elf und zwölf, wobei Hans Becker Her-

Sieger Kevin Schwantz auf der Ehrenrunde

mann Holden das Nachsehen gab.
16 Fahrer sahen das Ziel nicht, darunter Gustl Auinger (Ausrutscher in der ersten Runde), Mauro Vitali, Harald Eckl (keine Leistung), Thierry Rapicault (dritter in der ersten Runde, dann auf Platz sieben gerutscht, Sturz in Runde fünf) und Carlos Lavado (Aufgabe an aussichtsloser Position). Enttäuschend verlief auch John Kocinskis zweiter Auftritt in Europa. Der Youngster hatte sich in der achten Runde den fünften Platz erobert und auf dem Weg dorthin bemerkt, daß einige seiner Mitstreiter »umfielen wie die Fliegen«. Wenig später ging es ihm in der Aufregung ebenso: »Ich sah die Führenden schon vor mir, da hab' ich einen Moment zu lange Gas stehen lassen, und das war's dann.« Gestresst von seinem Verlangen, HRC mit einem guten Ergebnis zu erfreuen, ging auch Masahiro Shimizu ein zu großes Risiko ein und stürzte, wodurch er in der fünften Runde seinen fünften Platz freimachte.

500 cm³: Suzuki stiehlt die Schau

Wayne Gardner hatte im letzten Training die schnellste Zeit aufgestellt und war danach »recht siegessicher.« Doch am Sonntagmorgen packte den Weltmeister »das Grauen«, als er aufwachte und hörte den Regen rauschen: »Regen war das letzte, was ich in meiner Situation brauchen konnte.« Zu allem Unglück vergriff er sich auch noch total bei der Reifenwahl und besiegelte damit sein Schicksal: Platz acht. Sein Erzrivale Eddie Lawson konnte es deshalb »easy« nehmen: »Meine Crew signalisierte mir ständig Gardners Position und je weiter er hinter mir zurückfiel, desto mehr zwang ich mich zur Konzentration – mein Hauptgedanke war, kühles Blut zu bewahren und ohne unnötiges Risiko Punkte zu holen.« So hielt sich der Kalifornier aus allem heraus und war mit dem vierten Platz zufrieden: »Ich liebe den Regen nicht, aber ich bin bestimmt kein schlechter Regenfahrer – nur heute hatte ich einen Horror davor, eventuell zu stürzen.«
Den hatte auch Randy Mamola. Noch

letztes Jahr feierte er seine größten Triumpfe im Regen und hatte längst Christian Sarrons Renommé als ›Regenzauberer‹ übernommen – diesmal gab er in der 12. Runde (an 15. Stelle) bis auf die Knochen frustriert auf: »Sinnlos, mit diesen Reifen weiterzurutschen.«
Galten noch letztes Jahr die Dunlops im Regen als unerreicht, so hatte Michelin inzwischen eine Antwort parat und die spuckte Kevin Schwantz seiner kompletten Konkurrenz ins Gesicht: »Ich konnte fahren wie im Trockenen.« Und wie er das tat! In der dritten Runde riß er die Führung an sich und stürmte dann derart furios voran, daß seine Verfolger die Aussichtslosigkeit ihres Tuns bald einsahen und ihn ziehen ließen. Mit einem 25 Sekunden−Plus preschte der Texaner schließlich mit einem fulminanten Wheelie ins Ziel, löschte seine negativen Erinnerungen an die beiden Mißerfolge in Spanien aus und knüpfte an seinen Überraschungserfolg von Japan an.
Christian Sarron, Kevin Magee und Wayne Rainey folgten anfangs der rasenden Suzuki, verloren aber alle drei den Kontakt: Rainey brachte ein Ausritt aus dem Rythmus (»Danach gab ich alle Jagdgelüste auf und war mit dem zweiten Platz zufrieden«), ›Magoo‹ fiel nach einem Slide gar aus dem Sattel, war aber wie ein geölter Blitz wieder im Rennen und wurde hinter Lawson noch fünfter, und für Sarron – einst im Regen unschlagbar – war die Aussicht, zum ersten Mal in dieser Saison das Podium erklimmen zu können, Grund genug, nicht mehr als nötig zu riskieren.
Knapp hinter Magee belegte Piero Chili als bester Honda−Fahrer den sechsten Platz und der junge Italiener bewies dabei seine Reife, indem er Didier DeRadigues auf der zweiten Werks−Yamaha bezwang. Sein HB−Teamkamerad Niall Mackenzie mußte eine Überrundung hinnehmen, ebenso wie Yatsushiro auf der Rothmans−Honda und Rob McElnea auf der zweiten Suzuki, der eine springende Kette für seine mäßige Leistung verantwortlich machte.

Zum zweiten Mal holte Suzuki-Star Kevin Schwantz zum großen Schlag aus und errang überraschend den Sieg

Gespanne: Formel-Super

Trotz der Intervention der Dreirad—Piloten wurde ihr Rennen bereits am Samstag ausgetragen und Ex—Weltmeister Rolf Steinhausen gab am Start vor den laufenden Kameras des Fernsehens – die life übertrugen – sein Statement ab, daß sich die Seitenwagen—Piloten keinesfalls ins Abseits drängen ließen. Und wie um seine Worte zu unterstreichen, entwickelte sich dieser Wettbewerb zu einem hochdramatischen Thriller.

Er begann damit, daß Streuer/Schnieders wegen eines Defekts an ihrer Schaltung nicht von Start kamen. Webster/Hewitt preschten in Führung, Biland/Waltisperg klemmten sich hinter die Weltmeister und den Eidgenossen folgten wiederum Michel/Fresc und die Zurbrüggs im Clinch. Aus der zweiten Runde kehrten dann Kumano/Fahrni an vierter Stelle zurück, vor den Gebrüdern Stölzle und Michel. Doch schon zwei Runden später rutschte die japanisch/schweizerische Paarung nach hinten; nach der sechsten Runde schied sie mit defektem Getriebe aus.

Inzwischen hatten die Mechaniker des bärtigen Niederländers den Schaden behoben und Streuer ging in dem Moment ins Rennen, als Webster – vor Zurbrügg, Biland und Michel – die sechste Runde begann; Streuer schob sich hinter den Franzosen und brannte dann ein Feuerwerk entfesselter Fahrweise ab, mittels der er erst die schnellste Runde fuhr, bis zur 13. Runde an dritte Stelle vordrang, in der 17. Runde die zweite Position übernahm und in der 20. der 25 zu fahrenden Runde schließlich in Führung ging und sich damit quasi selbst eine Runde ›schenkte‹.

Webster verteidigte die Tête vier Runden lang, dann feuerte Biland einen ersten Warnschuß ab, den Webster parierte. In der siebten Runde fuhr Biland stärkere Geschütze auf und ging wieder an die Spitze, während Webster sich urplötzlich auch den Attacken von Streuer ausgesetzt sah. Doch auch dem Kesseltreiben zweier Angreifer wußte Webster sich zu erwehren und erzwang sich wieder die Führung. Michel/Fresc hatten da schon längst die Segel gestrichen; ihr Getriebe streikte. Auch Altmeister Rolf Steinhausen/Bruno Hiller mußten bei Halbdistanz aus dem Rennen, in ihrem Motor brach der Antrieb, was sie den sechsten Platz kostete. Weil er als fünfmal Überrundeter sowieso nichts mit dem Ausgang dieses Rennens mehr zu tun hatte, andererseits aber gezeigt hatte, wie enorm schlagkräftig sein Fahrzeug war, steuerte Streuer kurz vor Ende des Rennens seine Box an – wo seine Leute ihn schnellstens wieder ins Rennen jagten: ihm winkte trotz allem noch der eine Punkt für den 15. Platz.

Im Fight um den Sieg belauerte Biland Webster bis in die letzte Runde und passierte den Weltmeister dann in einer Manier, die der Brite nicht parieren konnte und die Biland den neuen Rundenrekord brachte. Fast eine halbe Minute nach der Spitze rauschten die Zurbrüggs als dritte ins Ziel; bestes deutsches Gespann wurden die Stölzle-Brüder, die die 13 Punkte für den hervorragenden vierten Platz einheimsten. Ein weiteres deutsches Gespann eroberte sich den fünften Platz: Bernd Scherer und sein Co Schröder. Ab Halbdistanz gehörte der sechste Platz den Österreichern Stropek/Demling, die sich sicher vor Van Kempen/Birchall bewegten. Die Franzosen Larratte/Corbier und die Schweizer Egloffs stritten sich eine Weile um den achten Platz, wobei letztere das Nachsehen hatten.

Klasse 80 cm³

18 Runden = 81,756 km

1. Jorge Martinez	Spanien	Derbi	41.44,45 = 119,850 km/h
2. Alex Criville	Spanien	Derbi	42.09,40
3. Manuel Herreros	Spanien	Derbi	42.16,43
4. Gabriele Gnani	Italien	Gnani	42.44,13
5. Giuseppe Ascareggi	Italien	BBFT	43.08,00
6. Jos Van Dongen	Niederlande	Casal	43.18,17
7. Adrie Nijenhuis	Niederlande	Casal	43.43,87
8. Heinz Paschen	Deutschland	Kiefer	43.50,38
9. Hans Koopman	Niederlande	Ziegler	43.50,98
10. Paolo Priori	Italien	Krauser	44.02,95
11. Günter Schirnhofer	Deutschland	Krauser	44.04,42
12. Rene Dünki	Schweiz	Krauser	44.08,08
13. Stefan Brägger	Schweiz	Casal	44.08,46
14. Hagen Klein	Deutschland	Honda	17 Runden
15. Karoly Juhasz	Ungarn	Krauser	17 Runden

16. B. Smit (NL) BZ Minarelli; 17. R. Waldmann (D) Seel; 18. M. Ehinger (D) Krauser; 19. P. Bordes (F) RB; 20. R. Hobl (D) Krauser; 21. R. Scheidhauer (D) Seel; 22. J. Bernard (B) Fantic; 14 Fahrer nicht klassifiziert.
Schnellste Runde: Jorge Martinez (Derbi) in 2.16,43 = 119,850 km/h
Rekordhalter: Ian McConnachie (Krauser) 1.57,01 (1986)

Stand der Weltmeisterschaft		Pkt.
Martinez	Derbi	77
Criville	Derbi	60
Herreros	Derbi	60
Dörflinger	Krauser	50
Öttl	Krauser	31
Ascareggi	BBFT	29
Juhasz	Krauser	28
Nikolov	Krauser	26
Van Dongen	Casal	26
Gnani	Gnani	25
Dünki	Krauser	15
Schirnhofer	Krauser	12
Torrontegui	Autisa	10
Nijenhuis	Casal	9
Paschen	Kiefer	8

Trainingszeiten

Martinez 1.57,72; Criville 1.59,23; Dörflinger 1.59,40; Herreros 2.00,40; Torrontegui 2.00,53; Öttl 2.00,95; Juhasz 2.02,33; Julin 2.02,52; Van Dongen 2.03,70; Scheidhauer 2.03,75; Smit 2.03,93; Koopman 2.04,29; Ascareggi 2.04,35; Schirnhofer 2.04,58;

Klasse 125 cm³

23 Runden = 104,466 km

1. Ezio Gianola	Italien	Honda	51.18,77 = 122,151 km/h
2. Julian Miralles	Spanien	Honda	51.26,81
3. Hans Spaan	Niederlande	Honda	51.27,70
4. Manuel Herreros	Spanien	Derbi	51.29,72
5. Alfred Waibel	Deutschland	Waibel	52.00,42
6. Hisahi Unemoto	Japan	Honda	52.04,20
7. Gastone Grassetti	Italien	Honda	52.22,95
8. Domenico Brigaglia	Italien	Rotax	52.23,54
9. Miguel Reyes	Spanien	Garelli	52.28,35
10. Ian McConnachie	Großbritannien	Cagiva	52.32,02
11. Gerd Waibel	Deutschland	Honda	52.32,85
12. K. Galatowicz	Großbritannien	Honda	52.33,68
13. R. Appleyard	Großbritannien	Honda	52.38,76
14. B. Hassaine	Algerien	Honda	53.12,64
15. Josef Fischer	Österreich	Rotax	22 Runden

16. R. Strack (D) Honda; 17. P. Bordes (F) Honda; 18. R.RosesBohigues (E) Cobas; 18 Fahrer nicht klassifiziert.
Schnellste Runde: Alfred Waibel (Waibel) in 2.10,92 = 124,894 km/h
Rekordhalter: Luca Cadalora (Garelli) 1.51,73 (1986)

Stand der Weltmeisterschaft		Pkt.
Martinez	Derbi	40
Miralles	Honda	35
Gianola	Honda	35
Grassetti	Honda	33
Spaan	Honda	32
Herreros	Derbi	30
Unemoto	Honda	26
Stadler	Honda	19
Reyes	Garelli	17
G. Waibel	Honda	15
Bianchi	Cagiva	13
Gresini	Garelli	13
A. Waibel	Waibel	11
Lüthi	Honda	9
Prein	Honda	8

Trainingszeiten

Spaan 1.54,49; Martinez 1.54,61; Pietroniro 1.54,69; Grassetti 1.54,73; Gianola 1.54,82; Leitner 1.55,25; Stadler 1.55,74; Abold 1.55,99; Fischer 1.56,00; Brigaglia 1.56.36; Miralles 1.56,46; Unmeoto 1.56,58; A. Waibel 1.56,81; Bianchi 1.57,01; G. Waibel 1.57,20;

Klasse 250 cm³

25 Runden = 113,550 km

1. Luca Cadalora	Italien	Yamaha	51.12,96 = 133,024 km/h
2. Alfonso Pons	Spanien	Honda	51.27,29
3. Juan Garriga	Spanien	Yamaha	51.31,52
4. Donnie McLeod	Großbritannien	EMC	51.33,42
5. Reinhold Roth	Deutschland	Honda	51.35,83
6. Martin Wimmer	Deutschland	Yamaha	51.42,81
7. Jean Foray	Frankreich	Yamaha	51.50,86
8. Anton Mang	Deutschland	Honda	51.54,44
9. Dominique Sarron	Frankreich	Honda	51.59,31
10. Helmut Bradl	Deutschland	Honda	52.00,15
11. Hans Becker	Deutschland	Yamaha	52.09,09
12. Hermann Holder	Deutschland	Seufert	52.11,66
13. Jean-Philippe Ruggia	Frankreich	Yamaha	52.13,58
14. Paolo Casoli	Italien	Garelli	52.15,36
15. Stefano Caracchi	Italien	Honda	52.25,38

16. A. Preining (A) Aprilia 52.29,27; 17. A. Puig (E) Honda 52.34,68; 18. H. Duffaro (F) Honda 52.34,96; 19. H. Lindner (A) Honda 52.38,40; 20. B. Schick (D) Honda 52.42,07; 24. J. Schmid (D) Honda 52.53,58; 28. G. Häberle (D) Rotax 24 Runden; weitere elf Fahrer im Ziel; 16 Fahrer nicht klassifiziert.

Schnellste Runde: Juan Garriga (Yamaha) in 1.56, 62 = 140,209 km/h
Rekordhalter: Anton Mang (Honda) 1.46,90 = 152,957 km/h (1986)

Stand der Weltmeisterschaft

		Pkt.
Pons	Honda	88
Garriga	Yamaha	83
Cornu	Honda	58
Sarron	Honda	55
Mang	Honda	51
Cadalora	Yamaha	50
Ruggia	Yamaha	48
Roth	Honda	48
Shimizu	Honda	41
McLeod	EMC	30
Kocinski	Yamaha	24
Filice	Honda	20
Wimmer	Yamaha	17
Herweh	Yamaha	16
Kobayashi	Honda	15

Trainingszeiten

Rapicault 2.02,35; Mang 2.02,46; Zanatta 2.02,62; Wimmer 2.02,81; Auinger 2.02,87; Cadalora 2.02,89; Puig 2.o3,23; Caracchi 2.03,29; Sarron 2.03,43; Lindner 2.03,45; Kocinski 2.03,51; Neumair 2.03,54; McLeod 2.03,65; Pons 2.03,66; Casoli 2.03,84; Roth 2.03,91.

Klasse 500 cm³

30 Runden = 136,260 km

1. Kevin Schwantz	USA	Suzuki	1:01.52,27 = 132,139 km/h
2. Wayne Rainey	USA	Yamaha	1:02.17,30
3. Christian Sarron	Frankreich	Yamaha	1:02.43,82
4. Eddie Lawson	USA	Yamaha	1:03.01,01
5. Kevin Magee	Australien	Yamaha	1:03.04,44
6. Pierfrancesco Chili	Italien	Honda	1:03.04,82
7. Didier DeRadigues	Belgien	Yamaha	1:03.12,55
8. Wayne Gardner	Australien	Honda	1:03.36,15
9. Niall Mackenzie	Großbritannien	Honda	29 Runden
10. Shunji Yatsushiro	Japan	Honda	29 Runden
11. Rob McElnea	Großbritannien	Suzuki	29 Runden
12. Patrick Igoa	Frankreich	Yamaha	29 Runden
13. Peter Schleef	Deutschland	Honda	28 Runden
14. Marco Papa	Italien	Honda	28 Runden
15. Michael Rudroff	Deutschland	Honda	28 Runden

16. A. Valesi (I) Honda; 17. M. Gentile (CH) Fior: 18. W.V.Muralt (CH) Suzuki; 19. M. Duyzers (NL) Honda; 20. J. Doppler (A) Honda; 21. H. Schütz (D) Honda; weitere vier Fahrer im Ziel; elf Fahrer nicht klassifiziert.

Schnellste Runde: Kevin Schwantz (Suzuki) in 1.59,08 = 137,312 km/h;
Rekordhalter: Eddie Lawson (Yamaha) 1.43,24 = 158,380 km/h (1986)

Stand der Weltmeisterschaft

		Pkt.
Lawson	Yamaha	105
Gardner	Honda	85
Rainey	Yamaha	82
Magee	Yamaha	66
Schwantz	Suzuki	64
Mackenzie	Honda	60
Sarron	Yamaha	59
DeRadigues	Yamaha	42
Chili	Honda	31
McElnea	Suzuki	28
Yatsushiro	Honda	27
Haslam	Honda	19
Valesi	Honda	17
Taira	Yamaha	17
Roche	Cagiva	12

Trainingszeiten

Gardner 1.41,31; Rainey 1.41,75; Sarron 1.42,13; Lawson 1.42,51; Magee 1.42,61; Mackenzie 1.43,05; Yatsushiro 1.43,20; Mamola 1.43,53; Schwantz 1.43,79; McElnea 1.43,88; DeRadigues 1.43,89; Haslam 1.44,21; Chili 1.44,72; Igoa 1.44,79; Broccoli 1.46,25.

Klasse Gespanne

25 Runden = 113,550 km

1. R. Biland/K. Waltisperg	Schweiz	LCR Krauser	45.28,87 = 149,798 km/h
2. S. Webster/T. Hewitt	Großbritannien	LCR Krauser	45.30,79
3. A./M. Zurbrügg	Schweiz	LCR Yamaha	45.57,24
4. F./H. Stölzle	Deutschland	LCR Krauser	46.09,54
5. B.Scherer/T. Schröder	Deutschland	HSR Krauser	46.17,52
6. W. Stropek/H. Demling	Österreich	Krauser	46.26,36
7. T. Van Kempen/S. Birchall	Niederlande/GB	LCR Yamaha	46.41,40
8. P. Larratte/P. Corbier	Frankreich	LCR	46.52,97
9. M./U. Egloff	Schweiz	ADM	46.58,17
10. S. Abbott/S. Smith	Großbritannien	Windle	47.01,97
11. B. Brindley/D. Rose	Großbritannien	Krauser-Yam	47.10,69
12. Y. Kumagaya/B. Barlow	Japan/GB	Windle-Yam	47.10,92
13. D. Jones/P. Brown	Großbritannien	LCR	24 Runden
14. E. Streuer/B. Schnieders	Niederlande	LCR Yamaha	20 Runden

Sechs Gespanne nicht klassifiziert.
Schnellste Runde: R.Biland/K.Waltisperg (LCR Krauser) in 1.45,55 = 154,914 km/h

Stand der Weltmeisterschaft

	Pkt.
Biland/Waltisperg	40
Webster/Hewitt	32
Zurbrügg/Zurbrügg	21
Streuer/Schnieders	19
Brindley/Rose	18
Van Kempen/Birchall	18
Stropek/Demling	17
Abbott/Smith	16
Scherer/Schröder	15
Stölzle/Stölzle	14
Jones/Brown	11
Michel/Fresc	11
Larratte/Corbier	8
Egloff/Egloff	7
Kumano/Fahrni	5

Trainingszeiten

Biland 1.45,73; Webster 1.47,82; Zurbrügg 1.48,46; Michel 1.48,83; Kumano 1.49,82; Streuer 1.50,11; Stölzle 1.50,64; Abbott 1.50,68; Egloff 1.51,14; Scherer 1.51,33; Brindley 1.52,23; Stropek 1.52,29; Bosman 1.52,44; Steinhausen 1.52,66; Kumagaya 1.52,75.

Grand Prix Österreich

Salzburgring, 12. Juni

Zuschauer: 90 000
Wetter: sonnig, 20 Grad
Streckenlänge: 4,234 km

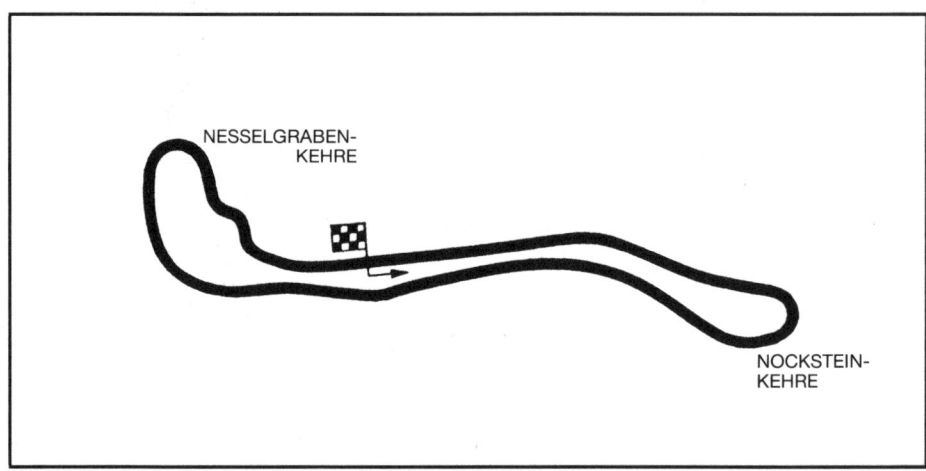

Für die beiden Weltmeister des Rothmans-Honda-Teams, Toni Mang und Wayne Gardner, bedeutete der Austria-GP die letzte Chance, ihren Titel eventuell doch noch erfolgreich verteidigen zu können; beide hatten keinen sehnlicheren Wunsch, als hier zu siegen.
Um sich dazu die adäquaten Voraussetzungen zu schaffen, hatte Toni Mang in der Woche vor dem Grand Prix auf dem Salzburgring das ›Motorrad-Festival‹ mitgemacht: »Für mich war das eine prima Trainingsmöglichkeit.« Ausgiebig tüftelte Mang an den Macken der Showa-Dämpfung, setzte gar einen Computer ein (dessen Werte den japanischen Technikern neue Erkenntnisse vermitteln sollten) und gewann schließlich zwei Rennen. Bestens munitioniert durfte Mang dann seinem Heim-GP (»Der Salzburgring liegt praktisch vor meiner Haustür, während Hockenheim- und

Nürburgring für mich viel eher ›Ausland‹ sind«) mit »ziemlicher« Zuversicht entgegensehen.
»Nach sechs langsamen Strecken endlich eine schnelle, auf der ich die Power meiner Maschine voll ausspielen kann«, freute sich Wayne Gardner. Aus Japan hatte er wieder ein modifiziertes Fahrwerk bekommen, das er (und Niall Makkenzie) in der Woche vor dem Austria-GP in Donington Park testete, aber weniger gut fand als das, das er seit Imola fuhr. Auch eine neue Motorenvariante (mit vergrößerten Gewichten in den Hubscheiben) stand ihm zur Verfügung, der die ›überspitzte‹ Leistungsentfaltung fehlte und die ›sanfter‹ einsetzen sollte. Gardner lehnte dieses Triebwerk allerdings nach kurzem Testen rigoros ab: »Wenn ich da das Gas aufreiße, tut sich gar nichts; dieser Motor kommt mir vor wie kastriert.« So trainierte er am Salz-

burgring mit dem bewährten Material, experimentierte lediglich mit neuen Bremsklötzen, konzentrierte sich auf die Feinabstimmung seiner Maschine, maß einem Motorschaden keine große Bedeutung bei, machte nach außen hin in Optimismus und tönte: »Hier habe ich endlich eine echte Siegchance.« Hochgesteckte Hoffnungen hegte aber auch Niall Mackenzie. Letztes Jahr hatte er hier den dritten Platz erreicht, seither hätschelt er eine Vorliebe für die österreichische Rennstrecke und träumte heimlich davon, den Vorjahreserfolg eventuell sogar noch zu übertreffen. Auch ihm ging im Training ein Motor kaputt, ebenso seinem HB-Teamkollegen Piero Chili, dem Gallina-Schützling, der inzwischen auch das ›neue‹ Fahrwerk bekam und es als »viel besser als das vorherige« lobte.
Kritisch spitzte sich die Situation im Ca-

104

Start der 125er vor vollen Tribünen; ganz links Martinez, daneben Spaan, Herreros, Stefan Prein und Gianola

giva-Team zu: kurz vor Ende des letzten Trainings platzte Randy Mamolas zweiter Motor, der erste war schon vorher explodiert. Um herauszufinden, ob er im Rennen vielleicht Broccolis Triebwerk verwenden könnte, schwang sich Mamola auf Geheiß seines Rennleiters Pernat auf dessen Motorrad und drehte ein paar Runden. Nach wie vor waren die Cagiva-Leute nicht imstande, richtige Perspektiven aufzustellen. An dem derzeitigen Dilemma trugen keineswegs noch die Reifen die Schuld, denn die hielten – nicht aber die Motoren ...

Auf die beiden Negativ-Resultate in Spanien reagierte Suzuki umgehend und schickte für Schwantz und McElnea neue Zylinder, die eine andere Führung der Auspuffrohre ermöglichten. Wie bei der Yamaha (und deren Follower Cagiva) liegen nun zwei Töpfe auf der rechten Seite (vorher einer links, einer rechts); die beiden anderen liegen wie gehabt unterhalb der Sitzbank im Heck. Suzuki erhoffte sich von dieser Änderung vor allem mehr Leistung im oberen Bereich und beim Herausfinden, wo die nun liege – stieg Kevin Schwantz im

dritten Training recht unsanft ab. Höchst unliebsame Bekanntschaft mit österreichischem Boden machte auch Kevin Magee, wobei er sich einen Knochen im linken kleinen Finger anbrach und Prellungen am ganzen Körper zuzog, besonders schlimm an beiden Fersen und am Ellbogen. Sport-Therapist Dean Miller, auf dessen Konditionsprogramme früher schon Kenny Roberts schwor, der heute noch Eddie Lawson berät und behandelt (unter anderem mit einem ganz speziellen Ernährungsplan) und der im Lucky Strike-Team auf Ge-

105

Krise bei Cagiva: im Training gingen alle Motoren kaputt

heiß Kenny Roberts' für die Fitness der Fahrer verantwortlich ist, nahm den Australier sofort in die Kur. Er behandelte die Prellungen mit Elektrotherapie, Eispackungen und Lymphdrainage und schaffte es, daß Magee nach achtstündiger Therapie wieder voll bewegungsfähig war. Leider verbrauchte die Behandlung enorme körpereigene Energie und zerstörte zudem sein ionisches Gleichgewicht, sodaß Magee sich ziemlich groggy fühlte.

Scheinbar völlig unbeeindruckt von all den Troubles, die seine Konkurrenten heimsuchten, absolvierte Eddie Lawson das Training. Gleich in der ersten Session knallte er den anderen eine 20er Runde hin, die niemand unterbieten konnte; ließ dann die zweite Session aus (in der der berüchtigte Salzburger Schnürlregen herunterrauschte), hielt sich in der dritten Session ›bescheiden‹ zurück und manifestierte erst im Abschlußtraining die zweite Zeit. Lawson erprobte hier erstmals ein neues Federbein von Öhlins (die seit Jahren die bewährte Hinterschwinge für Yamaha bauen), das gegenüber dem Yamaha-

Original steifer sein und ein viel direkteres Steuern ermöglichen soll, verwendete es aber im Rennen nicht. Mit einiger Unruhe erwartete man im Marlboro-Yamaha-Werksteam diesen Lauf: war es den Renningenieuren gelungen, den Rückstand ihres Triebwerks bei Höchstgeschwindigkeiten gegenüber der Honda wettzumachen? Gardner hatte die Antwort sofort parat: »Jetzt ist die Yamaha schneller als meine Honda.«

Daß er von jeher dazu neigt, seine Trainingszeiten überzubewerten, bewies auch hier wieder Christian Sarron. Der Gauloises-Musketier puschte sich erbarmungslos, krallte sich im letzten Training endgültig die Pole und schaukelte sich dann in eine »Ich muß es einfach schaffen«-Manie hinein. »Ich kann meine 20er Rundenzeit über das ganze Rennen fahren, ich habe sogar noch Reserven – morgen muß es endlich klappen.« Quasi als Belohnung für seinen Sieg am Nürburgring hatte Yamaha Luca Cadalora neue Zylinderköpfe, Vergaser und Kolben geschickt. Der Marlboro-Teamster revanchierte sich mit der vierten Trainingszeit und bewies damit, daß die

Yamaha auch auf dem ultraschnellen Salzburgring durchaus mithalten kann. Juan Garriga, neben Sito Pons der chancenträchtigste Titelaspirant, BMW M3-Fahrer, impulsiv und risikoliebend, stellte seine Yamaha auf den sechsten Startplatz. Weniger als zwei Monate nach seinem schweren Sturz in Jarama stieg hier sein Ducados-Teamgefährte Carlos Cardus wieder in den Sattel, der wieder völlig hergestellt war und auf Anhieb die zwölfte Zeit schaffte. Alberto Puig, der in seiner Abwesenheit die Ducados-Honda pilotierte, mußte wieder auf seine Produktionsmaschine umsteigen und scheiterte an der Qualifikation. Martin Wimmers Pechsträhne riß auch hier nicht ab: diesmal erwischte er einen grippalen Infekt und war dementsprechend malad.

Trotz seiner Sturzverletzung von Imola (Beckenriss) war Loris Reggiani nach Salzburg gefahren, mit Krücken kaum imstande, zu gehen – aber fahren wollte er. Erst als Dr. Costa ihm dringend abriet, gab der Aprilia-Fahrer die Idee auf. Masahiro Shimizu (mit dem Reggiani in Imola kollidierte) flog auch hier wieder auf die Nase; er und sein Kontrahent Reggiani trafen sich dann in der Clinica Mobile wieder …

125 cm³: Spanische Fliege

Nichts könnte besser aufzeigen, daß die Italiener ihre grandiose Dominanz der Achtelliter-Kategorie verloren, als die Tatsache, daß beide Garelli-Werksfahrer, Fausto Gresini – immerhin amtierender Weltmeister – und Miguel Reyes an der Qualifikation scheiterten.

Gresini gab an, der Motor gehe gut, aber das Fahrwerk sei indiskutabel: »Das Heck bricht unentwegt aus.« Aber auch Pierpaolo Bianchi (Sturz in der dritten Runde), Corrado Catalano (Auspuffschaden in der vierten Runde) und Domenico Brigaglia (Kurbelwellendefekt in der siebten Runde) blieben auf der Strecke und konnten nur wehmütig an die Zeiten zurückdenken, wo sie ganz vorne mitmischten.

Aber da war noch ein Italiener, der ließ alle anderen vergessen: Ezio Gianola, der typische Latino, verwegen, aggressiv, emotional. Er fährt, als gelte es sein Leben; ducken sich die anderen hinter die Verkleidung, so kriecht er förmlich hinein; peilen sich die anderen mehr oder minder rasant durch die Kurven, so hängt er wie ein Indianer fast seitlich im Sattel (»Das hab' ich bei Mamola abgeschaut«) und egalisiert so, was seiner Honda im Vergleich zur Derbi an Power fehlt. Doch trotz aller Verwegenheit – den Sieg von Derbi und Martinez vermochte er nie zu gefährden. Der Spanier im Ziel: »Dies war bisher der leichteste Sieg.« Anfangs schien es allerdings nicht so, denn der Derbi folgte ein ganzes Rudel Verfolger mit einer erstaunlichen Hartnäckigkeit. Besonders angriffslustig zeigten sich dabei Stefan Prein (dem es mehrere Male gelang, kurzfristig an die Spitze zu gehen), Gianola, der wie ein wütender Terrier um sich ›biss‹, Hans Spaan (der die schnellste Runde markierte), Manuel Herreros (der nach acht Runden durch Sturz ausschied) und ›Mandy‹ Fischer (der sich seine Streckenkenntnis zunutze machte). Martinez befreite sich aus den Klammerversuchen dieses Pulks in der elften Runde, machte die Fliege und zog davon; die karierte Flagge nahm er mit vier Sekunden Vorsprung.

Gianola rang dann Prein nieder, Fischer setzte sich gegen Leitner und Spaan durch. Den internen Bruderkampf der Waibel-Brothers um den siebten Platz entschied Gerd gegen Alfred mit 26/100 für sich, und Hubert Abold verlor sein Duell gegen Gastone Grassetti, obwohl der Italiener von Anfang an mit defekter Kupplung fuhr. Adi Stadler mußte bei Bianchis Sturz ins Gelände ausweichen und kam nur als elfter ins Ziel; Stefan Dörflinger gab nach 17 Runden (an aussichtsloser 19. Position) auf, und zur gleichen Zeit stellte Ian McConnachie seine Cagiva mit Motordefekt zur Seite.

Stefan Prein brillierte auf dem Salzburgring

250 cm³: Jacques der Große

Seit seiner Rückkehr ins Parisienne-Team leistete Ingenieur Jörg Möller ›Hexenmeisterarbeit ohne Unterbruch‹. Und die zahlte sich in Austria endlich aus: Jacques Cornu fuhr in Training zum ersten Mal in seiner langen Karriere die schnellste Zeit, absolvierte einen prächtigen Start, preschte mit seiner Honda sofort an die Spitze des Feldes und führte bis zur fünftletzten Runde. Doch saß ihm eine ganze Kompanie Verfolger im Nacken: Juan Garriga, Sito Pons, Dominique Sarron, Manfred Herweh, Ivan Palazzese, Carlos Lavado, Reinhold Roth, Donnie McLeod, Luca Cadalora und Masahiro Shimizu. Am Ende dieser ersten Runde musste Carlos Cardus mit defektem Getriebe ausscheiden.

Cornu – vor sechs Jahren Endurance-Weltmeister – verteidigte die Tête mit großer Souveränität, aber hinter ihm fand ein unaufhörliches Trommelfeuer seiner sich bekämpfenden Verfolger statt, aus dem sich als erster Pons ausklinkte – seine Honda litt unter einem mysteriösen Leistungsverlust. Schwer enttäuscht mußte Pons sich damit abfin-

den, an diesem Tag vorn nicht mithalten zu können, hatte aber immer noch die Genugtuung, Shimizu mit seinem Werks-Racer unter Kontrolle zu haben. Trotz erbitterter Gegenwehr des jungen Japaners sicherte sich Pons vor ihm den fünften Platz.

Aber auch Cadalora vermochte das Tempo des schweizerischen Schnellzugs nicht zu halten und rutschte aus der Spitzengruppe ab auf den achten Platz in Runde sieben. Dort ärgerte ihn wenig später eine andere Yamaha vor sich, die TZ nämlich von Manfred Herweh, der sich vorher rundenlang einen erbitterten Fight mit Shimizu geliefert hatte. Daß sich ein Privatier gerade auf dem schnellen Austria-Ring vor seiner Werksmaschine tummeln sollte – das war nicht nach Cadaloras Gusto, also attackierte er den Lampertheimer – der fahrerisch an diesem Tag über alle Zweifel erhaben war – nach allen Regeln der Kunst, und so gelang es dem Nürburgring-Sieger, nach einem Duell, das sich von der 13. Runde bis ins Ziel erstreckte, mit 28/100 vor Herweh den siebten Platz zu belegen. Später monierte Cadalora allerdings mangelnde Motorleistung.

Dem Werbe-Slogan von HB, ›Wer wird denn gleich in die Luft gehen‹, folgte Carlos Lavado in der 17. Runde und vollführte einen Salto rückwärts-abwärts, nach dem er sich in der Wiese wiederfand. Dadurch schenkte er seinen neunten Platz seinem Landsmann Ivan Palazzese, der das ›Erbe‹ seines Idols bis ins Ziel verteidigte.

Dabei drohte ihm von hinten gar keine Gefahr, denn da krebste – Toni Mang herum. Ein zehnter Platz, 35 Sekunden hinter dem Sieger auf einer identischen Maschine, eine Woche nachdem er auf dieser Strecke einen Doppelsieg gefeiert hatte – da war der Wurm drin.

In der Tat. Erstens hatte Mang einen zu langen ersten Gang gewählt, startete deshalb schlecht und konnte diesen Rückstand dann nicht mehr wettmachen, aber – und das dürfte der wirkliche Grund für dieses Ergebnis sein – haperte es mit seiner mentalen Einstellung, seiner Motivation.

Grippekrank und dementsprechend geschwächt war Martin Wimmer über den zwölften Rang hinter dem Österreicher Egbert Neumair froh, zumal ihm Jean Ruggia, Harald Eckl, Mauro Vitali, Donnie McLeod, Guy Bertin und Gustl Auinger dicht auf den Fersen waren.

Ohne auch nur einen Deut nachzulassen, jagte das Trio Garriga, Roth und Sarron hinter dem Leader Cornu her und wechselte dabei ständig seine Positionen. Bis zur 19. Runde – da nämlich kulminierten alle Kräfte von HB-Streiter Roth in einer grandiosen Attacke auf den langen Schweizer, in der er ihm die Führung abspenstig machte. Sarron feuerte das Beispiel Roths so sehr an, daß er seinerseits die Tête an sich riß – und in der nächsten Runde wieder verlor, an Garriga diesmal; die letzten beiden Runden sahen wieder Reinhold Roth an der Spitze. Ein höchst dramatisches Finish bahnte sich an: Cornu sammelte noch einmal seine letzten Reserven und timte seine Generaloffensive für den letzten Kilometer: Roth, wie toll attackiert von Garriga, konzentrierte sich

voll auf sein Duell mit dem Spanier (der ihn mehrere Male fast touchierte) und vergaß darüber Cornu. Sarron verlor einen Moment die Kontenance und musste sich dann mit dem vierten Platz begnügen. Cornu aber überrumpelte ausgangs der Fahrerlagerkurve die beiden Fighter vor ihm mit solcher Raffinesse, daß beide keine Antwort wußten – damit hieß der siebte Sieger im siebten Lauf Jacques Cornu!

Der dritte Platz hinter Roth bedeutete für Garriga, daß er wieder bis auf einen Punkt an Tabellenleader Pons herangerückt war, für die vielen schweizer Schlachtenbummler aber bedeutete der Sieg ›ihres‹ Jacques ein Ereignis, auf das sie seit Jahren sehnsüchtig gewartet hatten, und dementsprechend feierten sie den Sieger, der seine Ehrenrunde mit wehender Nationalflagge absolvierte.

500 cm³: Zerplatzte Hoffnungen

Mit 20 Punkten hinter Tabellenleader Lawson kam Wayne Gardner nach Salzburg – viel, wenn man bedenkt, daß der coole Kalifornier nicht zu Unrecht ›Steady Eddie‹ genannt wird, aber wenig, wenn man ins Kalkül zog, daß auch die Yamaha einmal einen Breakdown erleiden könnte …

Nach dem Start preschte Wayne Gardner wie von Furien gehetzt an die Spitze, Eddie Lawson zwängte sich hinter die Rothmans-Honda, dann folgten Wayne Rainey, Didier DeRadigues, Christian Sarron, Kevin Magee, Ron Haslam, Kevin Schwantz, Piero Chili, Niall Makkenzie, Shunji Yatsushiro und Gustl Reiner. Am Ende der ersten Runde zerplatzte wieder einmal ein Traum von Christian Sarron, als er in der Schikane kopfüber in den Schotter flog – wie in Le Mans '85, in Francorchamps '86 und in Hockenheim '87 hatte er sich nach seiner Pole den Sieg in den Kopf gesetzt, und verspielt. Wie ein geprügelter Hund, völlig am Boden zerstört, schlich er zurück ins Paddock.

Spätestens in der zweiten Runde wurde klar, daß für den Sieg nur zwei Mann in Frage kamen: Gardner und Lawson. Der Australier hielt den Kalifornier sechs Runden lang in Schach, dann riß Lawson die Führung an sich. Aber Gardner wehrte sich mit Macht, nach zwei Runden verwies er die Marlboro-Yamaha wieder hinter sich – und so wechselten sich die beiden nach jeweils zwei, drei Runden immer wieder an der Spitze ab; bei Halbdistanz trennte das Feld bereits ein erklecklicher Abstand. Ende der 16. Runde fiel dann die vorzeitige Entscheidung dieses Rennens: Lawson hatte eben den Weltmeister wieder einmal hinter sich verwiesen, als ausgangs der Schikane kurz vor Start und Ziel Gardner in hohem Bogen aus dem Sattel katapultiert wurde – Ende der Vorstellung. Wie sich später herausstellte, war der Honda-Motor festgegangen, weil er sehr mager bedüst worden war, um ›oben‹ noch mehr Leistung zu bringen. Gardner: »Ich fühlte kurz vorher einen Klemmer und zog die Kupplung. Dann dachte ich, es sei wieder okay, und ließ die Kupplung los, und da flog ich. Ich bin abgrundtief enttäuscht, komplett desillusioniert, denn jetzt kann ich den Titel vergessen. Nicht durch meine Schuld, denn ich bin sicher noch immer schneller als Eddie, sondern durch die Schuld Hondas. Jetzt halten auch unsere Motoren nicht mehr, und im Warmup heute vormittag ging mein Getriebe fest.« Nach Gardners Ausscheiden war es Lawson ein Leichtes, den Sieg nach Hause zu fahren: »Ab heute getraue ich mich, den Titel anzupeilen, denn 40 Punkte Plus sind eine gute Basis.« Nie ein Freund großer Worte, rang Lawson sich später doch noch einen Kommentar ab: »Wayne kann sagen, was er will – ich hätte gesiegt, auch wenn er nicht gestürzt wäre, that's for sure.«

In der elften Runde kam das Out für Randy Mamola: wieder ging sein Motor fest; nach miserablem Start war er nie weiter vorgedrungen als auf den 17.

500er Fighter: Wayne Rainey (17), Eddie Lawson (3), Patrick Igoa (14), Didier DeRadigues (12) und Kevin Schwantz (34)

Platz. Bei Halbdistanz war auch Makkenzies Fahrt zu Ende und der Schotte um eine bittere Erfahrung reicher: wie Sarron mußte er seine Hoffnungen auf ein Super-Ergebnis im Schotter der Schikane vor Start und Ziel begraben.

Wayne Rainey bekam ab der dritten Runde Zoff mit einem anderen Yamaha-Fahrer, nämlich Didier DeRadigues. Der Belgier, zu Beginn seiner Karriere ein glutvoller, sehr aggressiver und gefürchteter Fighter, inzwischen aber viel ruhiger geworden, bewies, daß auf dem Salzburgring Mut und eine feste Gashand kriegsentscheidend sind. Die Luk-

ky Strike-Yamaha war auf den langen Geraden langsamer als die Marlboro-Yamaha, und als Rainey das eingesehen hatte, ließ er den Belgier ziehen und belegte den dritten Platz, mit dem er den zweiten Platz in der Tabelle übernahm. DeRadigues erste Worte beim Rapport vor Teamchef Agostini: »Heute bin ich nicht gestürzt!« Nach vielen Jahren kamen also wieder einmal zwei Werks-Yamaha als erste ins Ziel (damals, 1983, waren es ›King‹ Kenny Roberts und Eddie Lawson, übrigens auch auf dem Salzburgring), und daß mit Rainey ein dritter Yamaha-Mann aufs Po-

dium stieg, rundete den Erfolg für die Racer aus Iwata perfekt ab.

Trotz der Leistungskur für die Suzuki fehlte ihr auf diesem ultraschnellen Parcour eine ganze Reihe Pferdchen; Kevin Schwantz mußte sich recht plagen, um die fünfte Stelle – nach Gardners Abgang die vierte – zu requirieren. Im letzten Drittel geriet der Texaner noch unter heftigen Beschuß von Piero Chili, dem er sich erst vier Runden vor Schluß entziehen konnte, nachdem er den jungen Italiener einem Hagel von Schottersteinchen aussetzte, als er in der Hitze des Gefechts auf die Randbegrenzung kam.

Große Abstände trennten die restlichen Plazierten. Trotz heftiger Schmerzen und starker Abgeschlafftheit (»Ich fühlte mich kraftlos wie ein alter Mann«) vermochte Kevin Magee sich den sechsten Platz zu holen, und der Japaner Yatsushiro belegte dahinter recht farblos den siebten Rang. Auch Ron Haslam und Rob McElnea rissen keine Bäume aus; die beiden Briten rangierten auf den Plätzen acht und neun. Patrick Igoa, der dreimalige Endurance-Weltmeister auf der Vorjahresmaschine seines Teamgefährten Sarron, der aus der Nähe von Biarritz im Baskenland stammt, entging mit knapper Mühe der Überrundung – Gustl Reiner dagegen musste in den sauren Apfel beissen: »Aber des is mir wurscht, wichtig sin' die fünf Punkte.«

Gespanne: Bilandismus

Im Training hatten Rolf Biland und Kurt Waltisperg mit ihrem von Harald Bartol getunten Motor kräftig geklotzt und eine um drei Sekunden schnellere Zeit als der nächstbeste gefahren. Danach zweifelte niemand mehr, daß Biland auf dem schnellen Salzburgring seine Konkurrenten Mores lehren würde. Doch die Schweizer legten sich in der Anfangsphase des Rennens selbst Zügel an, und so kamen nicht sie, sondern die Niederländer Streuer/Schnieders aus der ersten Runde in Führung zurück. Entsetzt konstatierte Streuer wenig später, daß seine Kupplung rutschte; er sackte bis an die 12. Stelle zurück, schob sich dann aber wieder nach vorn, um sich noch den fünften Platz zu sichern.

Klasse 125 cm³   22 Runden = 93,346 km

1. Jorge Martinez	Spanien	Derbi	35.03,59 = 159,749 km/h
2. Ezio Gianola	Italien	Honda	35.ß7,91
3. Stefan Prein	Deutschland	Honda	35.08,12
4. Josef Fischer	Österreich	Rotax	35.08,86
5. Mike Leitner	Österreich	LCR	35.09,08
6. Hans Spaan	Niederlande	Honda	35.09,46
7. Gerd Waibel	Deutschland	Honda	35.09,67
8. Alfred Waibel	Deutschland	Waibel	35.09,93
9. Gastine Grassetti	Italien	Honda	35.13,04
10. Hubert Abold	Deutschland	Honda	35.13,51
11. Adi Stadler	Deutschland	Honda	35.16,24
12. Julian Miralles	Spanien	Honda	35.16,54
13. Thierry Feuz	Schweiz	Rotax	35.18,29
14. Johnny Wicsktröm	Finnland	Honda	35.34,64
15. Robin Appleyard	Großbritannien	Honda	35.34.86

16. H. Unemoto (J) Honda 35.35,55; 17. H. Lüthi (CH) Honda 35.39,09; 18. A. Scott (USA) Honda 35.43,19; 19. K. Takada (J) Honda 35.43,63; 20. J. Seel (D) Seel 35.52,61; weitere fünf Fahrer im Ziel; elf Fahrer nicht klassifiziert.

Schnellste Runde: Hans Spaan (Honda) in 1.33,51 = 163,349 km/h
Rekordhalter: Fausto Gresini (Garelli) 1.30,58 (1987)

Stand der Weltmeisterschaft   Pkt.

Martinez	Derbi	60
Gianola	Honda	52
Spaan	Honda	42
Grassetti	Honda	40
Miralles	Honda	39
Herreros	Derbi	30
Unemoto	Honda	26
Stadler	Honda	24
G. Waibel	Honda	24
Prein	Honda	23
A. Waibel	Waibel	19
Reyes	Garelli	17
Fischer	Rotax	14
Gresini	Garelli	13
Bianchi	Cagiva	13

Trainingszeiten

Martinez 1.32,67; Spaan 1.33,42; Herreros 1.33,91; Prein 1.34,03; Gianola 1.34,21; G. Waibel 1.34,23; Stadler 1.34,67; Abold 1.34,69; Leitner 1.34,89; Grassetti 1.34,93; Kytola 1.34,98; Pietroniro 1.35,03; A. Waibel 1.35,13; Brigaglia 1.35,19; Selini 1.35,19.

Klasse 250 cm³   24 Runden = 101,832 km

1. Jacques Cornu	Schweiz	Honda	34.29,23 = 177,165 km/h
2. Reinhold Roth	Deutschland	Honda	34.29,85
3. Juan Garriga	Spanien	Yamaha	34.30,21
4. Dominique Sarron	Frankreich	Honda	34.30,50
5. Alfonso Pons	Spanien	Honda	34.39,29
6. Masahiro Shimizu	Japan	Honda	34.39,54
7. Luca Cadalaora	Italien	Yamaha	34.57,89
8. Manfred Herweh	Deutschland	Yamaha	34.58,17
9. Ivan Palazzese	Venezuela	Yamaha	34.58,50
10. Anton Mang	Deutschland	Honda	35.04,25
11. Egbert Neumair	Österreich	Aprilia	35.14,50
12. Martin Wimmer	Deutschland	Yamaha	35.14,92
13. Jean-Philippe Ruggia	Frankreich	Yamaha	35.15,11
14. Harald Eckl	Deutschland	Aprilia	35.15,37
15. Mauro Vitali	Italien	Gazzaniga	35.15,57

16. D. McLeod (GB) EMC 35.14,19; 17. G. Bertin (F) Yamaha 35.16,49; 18. A. Auinger (A) Aprilia 35.16,98; 20. H. Becker (D) Yamaha 35.33,69; 21. H. Bradl (D) Honda 35.33,98; 27. J. Schmid (D) Honda 35.55,33; weitere sieben Fahrer im Ziel; acht Fahrer nicht klassifiziert.

Schnellste Runde: Jacques Cornu (Honda) in 1.24,82 = 180,085 km/h (Rekord)

Stand der Weltmeisterschaft   Pkt.

Pons	Honda	99
Garriga	Yamaha	98
Cornu	Honda	78
Sarron	Honda	68
Roth	Honda	65
Cadalora	Yamaha	59
Mang	Honda	57
Ruggia	Yamaha	51
Shimizu	Honda	51
McLeod	EMC	30
Kocinski	Yamaha	24
Herweh	Yamaha	24
Wimmer	Yamaha	21
Filice	Honda	20
Kobayashi	Honda	15

Trainingszeiten

Corni 1.25,19; Roth 1.25,23; Sarron 1.25,26; Cadalora 1.25,29; Pons 1.25,55; Garriga 1.25,85; Mang 1.25,96; Lavado 1.26,02; Palazzese 1.26,03; Herweh 1.26,05; Shimizu 1.26,24; Cardus 1.26,41; Casanova 1.26,53; Neimair 1.26,55; Ruggia 1.26,60.

Keine Chance gegen den holländischen D-Zug hatten da Abbott/Smith, die sechste wurden; sie vermochten Streuer ebensowenig aufzuhalten wie die Duellanten Larratte/Corbier und Jones/Brown, die bis ins Ziel im Clinch lagen. Ein Trio bekämpfte sich um den neunten Platz: Scherer/Schröder, Brindley/Rose und Bosman/Kellett, wobei das deutsche Paar sich gegen die Briten und die Australier durchsetzen konnte.

Nachdem Streuer aus dem Spitzenpulk ausgeschieden war, erlebten die Zuschauer, die noch ausharrten, ein tolles Gefecht, in das nicht weniger als vier der dreirädrigen Geschosse verwickelt waren: Biland/Waltisperg, die Franzosen Michel/Fresc, die britischen Weltmeister Webster/Hewitt und die schweizer Brüder Egloff. Alle vier lagen sie einmal rundenlang an der Spitze, die Positionen wechselten unablässig, und die Intensität dieses Fights war so groß, daß die Fahrzeuge sich mehrmals gefährlich nahe kamen. In der 15. Runde kostete das die Egloffs alle Chancen, denn ihren Kühler schlug ein aufgewirbelter Stein leck, und das war für sie das Aus. Bis in die Schlußphase liessen die drei Führenden kein Jota nach; erst kurz vor dem Ziel verdatterte Biland seine beiden Kontrahenten, befreite sich aus ihrer Umklammerung, drehte einmal »richtig« auf – und gewann mit 1,9 s vor Michel und 2,1 s vor Webster.

Ganz zu Anfang waren auch die Zurbrügg-Brüder vorn mit dabei, doch konnten sie die Pace nicht halten, fielen zurück und wurden mit 22 s Abstand vierte. Nicht ins Ziel kamen die Stölzles, denen in der dritten Runde die Kupplung kaputt ging, Kumagaya/Barlow, Kumano/Fahrni, die ein Motordefekt aus dem Rennen warf, Nigrowsky/Charpentier wegen Getriebedefekt und Rolf Steinhausen und Bruno Hiller, denen ebenfalls ein Getriebeschaden einen Strich durch die Rechnung machte.

Klasse 500 cm³

29 Runden = 123,047 km

1. Eddie Lawson	USA	Yamaha	39.40,63 = 186,072 km/h
2. Didier DeRadigues	Belgien	Yamaha	39.46,42
3. Wayne Rainey	USA	Yamaha	39.53,18
4. K. Schwantz	USA	Suzuki	39.54,22
5. Pierfrancesco Chili	Italien	Honda	39.59,94
6. Kevin Magee	Australien	Yamaha	39.02,70
7. Shunji Yatsushiro	Japan	Honda	40.07,46
8. Ron Haslam	Großbritannien	Honda	40.40,08
9. Rob McElnea	Großbritannien	Suzuki	40.41,00
10. Patrick Igoa	Frankreich	Yamaha	40.48,29
11. Gustav Reiner	Deutschland	Honda	28 Runden
12. Bruno Kneubühler	Schweiz	Honda	28 Runden
13. Fabio Biliotti	Italien	Honda	28 Runden
14. Marco Broccoli	Italien	Cagiva	28 Runden
15. Manfred Fischer	Deutschland	HG 500	28 Runden

16. A. Leuthe (L) Suzuki; 17. F. Holzmeier (D) Honda; 18. J. Doppler (A) Honda; 19. N. Schmassmann (CH) Honda; 20. G-R. Jung (D) Honda; 21. H. Schütz (D) Honda 27 Runden; zehn Fahrer nicht klassifiziert.

Schnellste Runde: Didier DeRadigues (Yamaha) in 1.20,61 = 189,490 km/h Rekordhalter: Didier DeRadigues (Cagiva) 1.20,46 = 189,843 km/h (1987)

Stand der Weltmeisterschaft

		Pkt.
Lawson	Yamaha	125
Rainey	Yamaha	97
Gardner	Honda	85
Schwantz	Suzuki	77
Magee	Yamaha	76
Mackenzie	Honda	60
Sarron	Yamaha	59
DeRadigues	Yamaha	59
Chili	Honda	42
Yatsushiro	Honda	36
McElnea	Suzuki	35
Haslam	Honda	27
Valesi	Honda	17
Taira	Yamaha	17
Igoa	Yamaha	14

Trainingszeiten

Sarron 1.20,18; Lawson 1.20,37; Mackenzie 1.20,71; Schwantz 1.20,97; Gardner 1.21,04; DeRadigues 1.21,15; Chili 1.21,33; Rainey 1.21,54; Yatsushiro 1.21,63; McElnea 1.21,93; Magee 1.22,11; Hasalam 1.222,41; Igoa 1.22,63; Mamola 1.23,29; Papa 1.23,80.

Klasse Gespanne

22 Runden = 93,346 km

1. R. Biland/K. Waltisperg	Schweiz	LCR Kliby	32.11,52 = 173,980 km/h
2. A. Michel/J-M. Fresc	Frankreich	LCR Krauser	32.13,42
3. S. Webster/T. Hewitt	Großbritannien	LCR Krauser	32.13,63
4. A./M. Zurbrügg	Schweiz	LCR Yamaha	32.34,00
5. E. Streuer/B. Schnieders	Niederlande	LCR Yamaha	32.47,41
6. S. Abbott/S. Smith	Großbritannien	Windle Yam	32.50,48
7. P. Larratte/J. Corbier	Frankreich	LCR Yamaha	32.53,56
8. D. Jones/P. Brown	Großbritannien	LCR Yamaha	32.54,50
9. B. Scherere/T. Schröder	Großbritannien	BSR Krauser	33.10,06
10. B. Brindley/G. Rose	Großbritannien	Krauser Yam	33.10,65
11. A. Bosman/D. Kellett	Australien	LCR Yamaha	33.10,82
12. T. Van Kempen/S. Birchall	Niederlande/GB	LCR Yamaha	33.28,25
13. W. Stropek/P. Demling	Österreich	Mibag EB	33.28,50
14. G. Thomas/G. DeHaas	Großbritannien	LCR Krauser	21 Runden
15. D. Bingham/G. Irlam	Großbritaniien	LCR Padgett	21 Runden

16. R.Progin/Y.Hunziker (CH) Seymaz; sechs Gespanne nicht klassifiziert.

Schnellste Runde: R.Biland/K.Waltisperg (LCR Kliby) in 1.25,87 = 177,883 km/h (Rekord)

Stand der Weltmeisterschaft

	Pkt.
Biland/Waltisperg	60
Webster/Hewitt	47
Zurbrügg/Zurbrügg	34
Streuer/Schnieders	30
Michel/Fresc	28
Abbott/Smith	26
Brindley/Rose	24
Van Kempen/Birchall	22
Scherer/Schröder	22
Stropek/Demling	20
Jones/Brown	19
Larratte/Corbier	17
Stölzle/Stölzle	14
Egloff/Egloff	7
Kumano/Fahrni	5

Trainingszeiten

Biland 1.23,82; Streuer 1.26,22; Zurbrügg 1.26,29; Webster 1.26,30; Michel 1.27,18; Egloff 1.27,23; Steinhausen 1.27,74; Kuamno 1.27,81; Stropek 1.28,16; Larratte 1.28,70; Jones 1.28,76; Bosman 1.28,83; Kumagaya 1.28,85; Abbott 1.28,96; Stölzle 1.29,21.

Grand Prix Niederlande

Dutch TT Assen, 25. Juni

Stichting Circuit van Drenthe

Zuschauer: 150 000
Wetter: leicht bedeckt, trocken, 16 Grad
Streckenlänge: 6,134 km

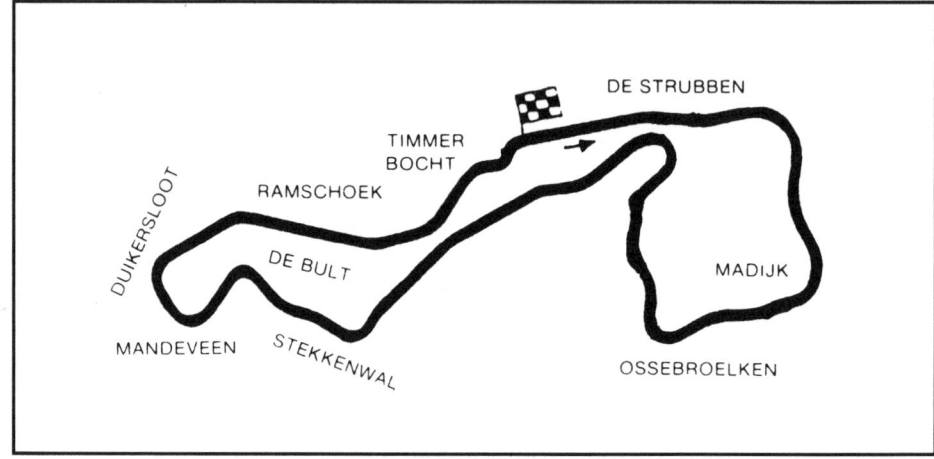

Eigentlich hätte Eddie Lawson völlig entspannt nach Assen kommen können, 40 Punkte mehr als Wayne Gardner und 28 mehr als Wayne Rainey, der Tabellenzweite, waren ein hervorragendes Polster. Aber Lawson war keineswegs relaxed, sondern, im Gegenteil, ungewohnt nervös. Mit gutem Grund, steht er doch mit den Circuit van Drenthe ziemlich auf Kriegsfuß: »Diese Strecke ist mir gar nicht lieb, hier hatte ich schon zuviel Pech. Ich will froh sein, wenn ich im Ziel bin – irgendwo, das kümmert mich nicht!«

Seit Jahren markiert der Große Preis der Niederlande die Saisonmitte, auch heuer, denn die beiden südamerikanischen Läufe waren noch immer für das Saisonende terminiert. Waren vor dem achten WM-Lauf auch schon manche Weichen gestellt, Vorentscheidungen gefallen und Positionen bezogen, so war

doch im Prinzip noch alles offen. Saisonmitte bedeutet, noch einmal alle Kräfte zu mobilisieren und neuen Schwung zu holen für den Endspurt.

1988 begeht Honda sein 40jähriges Firmenjubiläum, und zu diesem Anlaß hätte man es sicher gern gesehen, wenn zusätzlich zum Gewinn der Formel 1-Automobil-Weltmeisterschaft auch der 500 cm³-Motorrad-Titel und darüberhinaus vielleicht noch der 250er und 125er Titel an Honda fielen. Da der 500er Titel aber so gut wie vergeigt und es um Hondas Chancen in der 125 cm³-Kategorie mager bestellt war (hier hatte man ganz sicher nicht damit gerechnet, daß die Derbi derart stark sein würde), sah sich das neue HRC-Management (die erfolgreiche Riege Fukui, Oguma und Kanazawa übernahm Anfang des Jahres neue Aufgaben im Forschungs- und Entwicklungswerk R&D) veranlasst, ihren

Werksfahrer Shimizu kräftig unter Druck zu setzen. Der Honda-Glaube, nur mit überlegener Motorkraft die Konkurrenz schlagen zu können, ließ sich nicht mit der Tatsache vereinen, daß der junge Japaner nicht die Resultate brachte, die HRC erwartete.

Daß seine Fahrkünste vielleicht noch nicht das Optimum waren, das wollte man dadurch egalisieren, daß man ihm nach Assen noch einen modifizierten Motor schickte, der nur äußerlich den geleasten ›Werks‹-Motoren gleich war. Derart unter Erfolgszwang (noch verstärkt durch seinen eigenen Ehrgeiz), machte Shimizu im Training fast einen bemitleidenswerten Eindruck: nicht nur mußte er die Strecke lernen, die richtige Abstimmung finden – er sollte auch noch schnell sein, und mit dieser Last auf seinen Schultern war er klar überfordert. Wie gerade die japanischen Hon-

112

In Assen kehrte Wayne Gardner auf die Straße der Sieger zurück

da-Fahrer ihre Aufgabe sehen, wurde auch am Beispiel Yatsushiro deutlich: ständig dem Stress ausgesetzt, endlich ein ›gutes‹ Ergebnis zu bringen, flog der japanische F1-Meister in diesem Jahr bisher schon mindestens zehnmal aus dem Sattel.

Für Lucky Strike-Teamster Kevin Magee bedeutete die Ankunft in Assen »fast eine Heimkehr«. Der Circuit van Drenthe ist einer der zwei Kurse in Europa, die der Australier schon kannte, und obwohl er unbekannte Strecken schnell lernt, meinte er doch, es sei eine

zusätzliche Komplikation, wo doch alle Konzentration darauf gerichtet sein sollte, die Maschine perfekt abzustimmen. »Es ist ganz einfach ein Vorteil, wenn man die Strecke schon kennt, ehe das Training losgeht.« Mit fortschreitender Saison schien der 25jährige zudem zunehmend unter einer erwartungsvollen Hochspannung zu leiden, denn ganz offensichtlich piesackte ihn der Ehrgeiz – trotz seines Grand Prix-Sieges hatte ihn sein Teamkamerad Wayne Rainey punktemäßig längst überflügelt und Magee fürchtete, wohl auch in Teamchef

Kenny Roberts' Gunst. Mit großer Gewissenhaftigkeit erarbeitete sich ›Magoo‹ die perfekte Vorbereitung und belohnte sein Ego zusätzlich mit einem Bonbon: der drittschnellsten Zeit.

Die Enttäuschung von Österreich mochte Niall Mackenzie in Assen noch in den Knochen gesteckt haben, denn schon im ersten Training leistete sich der HB Honda-Pilot einen weiteren Sturz und zur Enttäuschung seines Betreuers Erv Kanemoto («Traurig, das wirft ihn nur noch weiter zurück») brach er sich dabei drei Knochen im linken Fuß und musste sich dann den Spezialschuh von Wayne Gardner ausleihen.

Auch Kevin Schwantz stürzte bereits im ersten Training, gleich in seiner zweiten Runde. Er renkte sich dabei nicht nur die große Zehe aus, sondern der Suzuki-Pilot brach sich auch mehrere Knochen in beiden Füßen. Mit einem Spezialverband trainierte er anderntags wieder und sicherte sich sogar die elfte Zeit.

Pirelli hatte für Randy Mamola eine ganze Palette neuer Reifen nach Assen geschickt: drei verschiedene Mischungen für den hinteren Slick, neue Intermediates und neue Regenreifen mit handgeschnittenem Profil. Randy blieb mit seiner Trainingszeit drei Sekunden hinter der Bestzeit zurück und machte aus seinem Frust kein Hehl: »Drei Sekunden sind nicht nur drei Sekunden – das sind in der 500er Klasse wie drei Jahre!« So stärkte der sommersprossige Kalifornier sein Selbstbewußtsein durch ganz andere Aktivitäten und veranstaltete im Paddock eine Versteigerung zugunsten des Kinderhilfsfonds ›Safe the Children‹, wo er Poster, T-Shirts, Helme und Leder an die Meistbietenden feilbot.

Kamikaze-Gustl Reiner machte seinem Spitznamen wieder einmal Ehre und sondierte im Training gleich zweimal die Beschaffenheit der holländischen Erde, wobei er sich neben mehreren Prellungen einen Bruch im Mittelfußknochen zuzog und das Rennen deshalb ›sausen lassen‹ mußte.

Nach dem Austria-GP ging das Gauloises-Team nach Rijeka zum Testen. Christian Sarron litt zunächst noch unter den Nachwirkungen seines Sturzes, erholte sich aber rasch und erzielte gute Ergebnisse, wenn es ihm auch nicht gelang, an den Rekord heranzukommen. In Assen gelang ihm dafür seine zweite Trainingsbestzeit hintereinander – eine Sekunde schneller als Lawson.

Sein kleiner Bruder Dominique wollte ihm da nicht nachstehen, fuhr ebenfalls Trainingsbestzeit, und so hielten in den beiden wichtigen Klassen die Frères Sar-

ron jeweils die Pole besetzt. Nicht zum ersten Mal übrigens, denn letztes Jahr gab es diese Konstellation schon einmal bei ihrem Heimat-Grand Prix.

Ein Weltmeister braucht nicht nett zu sein, nur clever. Und obwohl Toni Mang ganz unzweifelhaft einen gewissen Charme hat und sehr nett sein kann – stärker ausgeprägt ist seine Cleverness. Mit der sicherte er sich inzwischen die Dienste von Henk Peters, Techniker bei White Power, der – gewandet in volles Rothmans-Ornat – die Dämpfungsprobleme seiner Maschine in den Griff bekommen sollte. Ob man das bei HRC allerdings ›nett‹ fand …? Jedenfalls ventilierte der Weltmeister in diesem Jahr viel früher als beim ersten Versuch Ende '87 seine Chancen, ein eigenes Team auf die Beine zu bringen. Aber ob er dabei nett oder clever zu Werke geht oder einfach mit seiner überragenden Erfahrung argumentiert – es wird kein leichtes Unterfangen für den Bayern werden.

Zwei seltsame Hybriden führte Garelli im Training vor: den 250er Motor hatte man in einen Deltabox-Rahmen von Yamaha montiert (mit dem Paolo Casoli an der Qualifikation scheiterte), das 125er Triebwerk dagegen saß in einem Honda-Rahmen. Zum Rennen rüstete man den kleinen Motor allerdings wieder ins Original-Fahrwerk um, mit dem Fausto Gresini schon in der ersten Runde stürzte…

80 cm³: Maurer Martinez

Für Jorge Martinez und Derbi verschoben sich die Prioritäten längst zugunsten der Achtelliter-Klasse, doch wollten sich die Spanier deshalb keineswegs etwa den Titel der Mini-Kategorie entgehen lassen. Um seine Kräfte richtig zu dosieren und für den unmittelbar anschließend anstehenden 125er Lauf noch etwas in petto zu haben, setzte sich ›Aspar‹ Martinez gleich zu Beginn deutlich ab, mauerte sich innerhalb von nur zwei Runden einen Achtsekunden-Vor-

sprung hoch und fuhr den dann glatt nach Hause.

Martinez fehlten danach nur noch läppische drei Punkte zum erneuten Titelgewinn; keine Frage, daß er die beim nächsten Lauf (in Rijeka) »mit links« holt.

Sein Teamkamerad ›Champi‹ Herreros musste dem Rennen fernbleiben: er war im Training mit Volldampf auf einen viel langsameren Kollegen geprallt und hatte sich an dessen Auspuff eine Zehe zermalmt, die ihm amputiert werden musste. Die dritte Derbi unter Alex Criville fiel in der zehnten Runde an zweiter Stelle einem Motordefekt zum Opfer und machte die Hoffnungen der Iberer auf einen möglichen Doppelerfolg zunichte.

Stefan Dörflinger stürzte in der neunten Runde, und danach war der Weg frei für den jungen Peter Öttl, der sich mit Bravour den zweiten Platz sicherte. Zur Freude ihrer Landsleute placierten sich zwei Holländer auf den Plätzen drei bzw. vier: Bert Smit und Jos Van Dongen, mit 30 und 36 Sekunden Abstand aber deutlich abgeschlagen. Knapp hinter der Autisa des Spaniers Herri Torrontegui brachte Jörg Seel sein Minibike als sechster ins Ziel; mit Abständen folgten Adrie Nijenhuis, Bogdan Nikolov, Karoly Juhasz, Giuseppe Ascareggi und Günter Schirnhofer auf den Rängen. Rainer Kunz, Matthias Ehinger, Hagen Klein und Heinz Paschen kamen nicht ins Ziel.

125 cm³: Vorbild Nieto

Zum zweiten Mal an diesem Tag demonstrierten Jorge Martinez und Derbi ihre gigantische Überlegenheit, so nachhaltig, daß man sich fast in die Glanzzeiten von Angel Nieto zurückversetzt fühlte. Dem spanischen Nationalhelden nachzueifern schickte sich nun also Martinez an, mit einem Doppelsieg in beiden kleinen Klassen und mit der Doppelweltmeisterschaft im Sinn. Diesmal allerdings distanzierte ›Aspar‹ (der Schuhmacher, so genannt, weil sein Vater Espandrillos fertigt) seine Konkurrenten nicht so nachhaltig, war zeitweise sogar nicht einmal an der Spitze und kopierte auch darin ›Maestro‹ Nieto, der ein Meister des berühmten Katz und Maus-Spiels war. Zusammen mit Ezio Gianola und dem Lokalmatador Hans Spaan gestaltete er diese Auseinandersetzung zu einem spannenden Schauspiel, dessen Hauptrolle natürlich nie gefährdet war. Gianola mochte sich das Herz aus dem Leib fahren, er hatte keine Chance gegen den Spanier, und Spaan erst recht nicht; in der Schlußphase zog Martinez seinen beiden Verfolgern klar davon und siegte mit 3,6 bzw 7,5 Sekunden vor ihnen.

Fausto Gresini stürzte bereits in der ersten Runde; Stefan Dörflinger gab wegen seiner im 80er Rennen erlittenen Verletzung in der zweiten Runde auf; Ian McConnachie ging in der vierten Runde sein Cagiva-Motor fest; Julian Miralles' Honda-Motor war nach vier Runden hinüber; bei Alfred Waibel blockierte das Getriebe seiner Eigenbaumaschine und Gastone Grassetti (Runde acht), Mike Leitner (Runde 13) und Koji Takada (Runde 16) stürzten.

Nach einem sehr glücklosen Saisonbeginn, gekennzeichnet von einem Unfall auf der Anfahrt nach Spanien, fasste Vizeweltmeister Domenico Brigaglia inzwischen wieder Fuß und zeigte das, indem er seine Gazzaniga-Rotax eine Sekunde vor der Honda von Gerd Waibel an vierter Stelle ins Ziel brachte.

Drei weitere Deutsche kamen unter die ersten zehn: Stefan Prein placierte sich vor Hubert Abold an sechster Stelle, und hinter Corrado Catalano und Pierpaolo Bianchi belegte Adi Stadler Rang zehn.

Dominique Sarron und Sito Pons schlugen sich in Assen die Nasen blutig

250 cm³: Sarron-Special

Aus der Pole-Position flitzte Dominique Sarron wie ein Wirbelwind auf und davon; die erste Kurve nahm er schon in Führung. Doch seine Absicht, sich gleich von Anfang an abzusetzen, vereitelte Sito Pons, der sich wie ein Bluthund an die Fersen des Franzosen heftete. Sarron ganz knapp vor Pons – so zogen sie ihre Runden und ließen dabei das Feld hinter sich.

Um den dritten Platz entwickelte sich bald ein ebenso hitzig geführtes Duell zwischen Juan Garriga und Jacques Cornu; der Spanier und der Schweizer schenkten sich dabei nichts und waren sich absolut ebenbürtig, wobei der taktisch klügere Cornu seine etwas stärkere Motorenleistung und seine Vorliebe für die holländische Strecke als Trumpfkarte bis zur Schlußphase im Ärmel stecken lassen wollte. Toni Mang examinierte unterdessen Masahiro Shimizu während ihres Gefechts um den fünften Platz, brauchte aber keine Konterattacke gegen den jungen Japaner einzuleiten, denn der räumte nach einem Motordefekt in der sechsten Runde sowieso das Feld. Der Weltmeister blieb dennoch nicht allein, denn inzwischen rückten Reinhold Roth und Loris Reggiani zu ihm auf und bedrängten ihn. Der Italiener gefiel dabei durch die beherrschte Souveränität, mit der er zu Werke ging und – eingedenk seiner gerade ausgeheilten Verletzung – ohne unnötige Risiken recht effizient war. Der Vize-Weltmeister dagegen vermochte es nicht, zu der entfesselten Fahrweise zu finden, die ihm auf dem Salzburgring den zweiten Platz brachte; nach einem Fahrfehler gleich zu Beginn des Rennens legte er sich offenbar straffe Zügel an und hatte nur ›sichere‹ Punkte im Sinn. Roth klinkte sich aus dem Kampfgetümmel aus, etablierte sich etwas dahinter und landete schließlich auf dem siebten Platz im Ziel. Nach elend schlechtem Start baggerte Luca Cadalora wie ein Wilder, um seinen Abstand zu verringern und schaffte es tatsächlich, zu Mang und Reggiani vorzustoßen. Der Marlboro-Mann (der seinen Stuhl im Agostini-Team offenbar schon wackeln sah) attackierte bis zum Schluß, presste sich vor der letzten Runde sogar an Mang vorbei – doch diesen Angriff schmetterte Mang glatt ab, und der Italiener rauschte 23/100 Sekunden hinter dem Weltmeister über die Linie.

Nach einem brillanten Start tobte Manfred Herweh wie ein Berserker an vorderer Front, verlor aber im Lauf des Rennens immer mehr Terrain und belegte im Ziel den zehnten Platz. Vor ihm rangierte Martin Wimmer, der sich tapfer schlug und mit seinem neunten Platz nicht unzufrieden war. Dank seiner angriffslustigen Fahrweise eroberte sich Bruno Casanova auf der Aprilia den achten Platz.

Bereits in der ersten Runde verabschiedeten sich Fausto Ricci und Mauro Vitali durch Sturz; Harald Eckl (zweite Runde) und Carlos Lavado (vierte Runde) warfen Motordefekte aus dem Rennen und Hans Becker stürzte in der siebten Runde.

Mit fiebernder Spannung erwarteten die Zuschauer am Ende der 18 Runden das Finish. Und das hätte nicht dramatischer verlaufen können… Zuerst entledigte sich Juan Garriga seines Kontrahenten Cornu und verblies den langen Schweizer in einer Art und Weise, daß Cornu der Atem stocken mochte. Kurz vor dem Ziel, in der Schikane, führte dann Dominique Sarron die wirkliche Entscheidung in diesem Rennen herbei: Pons lag vor ihm in Führung, bewegte sich mit weit herausgerecktem Knie durch die Schikane und war eben im Begriff, die Maschine herunterzuwinkeln – da schoß Sarron an der Innenseite auf gleiche Höhe, erkannte viel zu spät, daß für ihn eigentlich kein Platz mehr da war und knallte breitseits in Pons. Der Spanier geriet ins Trudeln, aber da flog Sarron schon und versank in einer riesigen Staubwolke, Pons stürzte ebenfalls, rappelte sich aber gleich wieder auf und hetzte die letzten Meter Richtung Ziel. Garriga sah die Staubwolke vor sich, erkannte die Rothmans-Honda, dachte: »Ah, jetzt bin ich zweiter« und preschte der karierten Flagge entgegen, absolvierte die Auslaufrunde und bemerkte bei seiner Rückkehr auf dem Anzeige-Turm die Nummer elf auf Platz eins. »Nummer elf – das bin ich. Also hab' ich gewonnen!« Schier aus dem Häuschen geriet der Spanier dann über sein Glück, so unverhofft zu seinem zweiten Saison-Sieg gekommen zu sein und nach Martinez als dritter Spanier mit Hymne und Flagge geehrt zu werden. Und damit noch nicht genug, denn obwohl Pons sich noch an sechster Stelle ins Ziel rettete, verdrängte ihn Garriga von der Tabellenspitze und übernahm mit acht Punkten vor ihm die WM-Zwischenwertung. Natürlich war Dominique Sarron sich klar, daß er diese Beinahe-Katastrophe auslöste, meinte aber, Angriff sei die beste Verteidigung und beschuldigte Pons, ihn mit einem unfairen Manöver um den Sieg gebracht zu haben, was Pons mehr enttäuscht als empört von sich wies.

500 cm³: Endlich Gardner

Aus der Warmup-Runde kehrte Christian Sarron in heller Aufregung zurück: die Befestigung seines Visiers war gebrochen. Nervös geworden, vermasselte der Franzose den Start und ließ den Motor fast ›absaufen‹. Lawson dagegen startete fehlerlos, noch besser aber kam Ron Haslam los – karriolte aber nach wenigen hundert Metern in die Wiese, weil sein Visier so beschlug, daß er einen Moment blind war. Lawson also an der Spitze, dahinter sein Stallgefährte Didier DeRadigues, Piero Chili, Wayne Gardner, Kevin Magee, Rob McElnea, Randy Mamola, Wayne Rainey, Kevin Schwantz und Christian Sarron.

Nach der dritten Runde hatte sich Lawson bereits einen Vorsprung von 2,6 Sekunden erarbeitet, und DeRadigues hinter ihm mühte sich verzweifelt, seine Pace zu halten – ein Vorhaben, das an Wayne Gardners wilder Entschlossenheit scheiterte. Einmal an zweite Stelle vorgerückt, feuerte der Weltmeister aus allen Rohren und versuchte mit allen Mitteln, Lawson näher zu rücken, doch dessen Abstand blieb unverändert. In der achten Runde schmiss DeRadigues seinen dritten Platz weg, als ihn – der inzwischen nach vorn gedrungene – Sarron angriff; der Belgier verlor die Beherrschung, kippte seitwärts um, konnte aber das Rennen fortsetzen und belegte noch den zwölften Rang.

Etwa bei halber Distanz gelang es Gardner doch, zu Lawson aufzuschließen, das Publikum freute sich schon auf das Spektakel eines Duells der beiden Giganten – aber das wurde nur ein kurzes Geplänkel, dann zog Gardner auf und davon, seinem ersten und wohlverdienten Sieg dieser Saison entgegen. Elf Sekunden vor dem Yamaha-Mann donnerte der Australier ins Ziel; als Lawson seine Maschine seinem Mechaniker übergab, war dessen erste Frage: »Motor?« »Der lief perfekt, aber ich Idiot habe den völlig falschen Hinterreifen gewählt, der war ab Mitte des Rennens

Mit falschen Reifen nur Platz zwei: Eddie Lawson (oben). Probleme hatten auch Kevin Magee (16) und Wayne Rainey

Mackenzie (5) belegte in Assen den fünften Platz, Schwantz den achten

war. Pierfrancesco Chili an sechster Stelle behinderte ein Krampf in der Schulter und im Bein, und Wayne Rainey bemerkte zu seiner großen Verwunderung, daß immer wieder kleine Gummistückchen in die Verkleidung flogen. »Mir wurde himmelangst, weil ich dachte, der Reifen zerplatzt jeden Moment, aber als sich nichts dergleichen tat, wußte ich, daß die Teile nur aufgesammelter Gummiabrieb waren.« Der Kalifornier gab sich keine Mühe, seine Enttäuschung über seine niedere Plazierung zu verbergen: »Ich habe den Start vermasselt und dann nie einen Rythmus finden können.« Mit letzter Müh und Not schaffte Rainey es, an siebter Position ins Ziel zu kommen, denn ihm dicht im Nacken saß Kevin Schwantz. Der spindeldürre Texaner, nur Haut und Knochen, und davon einige gebrochen, machte sein Handicap fast vergessen und agierte so forsch, daß er zwar einmal in die Wiese rumpelte, aber unverdrossen wieder bis auf 67/100 Sekunden an Rainey herankam.

Patrick Igoa entschied das Duell gegen Rob McElnea, das über zwei Drittel der Distanz ging, mit klarem Vorteil für sich; Shunji Yatsushiro brachte seine Rothmans-Honda an elfter Stelle ins Ziel, und Ron Haslam wurde hinter De-Radigues dreizehnter. Der Liebling des Publikums aber, Randy Mamola, bekam mehr Beifall als der Sieger, Wayne Gardner, auf seiner Ehrenrunde, als er nach sieben Runden an siebter Stelle mit defekter Kurbelgehäusedichtung aufgab und seine Box ansteuerte.

Gespanne: Dominanter Biland

Drei Gespanne lieferten sich bis etwa Halbzeit ein von den Zuschauern hingebungsvoll beklatschtes Gefecht: Biland/Waltisperg, Webster/Hewitt und die in Assen beheimateten Streuer/Schnieders. Natürlich hätten die Holländer liebend gern gesiegt, wie ihre Nationalmannschaft beim Europacup-Finalspiel

hinüber; außerdem hatte ich hinten eine enorme Unwucht.« Christian Sarron absolvierte diesmal ein fehlerloses Rennen und rettete die Ehre der Familie, indem er den dritten Platz belegte.

Dazu mußte er sich nicht einmal übermäßig anstrengen, denn alle seine Verfolger hatten irgendein Problem. Kevin Magee zum Beispiel: »Im Warmup heute morgen ging mein guter Motor kaputt, eine Reparatur dauerte zu lange, also mußte ich mit der Ersatzmaschine ins Rennen. Die aber war nicht gut abgestimmt, und ich getraute mich mit ihr nicht volles Risiko zu fahren.« Beinahe wäre er deshalb noch von Niall Mackenzie ›geschnappt‹ worden, der trotz seiner Fußverletzung recht flott unterwegs in München, deren Führungstor die vielen Tausende auf den Rängen frenetisch bejubelten, doch Probleme mit seiner Fußbremse ließ Streuer keine Alternative, als sich mit dem zweiten Platz zu begnügen. Aber auch die britischen Weltmeister hatten Probleme (mit springender Antriebskette) und mussten deshalb mit dem dritten Platz vorliebnehmen. Niemand konnte dann mehr verhindern, daß Rolf Biland und sein Compagnon Kurt Waltisperg wieder einmal die dominierenden Figuren in diesem Rennen wurden und ihren Status in der

zweiten Halbzeit überdeutlich zur Schau stellten: fast 15 Sekunden betrug der Vorsprung der Schweizer im Ziel.

Die Brüder Egloff holten mit dem vierten Platz ein beachtliches Resultat und waren dabei recht sicher vor Jones/Brown und Kumano/Fahrni. Hinter den beiden Briten-Crews Brindley/Simmons und Abbott/Smith auf den Rängen sieben und acht lieferten sich die Stölzles und Kumagaya/Barlow ein Duell um den neunten Platz, das die Deutschen für sich entscheiden konnten. Daß die neue Ausschüttung von Weltmeister-

schaftspunkten nach dem Füllhorn-Prinzip nicht unbedingt der Weisheit letzter Schluß sein dürfte, wurde dadurch klar, daß es jetzt möglich ist, mit mehreren Runden Rückstand immer noch ein paar Punkte zu ergattern; der letzte für den 15. Platz wurde gar nicht vergeben, weil nur 14 Dreiräder ins Ziel kamen. Zu denen, die ausfielen, gehörten Scherer/Schröder (Motorschaden in der zweiten Runde), Michel/Fresc (Motorschaden in der dritten Runde) und Steinhausen/Hiller, die nach einer Karambolage in der achten Runde die Waffen streckten.

Klasse 80 cm³

12 Runden = 73,608 km

1. Jorge Martinez	Spanien	Derbi	31.22,38 = 140,773 km/h
2. Peter Öttl	Deutschland	Krauser	31.30,77
3. Bert Smit	Niederlande	Krauser	31.52,43
4. Jos Van Dongen	Niederlande	Casal	31.58,44
5. Herri Torrontegui	Spanien	Autisa	32.02,72
6. Jörg Seel	Deutschland	Seel	32.03,00
7. Adrie Nijenhuis	Niederlande	Casal	32.04,07
8. Bogdan Nikolov	Bulgarien	Krauser	32.11,90
9. Karoly Juhasz	Ungarn	Krauser	32.21,63
10. Giuseppe Ascareggi	Italien	BBFT	32.26,07
11. Günter Schirnhofer	Deutschland	Krauser	32.27,34
12. Reiner Koster	Schweiz	Casal	32.33,49
13. Hans Koopman	Niederlande	Ziegler	32.37,33
14. Gabriele Gnani	Italien	Gnani	32.40,70
15. Rene Dünki	Schweiz	LCR	32.40,82

16. X. Arumi (E) Krauser 33.02,10; 17. J. Lutzenberger (D) Eberhardt 33.03,93; 18. J. Saez (E) Autisa 33.09,59; 19. S. Julin (B) Casal 33.10,97; 21. T. Engl (D) Esch EG 33.25,50; weitere sechs Fahrer im Ziel; zehn Fahrer nicht klassifiziert.

Schnellste Runde: Peter Öttl (Krauser) in 2.33,98 = 143,411 km/h
Rekordhalter: Ian McConnachie (Krauser) 2.30,79 (1987)

Stand der Weltmeisterschaft

		Pkt.
Martinez	Derbi	97
Criville	Derbi	60
Herreros	Derbi	60
Dörflinger	Krauser	50
Öttl	Krauser	48
Van Dongen	Casal	39
Ascareggi	BBFT	35
Juhasz	Krauser	35
Nikolov	Krauser	34
Gnani	Gnani	27
Torrontegui	Autisa	21
Nijehuis	Casal	18
Smit	Krauser	17
Schirnhofer	Krauser	17
Dünki	LCR	16

Trainingszeiten

Martinez 2.32,16; Dörflinger 2.34,44; Öttl 2.35,93; Smit 2.37,58; Criville 2.38,54; Van Dongen 2.38,78; Juhasz 2.39,17; Dünki 2.39,63; Ehinger 2.39,71; Szabo 2.39,97; Nijenhuis 2.40,05; Seel 2.40,13; Nikolov 2.40,13; Torrontegui 2.40,54; Koopman 2.41,09.

Klasse 125 cm³

16 Runden = 98,144 km

1. Jorge Martinez	Spanien	Derbi	39.42,15 = 148,319 km/h
2. Ezio Gianola	Italien	Honda	39.45,75
3. Hans Spaan	Niederlande	Honda	39.49,17
4. Domenico Brigaglia	Italien	Gazzaniga	40.00,41
5. Gerd Waibel	Deutschland	Honda	40.01,57
6. Stefan Prein	Deutschland	Honda	40.16,37
7. Hubert Abold	Deutschland	Honda	40.24,81
8. Corrado Catalano	Italien	Aprilia	40.29,49
9. Pierpaolo Bianchi	Italien	Cagiva	40.29,81
10. Adi Stadler	Deutschland	Honda	40.31,06
11. Heinz Lüthi	Schweiz	Honda	40.31,31
12. Jussi Hautaniemi	Finnland	Honda	40.35,37
13. Thierry Feuz	Schweiz	Rotax	40.43,27
14. Robin Milton	Großbritannien	Honda	40.51,01
15. Josef Fischer	Österreich	Rotax	40.52,12

16. M. Reyes (E) Garelli 40.52,40; 17. J. Wickström (SF) Honda 40.54,54; 18. K. Galatowicz (GB) Honda 40.45,85; 19. J. Bolart (E) JJ Cobas 41.10,80; 21. N. Peschke (D) Rotax 41.25,11; 22. J. Seel (D) Seel 41.25,66; weitere vier Fahrer im Ziel; elf Fahrer nicht klassifiziert.

Schnellste Runde: Jorge Martinez (Derbi) in 2.26,52 = 150,713 km/h
Rekordhalter: Fausto Gresini (Garelli) 2.24,02 (1987)

Stand der Weltmeisterschaft

		Pkt.
Martinez	Derbi	80
Gianola	Honda	69
Spaan	Honda	57
Grassetti	Honda	40
Miralles	Honda	39
G. Waibel	Honda	35
Prein	Honda	33
Stadler	Honda	30
Herreros	Derbi	30
Unemoto	Honda	26
Brigaglia	Rotax	21
Bianchi	Cagiva	20
A. Waibel	Waibel	19
Reyes	Garelli	17
Fischer	Rotax	15

Trainingszeiten

Spaan 2.27,50; Martinez 2.2.7,57; Bianchi 2.27,95; Gianola 2.28,36; Catalano 2.28,48; Dörflinger 2.28,65; Brigaglia 2.28,67; Abold 2.28,88; Grassetti 2.29,02; Prein 2.29,13; McConnachie 2.29,35; Stadler 2.29,62; Miralles 2.29,70; Takada 2.29,83; G. Waibel 2.29,89.

Klasse 250 cm³

18 Runden = 110,412 km

1. Juan Garriga	Spanien	Yamaha	39.01,03 = 160,357 km/h
2. Jacques Cornu	Schweiz	Honda	39.01,26
3. Anton Mang	Deutschland	Honda	39.11,01
4. Luca Cadalora	Italien	Yamaha	39.11,24
5. Loris Reggiani	Italien	Aprilia	39.11,56
6. Alfonso Pons	Spanien	Honda	39.12,26
7. Reinhold Roth	Deutschland	Honda	39.19,84
8. Bruno Casanova	Italien	Aprilia	39.38,22
9. Martin Wimmer	Deutschland	Yamaha	39.40,79
10. Manfred Herweh	Deutschland	Yamaha	39.42,21
11. Jean-Philippe Ruggia	Frankreich	Yamaha	39.42,60
12. Carlos Cardus	Spanien	Honda	39.42,87
13. Ivan Palazzese	Venezuela	Yamaha	39.43,24
14. Donnie McLeod	Großbritannien	EMC	39.50,78
15. Wilco Zeelenberg	Niederlande	Assmex	40.04,19

16. J-M. Mattioli (F) Yamaha 40.04,42; 17. A. Preining (A) Apriloa 40.12,12; 18. U. Luzi (CH) Honda 40.12,36; 19. J-F. Balde (F) Defi-Rotax 40.12,67; 20. H. Bradl (D) Honda 40.13,53; 22. J. Schmid (D) Honda 40.16,54; weitere fünf Fahrer im Ziel; zehn Fahrer nicht klassifiziert.

Schnellste Runde: Anton Mang (Honda) in 2.16,00 = 162,371 km/h (Rekord)

Stand der Weltmeisterschaft

		Pkt.
Garriga	Yamaha	118
Pons	Honda	109
Cornu	Honda	95
Roth	Honda	74
Mang	Honda	72
Cadalora	Yamaha	72
Sarron	Honda	68
Ruggia	Yamaha	56
Shimizu	Honda	51
McLeod	EMV	32
Herweh	Yamaha	30
Wimmer	Yamaha	28
Kocinski	Yamaha	24
Filice	Honda	20
Kobayashi	Honda	15

Trainingszeiten

Sarron 2.16,46; Garriga 2.16,86; Pons 2.16,97; Cornu 2.17,15; Roth 2.17,43; Cadalora 2.17,46; Lavado 2.18,03; Reggiani 2.18,33; Wimmer 2.18,38; Mang 2.18,41; Shimizu 2.18,53; Casanova 2.18,56; Ruggia 2.18,74; Palazzese 2.19,00; Cardus 2.19,04.

Klasse 500 cm³

20 Runden = 122,680 km

1. Wayne Gardner	Australien	Honda	44.15,49 = 166,315 km/h
2. Eddie Lawson	USA	Yamaha	44.26,80
3. Christian Sarron	Frankreich	Yamaha	44.35,22
4. Kevin Magee	Australien	Yamaha	44.39,73
5. Niall Mackenzie	Großbritannien	Honda	44.44,92
6. Pierfrancesco Chili	Italien	Honda	44.54,27
7. Wayne Rainey	USA	Yamaha	44.57,13
8. Kevin Schwantz	USA	Suzuki	44.57,80
9. Patrick Igoa	Frankreich	Yamaha	45.04,48
10. Rob McElnea	Großbritannien	Suzuki	45.08,77
11. Shunji Yatsushiro	Japan	Honda	45.38,24
12. Didier DeRadigues	Belgien	Yamaha	45.56,75
13. Ron Haslam	Großbritannien	Elf Honda	46.08,90
14. Marco Papa	Italien	Honda	46.31,17
15. Marco Gentile	Schweiz	Fior	19 Runden

16. F. Biliotti (I) Honda; 17. B. Kneubühler (CH) Honda; 18. D. Amatriain (E) Honda; 19. M. Rudroff (D) Honda; 20. E. Laycock (IR) Honda; weitere drei Fahrer im Ziel; elf Fahrer nicht klassifiziert.

Schnellste Runde: Wayne Gardner (Honda) in 2.11,28 = 168,208 km/h (Rekord)

Stand der Weltmeisterschaft

		Pkt.
Lawson	Yamaha	142
Rainey	Yamaha	106
Gaedner	Honda	105
Magee	Yamaha	89
Schwantz	Suzuki	85
Sarron	Yamaha	74
Mackenzie	Honda	71
DeRadigues	Yamaha	63
Chili	Honda	52
Yatsushiro	Honda	41
McElnea	Suzuki	41
Haslam	Elf Honda	30
Igoa	Yamaha	21
Valesi	Honda	17
Taira	Yamaha	17

Trainingszeiten

Sarron 2.10,94; Lawson 2.11,66; Magee 2.11,76; Gardner 2.12,08; DeRadigues 2.12,18; Mackenzie 2.12,95; Rainey 2.13,07; Chili 2.13,38; Mamola 2.13,45; Igoa 2.13,69; Schwantz 2.14,05; Yatsushiro 2.14,15; McElnea 2.14,65; Haslam 2.15,05; Biliotti 2.17,45.

Klasse Gespanne

16 Runden = 98,144 km

1. R. Biland/K. Waltisperg	Schweiz	LCR Krauser	37.10,68 = 160,775 km/h
2. E. Streuer/B. Schnieders	Niederlande	LCR Yamaha	37.25,24
3. S. Webster/T. Hewitt	Großbritannien	LCR Krauser	37.45,77
4. M./U. Egloff	Schweiz	LCR ADM 500	37.56,71
5. D. Jones/P. Brown	Großbritannien	LCR Yamaha	38.06,62
6. M. Kumano/M. Fahrni	Japan/CH	LCR Yamaha	38.19,00
7. P. Brindley/G. Simmons	Großbritannien	Fowler Yam	38.37,25
8. S. Abbott/S. Smith	Großbritannien	Windle Yam	38.48,62
9. F./H. Stölzle	Deutschland	LCR Krauser	38.53,94
10. Y. Kumagaya/B. Barlow	Japan/GB	Windle Yam	38.54,32
11. P. Larratte/E. Rösinger	Frankreich/D	LCR Yamaha	15 Runden
12. A./M. Zurbrügg	Schweiz	LCR Yamaha	15 Runden
13. J. V. Stekelenburg/R. Bettgens	Niederlande	Windle	15 Runden
14. W. Stropek/H. Demling	Österreich	Mibag EB	14 Runden

Sechs Gespanne nicht klassifiziert.

Schnellste Runde: R.Biland/K.Waltisperg (LCR Krauser) in 2.17,35 (Rekord)

Stand der Weltmeisterschaft

	Pkt.
Biland/Waltisperg	80
Webster/Hewitt	62
Streuer/Schnieders	47
Zurbrügg/Zurbrügg	38
Abbott/Smith	34
Brindley/Rose	33
Jones/Brown	30
Michel/Fresc	28
VanKempen/Birchall	22
Scherer/Schröder	22
Stropek/Demling	22
Larratte/Corbier	22
Stölzle/Stölzle	21
Egloff/Egloff	20
Kumano/Fahrni	15

Trainingszeiten

Biland 2.15,29; Streuer 2.16,40; Webster 2.17,18; Egloff 2.17,98; Kumano 2.19,80; Michel 2.00,59; Zurbrügg 2.20,81; Brindley 2.21,66; Kumagaya 2.21,73; Jones 2.22,12; Abbott 2.22,62; Wyssen 2.22,68; Stölzle 2.22,87; Nigrowsky 2.23,23; Steinhausen 2.23,43.

Computergesteuerte Datenerfassung an der Hinterschwinge
und an der Vordergabel

Toni Mang begann die Saison mit einem GP-Sieg in Japan, kämpfte dann gegen
die Tücke des Objekts und beendete schließlich mit der Saison auch seine
Karriere

Jacques Cornu (9) gewann in Österreich seinen
ersten Grand Prix (links: mit Garriga auf dem Siegerpodest).
Carlos Lavado (10), der ›Desperado‹ aus Venezuela, und
Masahiro Shimizu (12), der ›Kamikaze-Kämpfer‹ aus Japan.
Juan Garriga (rechts) und Sito Pons (ganz rechts und
unten) waren die großen Rivalen der 250 cm³-Klasse

Reinhold Roth (ganz oben), John Kocinski (80) und Luca Cadalora (7) beeindruckten

Alain Michel und
Jean-Marc Fresc

Alfred und
Martin Zurbrügg

Rolf Biland und
Kurt Waltisperg

Christian Sarron (7),
der Trainingsweltmeister

Pierfrancesco Chili (8)
machte auch mit der NSR
eine bella figura

Kevin Magee (16)
gewann in Spanien seinen
ersten Grand Prix, geriet aber
dann in eine Formkrise

Eddie Lawson (unten) wurde zum dritten Mal Weltmeister der 500 cm³-Klasse. – Sie wollen ihm nächstes Jahr Konkurrenz machen: John Kocinski, Dominique Sarron und Wayne Rainey (v.l.n.r.)

Die Honda NSR 500 unterschied sich vom Vorjahresmodell durch viele Detailverbesserungen. Für die verschiedenen Rennstrecken standen drei Motorenvarianten zur Verfügung, deren deutlich überlegene Leistung durch das nicht adäquate Fahrwerk oft nicht zur Wirkung kam

'88 3 24

Grand Prix Belgien

Spa Francorchamps, 3. Juli

Zuschauer: 70 000
Wetter: Regenschauer, 15 Grad
Streckenlänge: 6,940 km

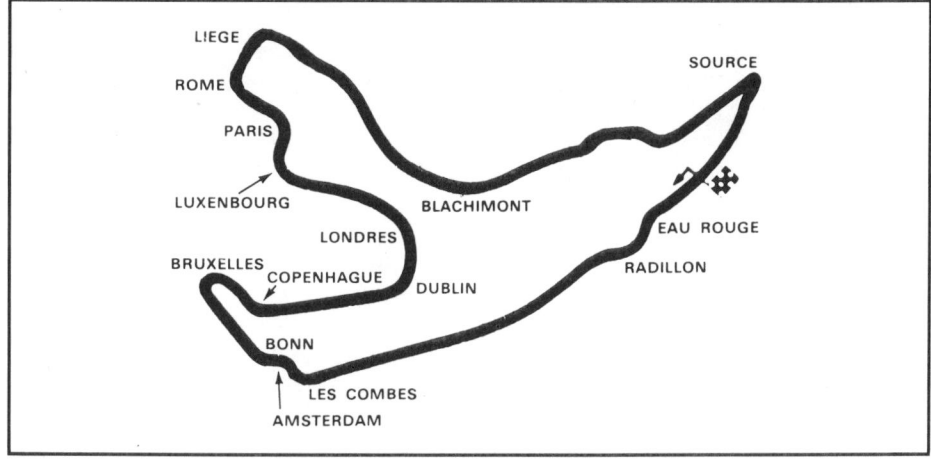

Nach guter australischer Sitte begoss Wayne Gardner seinen Sieg in Assen mit »zwei oder drei Bierchen« und machte sich dann in Begleitung eines »ausgewachsenen Katers« auf nach Belgien. Daß er endlich wieder einmal gesiegt hatte, gab dem Weltmeister seine gewohnte lässig-lockere Art zurück, und er meinte selbst: »Ich bin wie befreit.« Seine Aussichten auf dem schnellen Ardennenkurs beurteilte er so: »Ich habe großen Respekt vor dieser Strecke, weil sie ziemlich gefährlich ist und ihre Tücken hat, aber an sich mag ich schnelle Strecken.« Im Training hielt sich der Rothmans-Honda-Pilot zurück, arbeitete konzentriert an der Abstimmung seiner Maschine, achtete aber darauf, einen Startplatz in der ersten Reihe zu besetzen, wetterte über das naßkalte Wetter (zum ersten 250er Training am Samstag lag die Temperatur bei nur 12

Grad!) und spielte ansonsten mit verdeckten Karten. Mit solchen Finessen hielt sich Christian Sarron nicht auf. Der Franzose konzentrierte seine Bemühungen darauf, wieder einmal seinem Ruf als ›schnellster Europäer‹ gerecht zu werden, schockte seine Konkurrenten mit einer um zwei (!) Sekunden schnelleren Zeit und meinte dann, das sei eher Zufall, denn er habe es gar nicht auf die Pole abgesehen. Zum dritten Mal hintereinander stellte der Gauloises-Mann damit seine Maschine auf die Pole-Position, was im französischen Lager euphorische Mutmaßungen auslöste, aber nicht verdecken konnte, daß Sarron leider sein Pulver immer zu früh verschiesst. Eddie Lawson dazu: »Christian ist so ein netter Kerl, aber ihm fehlt die Konsistenz.« Interessant dabei: Lawson wurde bei den TAG Heuer-Messungen (auf der langen Gerade nach L'Eau

Rouge, 300 Meter vor der Schikane) als schnellster gemessen, Sarron ›nur‹ als zehntschnellster.

Die zwanzigste Durchschnittsgeschwindigkeit wurde übrigens für die Cagiva von Randy Mamola gestoppt. Im dritten Training (am Samstag-Vormittag) glänzte die feuerrote Italienerin dann plötzlich mit der schnellsten Zeit dieser Session, und bei Cagiva ging trotz des verhangenen Himmels die Sonne auf und es herrschte eitel Wonne. Teammanager Pernat: »Unsere Dauertests in Mugello, wo Broccoli die Maschine immer und immer wieder probefuhr, haben sich nun gelohnt. Wir haben jetzt zwei Varianten, die C588 A und die C588 B mit der neuen von Ingenieur Tamburini entwickelten Aerodynamik, deren Triebwerk aber noch mehr Leistung braucht.« Und Randy Mamola sang ein Loblied auf seine neuen Pirelli-Reifen: »Die sind

129

Laut Randy Mamola war die Cagiva die mit Abstand schönste Maschine

einfach super. Ich habe hier neue Intermediates und neue geschnittene Slicks, und wenn ich auch nicht so silly bin, mir vorzustellen, daß es am Sonntag so regnet wie vor zwei Jahren, wo ich gewonnen habe, so rechne ich mir doch eine Chance aus.« Nur um zu wissen, »wie es sich eigentlich in einem Seitenwagengespann fährt«, wollte Mamola am Samstag »unbedingt« eine Runde als Passagier von Alain Michel drehen und ließ davon erst nach inständigen Vorhaltungen seiner Crew wieder ab.

Obwohl er schwer humpelte und seine diversen gebrochenen Knochen ihn einigermaßen behinderten, bewegte sich Kevin Schwantz im ersten Training am Freitag, als es schwer regnete, wie ein Fisch in seinem Element, das heißt, er fuhr wie im Trocknen, und zwar die schnellste Zeit. Am Nachmittag, als es nicht mehr regnete, brachte er die vierte Zeit zustande, obwohl seine Getriebeübersetzung noch nicht optimal war.

Die Tatsache, daß ihn sein Teamkollege Wayne Rainey trotz seines GP-Sieges in der Erfolgsstatistik längst überflügelte, saß wie ein Dorn in Kevin Magees Fleisch. Seiner inneren Einstellung (»Man muß kämpfen für den Erfolg«) gemäß versuchte er im zweiten Training, die richtige Basis für einen Rennerfolg zu schaffen, ging aber über sein Limit und stürzte. Mit einer schweren Gehirnerschütterung wurde er ins Krankenhaus gebracht; an eine Teilnahme am Rennen war nicht zu denken. Sein Lucky Strike-Stallgefährte Rainey fuhr in der gleichen Session seine beste Zeit, mit der er seine Yamaha auf den dritten Startplatz stellte, machte aber kein Hehl aus seiner Ablehnung der Ardennenstrecke: »Dies ist eine höllisch gefährliche Piste, und sie gefällt mir überhaupt nicht.«

Aprilia setzte in Francorchamps ein neues Fahrwerk ein, in dem der Motor nun etwas tiefer saß. Loris Reggiani fuhr diese neue Version der AF1 V im Rennen, doch Bruno Casanova zerlegte die seine bei einem Crash am Samstag und qualifizierte sich deshalb nicht.

Welch herausragender und fairer Sportsmann Sito Pons auch abseits der Piste ist (nicht imsonst wählten ihn seine Fahrerkollegen zu ihrem neuen Vertreter bei der FIM), bewies er mit einem Presse-Kommunique, in dem er seinen Respekt vor Dominique Sarrons fahrerischen Qualitäten zum Ausdruck brachte und versprach, dem Franzosen den Assen-Vorfall nicht nachzutragen. Der 28jährige Spanier, der vor Jahren sein Architekturstudium aufgab, um Profi auf zwei Rädern zu werden, schälte sich inzwischen als ernstzunehmendster Titelanwärter heraus, und zwar aus mehreren Gründen: er fährt sauber, konstant, überlegt und schnell, kann Risiko richtig kalkulieren, verfügt über eine

Geschwindigkeitsmessungen
(auf der Gerade nach L'Eau Rouge – 300 Meter vor der Schikane)

125 cm³	(2. Training)	250 cm³	(3. Training)	500 cm³	(2. Training)
Martinez	198,73 km/h	Cornu	228,88 km/h	Lawson	274,92 km/h
Waibel	194,05 km/h	Shimizu	227,56 km/h	Yatsushiro	274,26 km/h
Gianola	193,10 km/h	Pons	227,39 km/h	Mackenzie	270,09 km/h
Criville	192,45 km/h	Mang	225,96 km/h	DeRadigues	268,82 km/h
Gresini	192,05 km/h	Reggiani	225,89 km/h	Gardner	268,31 km/h
Spaan	191,05 km/h	Roth	225,44 km/h	Haslam	268,25 km/h
Unemoto	190,82 km/h	Sarron	224,07 km/h	Rainey	266,83 km/h
Prein	190,36 km/h	Cardus	223,88 km/h	Chili	266,15 km/h
Brigaglia	189,58 km/h	Lavado	223,88 km/h	Schwantz	265,87 km/h
Stadler	188,93 km/h	Wimmer	223,76 km/h	Sarron	265,09 km/h
Abold	188,53 km/h	Herweh	223,32 km/h	McElnea	261,57 km/h
Seel	188,22 km/h	Eckl	222,69 km/h	Igoa	259,15 km/h
Catalano	188,21 km/h	Cardelus	221,98 km/h	Kneubühler	253,30 km/h
Miralles	188,11 km/h	Bertin	221,67 km/h	Doorakkers	253,87 km/h
Grassetti	187,94 km/h	Auinger	221,67 km/h	Amatriain	253,77 km/h
Piatroniro	187,89 km/h	Cadalora	220,47 km/h	Laycock	253,52 km/h
Kytola	187,72 km/h	Palazzaese	220,39 km/h	Fischer	251,59 km/h
Leitner	187,38 km/h	Balde	220,24 km/h	Barchitta	250,04 km/h
McConnachie	187,11 km/h	Carriga	220,12 km/h	Magee	250,03 km/h
Feuz	186,74 km/h	Neumair	219,81 km/h	Mamola	249,70 km/h

Die Fahrer der 250 cm³-Klasse warten aufs Training

perfekt vorbereitete Maschine und – ein nicht zu unterschätzender Vorteil – er hat große Erfahrung. Die hat er sich in langen, zum Teil mühseligen und schmerzlichen Jahren erdienen müssen: er begann als Neunzehnjähriger, Rennen zu fahren, wurde 1981 mit einer 250er Siroko-Rotax 21. der Weltmeisterschaft, 1982 mit einem dritten Platz in Finnland fünfzehnter der WM, wieder mit der Siroko, fuhr 1983 eine Kobas-Rotax und war nach einem Sturz auf dem Salzburgring vier Monate außer Gefecht, errang 1984 mit der Kobas seinen ersten GP-Sieg (in Spanien) und wurde vierter der 250 cm³ Weltmeisterschaft, wechselte 1985 auf eine 500er Suzuki des Gallina-Teams und beendete

diese Saison als zwölfter, wechselte 1986 zurück in die kleinere Klasse und wurde mit einer Honda NSR Vizeweltmeister, ein Erfolg, den er 1987 wiederholte, wo er die Saison punktgleich mit Reinhold Roth beendete.

Hinter Jacques Cornu, Dominique Sarron, Juan Garriga und Reinhold Roth sicherte sich Sito Pons die fünftschnellste Zeit und damit einen Startplatz in der ersten Reihe, sechstschnellster aber war Manfred Herweh und bewies damit, daß er alles aus seiner Maschine rausholte, was sie in petto hatte.

Agostini-Schützling Luca Cadalora fiel das schwer: »Ich bin zum ersten Mal mit der Zweihundertfünfziger hier und fast erschrocken, wie es hier zugeht. Letztes

Jahr wurde hier nicht gefahren, weil Sicherheitsumbauten nicht ausgeführt worden waren, aber da oben gibt es noch ein paar Stellen, da kriege ich eine Gänsehaut!«

Ezio Gianola bekam von HRC wieder neue Zylinder, Kolben und Vergaser, aber wie verwegen der Draufgänger aus Lecco in der Nähe des Comer Sees auch agierte, an die sagenhaft schnelle Derbi unter ›Aspar‹ Martinez kam er nicht heran. Ellenlange Gesichter gab es unterdessen bei Garelli: Fausto Gresini vermochte sich zum zweiten Mal nicht zu qualifizieren, ein Schicksal, das auch Jörg Seel nicht erspart blieb: »Mein Motor ginge nicht schlecht, aber ich komme einfach nicht richtig zum Zug.«

125 cm³: Martinez unantastbar

Unter dem Einfluß der schockierenden Ereignisse des vorangegangenen Rennens der 250 cm³-Klasse überlegten die Achtelliter-Piloten, ob sie überhaupt starten oder wegen der Gefährlichkeit der Strecke streiken sollten. Erst war die Mehrzahl der Fahrer für einen Streik, aber schließlich liessen sie sich doch dazu überreden, zu fahren. Weil es gerade nicht regnete, war das gesamte Feld mit Slicks ausgerüstet, doch schon nach wenigen Runden schüttete es. Die Fahrer warteten den Abbruch nicht erst ab und hielten von sich aus an den Boxen an, die Rennleitung legalisierte diese Aktion und zeigte die rote Flagge. Gewertet wurde der Einlauf nach der dritten Runde, und da lag Gianola ganz knapp vor Martinez, Criville, Gerd Waibel, Spaan, Brigaglia, Grassetti, Lüthi, Miralles, Scott, Pietroniro, Takada, Feuz, Adi Stadler und Kytola.

Allgemeines Reifenwechseln – die meisten Fahrer zogen Regenreifen auf, auch Ezio Gianola, der sich nichts sehnlicher wünschte, als daß es in Strömen regnete und er dann vielleicht wie am Nürburgring eine Chance gegen Martinez hätte, wo der Spanier im Regen stürzte. Jorge Martinez dagegen spekulierte darauf, daß der Regen bald aufhören würde, und ließ Intermediates montieren. Wie sich zeigte, war das die goldrichtige Entscheidung: innerhalb kurzer Zeit hörte der Regen auf, die Bahn trocknete ab, am Ende brach sogar noch die Sonne durch. Die mit Regenreifen ausgerüsteten Fahrer gerieten dadurch in arge Bedrängnis und hatten keine andere Wahl, als mit gedrosseltem Tempo die Distanz hinter sich zu bringen und zu retten, was zu retten war. Hubert Abold landete deshalb nur auf dem 22. Rang (32. und 19. Platz), Alfred Waibel (17.+18.) auf dem 18. Rang, Adi Stadler (14.+15.) auf dem 13. Rang und für Gerd Waibel (4.+13.) sprang wenigstens noch der zehnte Platz heraus. Der Finne Esa Kytola, Gastone Grassetti, Lucio Pietroni-

Jacques Cornu

ro, Alan Scott und Koji Takada lieferten sich immerhin ein Gefecht um die Plätze fünf bis acht, dem Kytola noch in der letzten Runde durch Sturz zum Opfer fiel. Spannend ging es auch bei der Entscheidung zwischen Miralles und Spaan um den dritten Platz zu; hier vermochte sich am Ende der Spanier gegen den Holländer durchzusetzen.

Die tollste Leistung aber brachte wieder einmal Ezio Gianola. Doch mit welcher Verwegenheit er auch agierte, mit welch akrobatischen Verrenkungen er in den Kurven einen Vorteil für sich herausschinden wollte, wie tief er sich auf den Geraden auch hinter die Verkleidung duckte – wieder hatte er gegen die Derbi keine Chance. Jorge Martinez konnte ihn passieren, wie und wo er nur wollte, innen, außen, jederzeit. Martinez dagegen brauchte überhaupt nichts zu riskieren, noch dazu, weil er mit seinen Intermediates einen zusätzlichen Vorteil hatte. In der letzten Runde setzte Gianola noch einmal alles auf eine Karte, preßte sich unter Aufbietung aller seiner Kräfte noch einmal vor Martinez in Führung, doch der Spanier würgte auch diesen

Angriff ab und verwies Gianola im Ziel mit 68/100 Sekunden hinter sich; in der Addition beider Läufe bedeutete das einen Vorsprung von 44/100.

250 cm³: Warnschuss

Wolkenverhangener Himmel, doch die meisten Fahrer entschieden sich für Slickreifen. Dominique Sarron ›gewann‹ den Start, hinter ihm donnerte die Kavalkade Cornu, Herweh, Garriga, Pons, Shimizu, Mang, Roth, Cardus, Reggiani, Wimmer und McLeod durch den Knick L'Eau Rouge und weiter auf die lange Kemmel-Gerade, zirkelte durch die Kurven Les Combes, Pouhon, Les Fagnes, dem ›neuen‹ Streckenteil (dessen neue Bezeichnungen Bonn, Copenhague, Londres und Paris sich nicht durchsetzten), bog nach Stavelot wieder auf die ›alte‹ Strecke ein, fegte durch die Vollgas-Biegungen Blanchimont und die Schikane, winkelte durch die Spitzkehre La Source und ging in die zweite Runde. Garriga hatte sich inzwischen vor Herweh geschoben und setzte wenig später zum Angriff auf die beiden Spitzenreiter an, die er tatsächlich am Ende der dritten Runde hinter sich gelassen hatte. Pons und Sarron, Cornu, Mang, Herweh und Roth folgten dem Spanier dichtauf, schon mit etwas Abstand dann Wimmer, Palazzese, Reggiani, Shimizu und Eckl. In der vierten Runde ereignete sich dann ein folgenschwerer Sturz: Martin Wimmer brach das Vorderrad aus (eventuell durch einen von Zuschauern auf die Piste geworfenen Gegenstand, denn sein Motor war nicht festgegangen, wie Helmut Fath feststellte), er wurde in hohem Bogen aus dem Sattel geschleudert und blieb nach dem Aufprall besinnungslos liegen. Seine Maschine prallte in die Strohballen, mit denen an dieser Streckenpassage die ganz dicht am Pistenrand stehenden Leitplanken verdeckt waren, schleuderte zurück auf die Strecke, wo ihr Palazzese um Haaresbreite ausweichen konn-

132

Sito Pons (dahinter Dominique Sarron) passiert Jacques Cornu

te – nicht aber Reggiani, der als nächster mit Vollgas angebraust kam. Zirka 50 Meter voneinander entfernt lagen die beiden Verletzten regungslos am Pistenrand, Wimmer rechts, Reggiani links. Ambulanzen kamen, versorgten die beiden; die Bilder der zwei bewegungslosen Körper – von der Fernsehkamera ohne Schwenk quälende Minuten lang übertragen – schockten alle, die sie sahen. Die Rennleitung reagierte schnell, stoppte das Rennen mit der roten Flagge und nährte damit noch die wilden Gerüchte, die im Fahrerlager kursierten: man rechnete mit dem Schlimmsten, denn ›nur‹ wegen zwei Stürzen bräuchte man ja ein Rennen nicht abzubrechen. Endlich wurden die beiden Verletzten im Hubschrauber in die Klinik nach Lüt-

tich geflogen, Dr.Costa begleitete sie. Reggiani durfte sie wenig später schon wieder verlassen und ins Paddock zurückkehren – er war mit einer gebrochenen Zehe recht glimpflich davongekommen, hatte aber einen Schock erlitten. Schlimmer hatte es Wimmer erwischt: Gehirnerschütterung, mehrere gebrochene Rippen und Prellungen am ganzen Körper; insgesamt aber konnte man sagen, daß er großes Glück im Unglück hatte.

Der Unfall weckte natürlich böse Erinnerungen und schnell wurde davon gesprochen, daß dies der letzte Grand Prix auf dieser Strecke gewesen sein müße, die schon so oft wegen ihrer Gefährlichkeit bestreikt wurde, zum letzten Mal voriges Jahr. Gottseidank blieb uns eine

Tragödie diesmal erspart, doch sollte das dramatische Geschehen für die Verantwortlichen ein deutlicher Warnschuss sein, in Fragen der Sicherheit endlich und definitiv im Interesse der Rennfahrer zu handeln.

Die Rennleitung setzte den Start des zweiten Rennens für die nächste halbe Stunde an, in den Boxen versuchten derweil mehrere Fahrer, ihre Kollegen zu einer Nichtteilnahme zu überreden, doch für Pons und Co stand zu viel auf dem Spiel – das viel strapazierte Wort »Sicherheit« noch auf den Lippen, setzten alle den Helm auf, weil die eigenen Interessen doch wichtiger waren.

Also – Start Nummer zwei. Inzwischen besserte sich das Wetter, es schien sogar die Sonne. Toni Mang war es diesmal,

Kenny Roberts instruiert seinen Fahrer Kevin Magee

ten aber mußte er den zweiten Platz im Gesantergebnis Jacques Cornu überlassen, der ihn um 64/100 Sekunde übertraf. Einen Lidschlag hinter Cornu wurde Reinhold Roth vierter und damit auch vierter im Gesamtergebnis, und punktgleich mit Mang auch vierter der WM-Tabelle. Der weitere Zieleinlauf: Cadalora, Ruggia, Lavado, Cardus, Garriga, Bertin, McLeod, Becker, Bradl, Auinger und Cardelus; das bedeutete nach Addition der Zeiten beider Läufe den fünften Platz für Carlos Lavado und damit sein bisher bestes Ergebnis der Saison. Garriga, Cardus, Cadalora, Ruggia, Hans Becker, Bertin, McLeod, Auinger, Helmut Bradl und Casoli hiessen die anderen in den Punkten Placierten.

der als erster in die Biegung L'Eau Rouge stach, hinter ihm Sarron, Cardus, Cornu, Roth, Pons, Herweh, Garriga, Palazzese und Shimizu. Zu seiner Enttäuschung bekam Garriga gleich zu Anfang Probleme mit der Zündung, konnte deshalb nicht vorne mithalten und rettete sich an sechster Stelle ins Ziel – damit war seine Tabellenführung verloren. Denn Sito Pons heftete sich unverzüglich an Mangs Fersen und er, der wahrscheinliche neue Weltmeister, und der amtierende Weltmeister lieferten sich dann ein prachtvolles Duell um den Sieg. Hinter den beiden bekriegten sich Jacques Cornu und Reinhold Roth und liessen die beiden Leader dabei nie aus den Augen.

Dominique Sarron ging wieder einmal zu heftig zu Werke und verabschiedete sich in der vierten Runde auf französisch. Inzwischen marschierte Shimizu wie Conan, der Zerstörer, nach vorn, schob sich in der sechsten Runde an Mang vorbei an die zweite Stelle und machte sich daran, auch Pons einzufangen. Ein wenig mehr Respekt hätte er dabei allerdings walten lassen sollen, denn Mang und Pons waren ja auch

nicht eben langsam unterwegs. Wo sein Limit lag, merkte der junge Japaner bereits wenig später, als er mit vollem Rohr belgisches Gelände erkundete.

Die elfte Runde brachte das Aus für Manfred Herweh, dem ein Getriebedefekt den fantastischen sechsten Platz pulverisierte, und einen weiteren schweren Sturz: der Venezolaner Ivan Palazzese crashte am Ende des Gefälles bei Start und Ziel, musste von dort mit der Ambulanz geborgen werden, und die fuhr dazu natürlich mit dem Feld auf der Piste, weil es hier keine Rettungsstraße gibt.

An der Spitze veranstalteten Pons und Mang mit unverminderter Hartnäckigkeit ein Trommelfeuer, verdrängten sich immer wieder gegenseitig von der Spitze und näherten sich in der letzten Runde der letzten Schikane, die Pons vor Mang durchzirkelte, in der felsenfesten Gewißheit, daß Mang ihn auf den letzten Metern noch einmal attackieren würde. Mangs Angriff kam kurz vor der Haarnadelkurve, aber Pons war darauf vorbereitet, ›machte die Tür zu‹ – und bekam als erster die karierte Flagge. Mang wurde zweiter, nach Addition der Zei-

500 cm³: Cagiva schafft Durchbruch

Hatten schon die Stürze des vorangegangenen 250er Rennens die Halbliterpiloten in Aufregung versetzt – speziell Martin Wimmers Schicksal bewegte sie, über die Schwere seiner Verletzungen wußte niemand so richtig Bescheid – so strapazierte die Verzögerung des Starts ihre Nerven noch einmal gewaltig.

Dunkelgraue Wolken hingen wieder über den Ardennenhügeln, als endlich die Einführungsrunde gedreht werden konnte, auf Slicks und feuchter Strecke. Während das Feld auf die Warmup-Runde wartete, fing es an zu regnen – noch einmal wurde der Start verschoben und die Mechaniker schleppten Räder mit Regenreifen herbei; Gardner ließ gleich dreimal wechseln: erst auf Regenreifen, dann – als der Regen wieder aufgehört hatte – auf Slicks und schließlich entschied er sich für einen Intermediate vorn und einen geschnittenen Slick hinten. Er hoffte dadurch wohl, seine Konkurrenten zu verwirren – aber ein Lawson oder Sarron ließen sich dadurch nicht ins Boxhorn jagen: sie wußten sehr wohl, nach welchen Kriterien sie ihre Reifen aussuchen mussten.

Den Weltmeister aber beflügelte seine ›Taktik der psychologischen Kriegführung‹ selbst so sehr, daß er einen fantastischen Start absolvierte und gleich so entfesselt davonstürmte, daß er, als er einmal kurz den Kopf umwandte, niemand hinter sich sah: »Ich dachte, hinter mir habe es einen Sturz gegeben.« Am Ende der zweiten Runde hatte sich der Rothmans-Star bereits drei Sekunden vom Feld distanziert, aber an zweiter Stelle lag Christian Sarron, der Eddie Lawson passiert hatte, und nun begann, Jagd auf den Australier zu machen. Der Franzose peitschte seine blaue Gauloises-Yamaha derart gnadenlos voran, daß er die Rothmans-Honda bald einholte; Gardner forcierte die Pace, aber Sarron zog mit, und Gardner überlegte sich, daß er den Franzosen bis in die Schlußphase in Sicherheit wiegen und dann zum entscheidenden Schlag ausholen wollte. Aber dazu kam es gar nicht mehr: in der 13. Runde geriet Sarron beim Beschleunigen auf einen weißen Seitenstreifen und stürzte.

Sonnyboy Didier DeRadigues (oben links). Wayne Gardner errang in Francorchamps den zweiten Sieg in Folge

Für Gardner bedeutete der Abgang des Franzosen, daß er nun mit 27 Sekunden vor Eddie Lawson in Führung lag. Damit hatte er den Sieg in der Tasche und er und sein Team freuten sich auf eine zweite feucht-fröhliche Siegesfeier. Lawson indessen spulte bedächtig seine Runden ab, nur darauf bedacht, weitere 17 wertvolle Punkte auf sein Konto zu bringen: »Sure, ich hätte lieber gewonnen, aber das war heute nicht möglich. Warum sollte ich also Unmögliches riskieren? Weltmeister wird man mit Konstanz, nicht unbedingt mit Risiko.« Um den vierten Platz lieferten sich Kevin Schwantz, Didier DeRadigues und Wayne Rainey einen erbitterten Kampf, dessen Härte der Suzuki-Reiter in der viertletzten Runde zum Opfer fiel: der Texaner stürzte und brach sich dabei die Kniescheibe. DeRadigues wollte gerade hier bei seinem Heimat-GP ein gutes Ergebnis erzielen, aber das gelang ihm nicht, weil er eine zu fette Vergasereinstellung gewählt hatte; Rainey plagte ein

anderes Problem: er fuhr zum ersten Mal vorn einen Intermediate-Reifen und wußte nicht, wie weit er mit dem ans Limit gehen konnte. So vermochten keiner der beiden den Vorstoß von Randy Mamola zu gefährden oder gar verhindern, der nach schlechtem Start eine begeisternde Aufholjagd ›zelebrierte‹ (»Für mich war es, als sei ich neu geboren, als sei dies mein erster Grand Prix«), in der achten Runde das Trio Schwantz, DeRadigues und Rainey

sprengte, in der neunten Runde an vierte Position vordrang und sich nach dem Sturz von Sarron dann an dritter Stelle fand. Zwar versuchten DeRadigues und Rainey in der letzten Runde noch einmal eine Attacke, aber die beantwortete Mamola mit einem bombastischen Wheelie, mit dem er seine rote Cagiva wie die Feuerwehr als dritter über die Ziellinie fuhrwerkte. Der dritte Platz also für Cagiva – eine kleine Sensation, wenn man sich erinnert, daß eine nichtjapanische Halbliter-Rennmaschine letztmals 1982 erfolgreich war (die Sanvenero unter Michel Frutschi beim GP Frankreich in Nogaro); die glorreichen Tage der MV Agusta liegen noch länger zurück, Giacomo Agostini fuhr seinen letzten GP-Sieg 1976 auf dem Nürburgring ein.

Verständlich, daß Randy Mamola überglücklich war, er zerquetschte sogar ein paar Freudentränen, wußte sich kaum zu fassen und schäumte fast über wie der Schampus, der dann bei Cagiva reichlich floß.

Nach acht reichlich matten Vorstellungen besann sich Rob McElnea plötzlich eines besseren und agierte feurig und angriffslustig wie in seinen besten Zeiten. Als die Strecke partieweise anfing abzutrocknen, fegte der Brite von seinem zehnten Platz nach vorn, ließ dabei Shunji Yatsushiro, Pierfrancesco Chili und Ron Haslam hinter sich und belegte vor ihnen den sechsten Platz. Hinter Igoa, Mackenzie und Valesi holte sich Donnie McLeod den 13. Platz – er agierte hier als Double für den Hauptdarsteller eines amerikanischen Films (Mike Baldwin doubelte seinen Gegenpart und wurde 20.), der im Rennmilieu spielt,

und den das Aufnahmeteam gegenwärtig in Europa drehte. Von den beiden Gericke-Fahrern war nur Manfred Fischer einsatzfähig, musste aber schon nach vier Runden mit Vergaserdefekt aufgeben.

Gespanne: Karussel

Mit vielstündiger Verspätung wurde endlich der Dreirad-Wettbewerb gestartet. Auch zu diesem Rennen schickte der Wettergott nasse Grüße von oben, und die Fahrer mussten später, als die

---

Klasse 125 cm³ (3 + 10) 13 Runden = 90,220 km

1. Jorge Martinez	Spanien	Derbi	38.36,01 = 160,965 km/h
2. Ezio Gianola	Italien	Honda	38.36,45
3. Julian Miralles	Spanien	Honda	38.48,09
4. Hans Spaan	Niederlande	Honda	38.53,24
5. Gastone Grassetti	Italien	Honda	39.08,74
6. Alan Scott	Großbritannien	Honda	39.12,90
7. Lucio Pietroniro	Belgien	Honda	39.13,41
8. Koji Takada	Japan	Honda	39.15,20
9. Hisashi Unemoto	Japan	Honda	39.22,46
10. Gerd Waibel	Deutschland	Honda	39.32,54
11. Domenico Brigaglia	Italien	Rotax	39.34,20
12. Pierpaolo Bianchi	Italien	Cagiva	39.34,21
13. Adi Stadler	Deutschland	Honda	39.38,55
14. Robin Appleyard	Großbritannien	Honda	39.49,14
15. Jussi Hautaniemi	Finnland	Honda	39.55,34

16. H. Lüthi (CH) Honda 40.06,19; 17. Manuel Hernandez (E) Honda 40.06,96; 18. A. Waibel (D) Waibel 40.09,22; 19. K. Galatowicz (GB) Honda 40.09,30; 22. H. Abold (D) Honda 40.31,79; weitere neun Fahrer im Ziel; sieben Fahrer nicht klassifiziert.
Schnellste Runde: Gastone Grassetti (Honda) in 2.50,29 = 146,714 km/h
Rekordhalter: Fausto Gresini (Garelli) 2.45,49 min (1985)
Daten nicht vergleichbar, da die Strecke seit 1987 etwas kürzer ist

Stand der Weltmeisterschaft Pkt.

Martinez	Derbi	100
Gianola	Honda	86
Spaan	Honda	70
Miralles	Honda	54
Grassetti	Honda	51
G. Waibel	Honda	41
Stadler	Honda	33
Unemoto	Honda	33
Prein	Honda	33
Herreros	Derbi	30
Brigaglia	Rotax	26
Bianchi	Cagiva	24
A. Waibel	Waibel	19
Pietroniro	Honda	17
Reyes	Garelli	17

Trainingszeiten

Martinez 2.46,28; Spaan 2.47,00; Brigaglia 2.48,44; Criville 2.49,19; Gianola 2.49,25; Takada 2.49,54; Abold 2.49,75; Feuz 2.50,06; Kytola 2.50,11; Lüthi 2.50,22; Stadler 2.50,33; G.Waibel 2.50,42; McConnachie 2.50,46; Grassetti 2.50,69; Unemoto 2.50,76.

Klasse 250 cm³ (3 + 12) 15 Runden = 104,100 km

1. Alfonso Pons	Spanien	Honda	38.48,21 = 160,965 km/h
2. Jacques Cornu	Schweiz	Honda	38.49,30
3. Anton Mag	Deutschland	Honda	38.49,94
4. Reinhold Roth	Deutschland	Honda	38.52,59
5. Carlos Lavado	Venezuela	Yamaha	39.43,56
6. Juan Garriga	Spanien	Yamaha	39.45,02
7. Carlos Cardus	Spanien	Honda	39.45,25
8. Luca Cadalora	Italien	Yamaha	39.46,93
9. Jean-Philippe Ruggia	Frankreich	Yamaha	39.48,39
10. Hans Becker	Deutschland	Yamaha	40.07,97
11. Guy Bertin	Frankreich	Yamaha	40.14,09
12. Donnie McLeod	Großbritannien	EMC	40.16,14
13. August Auinger	Österreich	Aprilia	40.20,00
14. Helmut Bradl	Deutschland	Honda	40.23,50
15. Paolo Casoli	Italien	Garelli	40.29,82

16. X. Cardelus (AND) Aprilia 40.30,17; 17. S. Caracchi (I) Honda 40.35,37; 18. J. Foray (F) Yamaha 40.53,26; 19. J-M. Mattioli (F) Yamaha 40.56,90; 20. J. Schmid (D) Honda 41.01,54; weitere sechs Fahrer im Ziel; zehn Fahrer nicht klassifiziert.
Schnellste Runde: Anton Mang (Honda) in 2.32,06 = 164,304 km/h
Rekordhalter: Freddie Spencer (Honda) 2.36,12 (1985)

Stand der Weltmeisterschaft Pkt.

Pons	Honda	129
Garriga	Yamaha	128
Cornu	Honda	112
Mang	Honda	87
Roth	Honda	87
Cadalora	Yamaha	80
Sarron	Honda	68
Ruggia	Yamaha	63
Shimizu	Honda	51
McLeod	EMC	36
Herweh	Yamaha	30
Wimmer	Yamaha	28
Kocinski	Yamaha	24
Lavado	Yamaha	23
Filice	Honda	20

Trainingszeiten

Cornu 2.33,89; Sarron 2.34,16; Garriga 2.34,30; Roth 2.34,63; Pons 2.34,63; Herweh 2.34,97; Lavado 2.35,34; Mang 2.35,61; Reggiani 2.36,28; Cardus 2.36,48; Palazzese 2.36,61; Wimmer 2.37,03; McLeod 2.37,07; Eckl 2.37,26; Ruggia 2.37,29.

Strecke teilweise abtrocknete, an andern Stellen aber noch naß war, höllisch aufpassen. Sogar Rolf Biland geriet dadurch einmal in Troubles, als er sich in der La Source drehte, aber das vermochte seinen Sieg dennoch nicht in Frage zu stellen – zu groß war da schon sein Vorsprung.

Hinter dem Schweizer stritten sich Egbert Streuer/Bernard Schnieders und Steve Webster/Tony Hewitt um den zweiten Platz, den die Briten (trotz einer Volldrehung in La Source) in dem Moment sicher hatten, als die Niederländer mit Motordefekt ausfielen. Anfangs mischten Michel/Fresc ganz kräftig mit, hätten nach Streuers Ausfall sogar den dritten Platz ergattern können, schenkten den aber den Briten Jones/Brown, weil Michel kurz vor dem Ziel einen Dreher produzierte und dadurch Jones vorbeihuschen konnte; eine Sekunde hinter dem Franzosen rauschten Brindley/Rose ins Ziel.

Mit zusammengebissenen Zähnen erkämpfte sich Rolf Steinhausen hinter Kumagaya tapfer den siebten Platz, seine Sturzverletzung von Assen verursachte dem ›alten Haudegen‹ grimmige Schmerzen. Eine Sekunde hinter dem Exweltmeister sicherten sich die Österreicher Stropek/Demling knapp vor Scherer/Schröder den achten Platz und die Stölzles mussten sich nach einem Dreher mit dem 17. Rang bescheiden.

Pech hatten die beiden Schweizer Brüder-Crews Egloff und Zurbrügg, die sich anfangs um den vierten Platz duellierten. Beide wurden sie dann von technischen Problemen heimgesucht, mussten an die Box zum Reparieren, und dann war für die Egloffs nur noch der elfte Platz zu retten, die Zurbrüggs wurden noch als 19. gewertet.

Klasse 500 cm³

17 Runden = 117,980 km

1. Wayne Gardner	Australien	Honda	46.55,21 = 150,869 km/h
2. Eddie Lawson	USA	Yamaha	47.25,32
3. Randy Mamola	USA	Cagiva	47.35,99
4. Didier DeRadigues	Belgien	Yamaha	47.36,62
5. Wayne Rainey	USA	Yamaha	47.38,38
6. Rob McElnea	Großbritannien	Suzuki	48.12,54
7. Ron Haslam	Großbritannien	Honda	48.14,31
8. Pierfrancesci Chili	Italien	Honda	48.39,44
9. Shunji Yatsushiro	Japan	Honda	48.44,93
10. Patrick Igoa	Frankreich	Yamaha	48.51,28
11. Niall Mackenzie	Großbritannien	Honda	48.55,22
12. Alessandro Valesi	Italien	Honda	49.07,27
13. Donnie McLeod	Großbritannien	Honda	16 Runden
14. Marco Papa	Italien	Honda	16 Runden
15. Cees Doorakkers	Niederlande	Honda	16 Runden

16. F. Biliotti (I) Honda; 17. E. Laycock (IRL) Honda; 18. K. Van der Endt (NL) Honda; 19. R. Nicotte (F) Honda; 20. M. Baldwin (USA) Honda; 24. G. Jung (D) Honda; weitere zehn Fahrer im Ziel; fünf Fahrer nicht klassifiziert.

Schnellste Runde: Christian Sarron (Yamaha) in 2.40,78 = 155,392 km/h
Rekordhalter: Eddie Lawson (Yamaha) 2.28,35 min (1985)

Stand der Weltmeisterschaft

		Pkt.
Lawson	Yamaha	159
Gardner	Honda	125
Rainey	Yamaha	117
Magee	Yamaha	89
Schwantz	Suzuki	85
Mackenzie	Honda	76
DeRadigues	Yamaha	76
Sarron	Yamaha	74
Chili	Honda	60
McElnea	Suzuki	51
Yatsushiro	Honda	48
Haslam	Honda	39
Igoa	Yamaha	27
Mamola	Cagiva	24
Valesi	Honda	21

Trainingszeiten

Sarron 2.27,62; Lawson 2.29,64; Rainey 2.29,96; Schwantz 2.29,97; Gardner 2.30,61; Chili 2.30,68; DeRadigues 2.31,06; McElnea 2.31,47; Mackenzie 2.31,52; Haslam 2.31,64; Igoa 2.31,76; Mamola 2.32,33; Papa 2.34,69; Yatsushiro 2.34,94; Valesi 2.35,48.

Klasse Gespanne

13 Runden = 149,283 km

1. R. Biland/K. Waltisperg	Schweiz	LCR Krauser	36.15,68 = 149,283 km/h
2. S. Webster/T. Hewitt	Großbritannien	LCR Krauser	36.29,63
3. D. Jones/P. Brown	Großbritannien	LCR	37.24,40
4. A. Michel/J-M. Fresc	Frankreich	LCR Krauser	37.25,12
5. B. Brindley/G. Rose	Großbritannien	Yamaha	37.26,58
6. Y. Kumagaya/B. Barlow	Japan/GB	Windle Yam	37.49,71
7. R. Steinhausen/B. Hiller	Deutschland	ADM	38.10,63
8. W. Stropek/H. Demling	Österreich	Krauser	39.11,88
9. B. Scherer/T. Schröder	Deutschland	Krauser BSR	38.12,80
10. S. Abbott/S. Smith	Großbritannien	Windle Yam	38.17,06
11. M./U. Egloff	Schweiz	ADM	38.22,13
12. T. Van Kempen/S. Birchall	Niederlande/GB	LCR Yamaha	38.27,42
13. A. Bosman/D. Kellett	Australien	LCR Yamaha	38.31.79
14. M. Kumano/M. Fahrni	Japan/CH	TEC LCR	38.35,08
15. I. Nigrowsky/M. Charpentier	Frankreich	Seymaz	38.41,71

16. Stirrat/Prior (GB) LCR 38.56,86; 17. F./H. Stölzle (D) LCR Krauser 12 Runden; 18. G. Thomas/J. Webb (GB) LCR Krauser; 19. A./M. Zurbrügg (CH) Yamaha LCR; 20. G. Knight/L. Coombes (GB) Yamaha; 21. J. Millet/C. Debroux (F) GDF-ELF.

Schnellste Runde: R. Biland/K. Waltisperg (LCR Krauser) in 2.38,51 = 157,618 km/h (Rekord)

Stand der Weltmeisterschaft

	Pkt.
Biland/Waltisperg	100
Webster/hewitt	79
Streuer/Schnieders	47
Jones/Brown	45
Brindley/Rose	44
Michel/Fresc	41
Abbott/Smith	40
Zurbrügg/Zurbrügg	38
Stropek/Demling	30
Scherer/Schröder	29
Van Kempen/Brichall	26
Egloff/Egloff	25
Larratte/Corbier	22
Stölzle/Stölze	21
Kumagaya/Barlow	20

Trainingszeiten

Biland 2.36,10; Streuer 2.36,16; Webster 2.36,67; Michel 2.37,04; Egloff 2.37,18; Zurbrügg 2.39,76; Kumano 2.41,43; Stropek 2.41,71; Brindley 2.42,20; Steinhausen 2.42,74; Jones 2.43,24; Abbott 2.43,34; Nigrowsky 2.43,36; Van Kempen 2.44,46; Kumagaya 2.44,49.

Grand Prix Jugoslawien

Automotodrom Rijeka, 17. Juli

Zuschauer: 90 000
Wetter: bewölkt, 20 Grad
Streckenlänge: 4,168 km

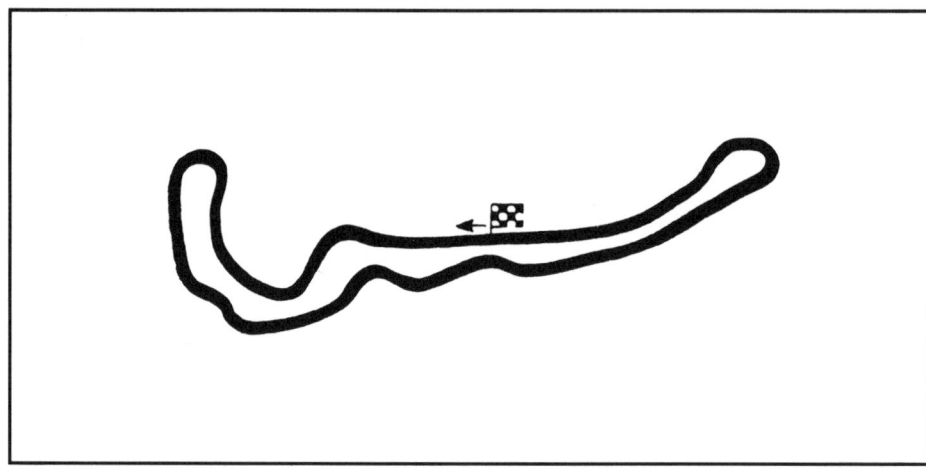

Clinica Mobile-Arzt Dr. Costa organisierte Kevin Schwantz einen Operations-Termin in Bologna für den Montag nach dem belgischen Lauf, wo die gebrochene Kniescheibe des Texaners genagelt wurde. Kaum aus dem Krankenhaus entlassen, stellte Schwantz die ihm verordneten Krücken in die Ecke und machte sich auf nach Rijeka, humpelte zwar schwer, wollte aber allen Ernstes trainieren: »Es ist ja nur ein glatter Bruch, keine Bänder oder Sehnen kaputt, ich kann das Knie bewegen und bis zu einem gewissen Grad sogar biegen.« Hat er denn gar keine Schmerzen? »Pain? Was ist das? Ich kenne keinen Schmerz«, lächelte der hyperschlanke Texaner dann, holte sich bei Dr. Costa das Okay zum Trainieren – durfte am Ende aber doch nicht, weil der Rennleiter seine Einwilligung nicht gab. Gezwungenermaßen zum Zuschauen

verdammt (»Es ist zwar interessant, einmal aus einer anderen Perspektive zu sehen, wie Wayne, Eddie, Randy und die anderen durch die Kurven fahren, aber ich säße verdammt viel lieber selbst im Sattel!«) ließ Schwantz seine Verletzung mit Elektrotherapie behandeln und arbeitete mit aller Intensität daran, bis zum nächsten Rennen in Frankreich auf jeden Fall wieder fit zu sein.
Von Francorchamps aus machte sich das Gauloises-Team sofort auf nach Le Castellet, um in Paul Ricard zu testen. Christian Sarron: »Auch, weil dort der nächste Grand Prix stattfindet und ich speziell für den perfekt vorbereitet sein will, hauptsächlich aber, weil ich nach dem Sturz in Belgien sehr niedergeschlagen war und mein Selbstbewußtsein neu aufbauen musste«. Offenbar war ihm das gelungen, denn in Rijeka prunkte der Franzose zum vierten Mal hinterein-

ander mit der schnellste Trainingszeit. Eine Woche vor dem Rennen in Rijeka testeten dort mehrere Teams. Wayne Gardner hatte wieder ein neues Fahrwerk bekommen, bei dem der Lenkkopfwinkel geändert war und dessen verstärkte Schwingenachslagerung die ganze Chose stabiler machen sollte. Der Weltmeister geriet über das neue Fahrwerk aber nicht unbedingt in Euphorie, sondern meinte, nun sei es fast wieder ein bischen zu stabil: »Ein Kompromiss zwischen diesem und dem vorherigen wäre wohl das beste«. Shunji Yatsushiro und Niall Mackenzie sollen das neue Fahrwerk in Frankreich bekommen.
Auch Yamaha hatte etwas Neues. Nach der deutlichen Leistungssteigerung der Motoren befürchtete man für die Läufe in Jugoslawien und Frankreich – wo sommerliche Hochtemperaturen zu erwarten waren – Überhitzungsprobleme,

Startrunde: vorn Pons vor Sarron und Cornu, daneben Garriga, Herweh, Cadalora, Roth

die wiederum Leistung schlucken. Das versuchten die Teams von Giacomo Agostini und Kenny Roberts jeweils auf ihre Art zu verhindern. Die Marlboro-Racer hatten einen Zusatzkühler im Heck mit der Eintrittsöffnung oben. Die Lucky Strike-Maschinen hatte Cheftechniker Mike Sinclair mit einem zusätzlichen Radiator in der Cockpitverkleidung versehen, was aerodynamisch (speziell auf der langen Mistral-Geraden von Paul Ricard) die bessere Lösung war, aber zusätzliches Gewicht auf das Vorderrad brachte, und das kann wie-

derum die Fahreigenschaften negativ beeinflussen. Die große Hitze aber blieb aus in Rijeka, es war verhältnismäßig kühl (Donnerstag-Nacht hatte es ein starkes Unwetter mit Hagelschlag und Sturm gegeben), und die Wettervorhersage kündigte für den ersten Trainingstag den gefürchteten ›Bora‹ an, das jugoslawische Gegenstück zum französischen Mistral. Die Lucky Strike-Fahrer erprobten die neue Zusatzkühlung deshalb nur im Training und setzten sie im Rennen nicht ein.

Der Erfolg in Belgien hatte bewirkt, daß

die Cagiva-Crew in einen Taumel euphorischer Zuversicht geraten war. Versuchsfahrer Broccoli hatte den ›neuen‹ Motor bei einem Rennen zur Europameisterschaft in Misano am Sonntag zuvor eingesetzt und anschliessend noch in Paul Ricard getestet, und Pirelli hatte wieder eine neue Reifengeneration zur Verfügung – Randy Mamola fühlte sich von all diesen Positiva so beflügelt, daß er im ersten Training gleich seine Startposition sicherte: die insgesamt sechstschnellste Zeit. Sein Stallgefährte Raymond Roche war inzwischen wieder so weit fit, daß er in den Sattel steigen konnte und markierte sogar die 14. Zeit: »Mein Fuß macht mir keine Probleme, aber der schwierige Kurs kostet viel, viel Kraft«.

Um für seinen Heimat-Grand Prix ein Eisen mehr im Feuer zu haben, rekrutierte Serge Rosset für das Elf-Team den Australier Malcolm Campbell und gab ihm in Rijeka die Möglichkeit, sich mit der Elf-Honda bekanntzumachen. Seit Gardner sind ja australische Fahrer ›in‹, und von jedem, der nach Europa kommt, wird nun eine ähnliche Erfolgsträchtigkeit erwartet. Doch Campbell ist bereits ein ›alter Hase‹ mit etlichen Erfolgen ›Down Under‹ (britische Umschreibung des fünften Kontinents). Er hatte schon lange den Wunsch, in Europa zu fahren, fand aber bisher keine Gelegenheit.

Da das Versuchs-Projekt mit der Achsschenkel-gelenkten Elf5 Ende des Jahres endgültig zu Grabe getragen wird, hoffte Rosset vielleicht, in Campbell endlich doch einen Fahrer zu finden, der deren unorthodoxe Fahreigenschaften positiv beurteilen und das Scheitern des Projekts eventuell noch verhindern könnte, doch den Gefallen tat ihm Campbell nicht, im Gegenteil – er beurteilte die unkonventionelle Maschine als »das verwirrendste Stück Technik, das ich je gesehen habe«. Für die nächste Saison muß Rosset wieder auf ›normale‹ NSR-Maschinen zurückgreifen; als Fahrer ist er bereits mit Dominique Sarron handelseinig, der unbedingt in die 500er Klasse aufsteigen will.

Einen krachenden Schlag im Gebälk seiner Titelhoffnungen vernahm Eddie Lawson, nachdem ihn Patrick Igoa im vierten Training abgeschossen hatte. Igoa kam eine Spur zu schnell an, hoffte, daß Lawson ihm Platz machen würde, doch der tat nichts dergleichen – Igoa touchierte den Kalifornier, und beide rumpelten von der Piste, wo Lawson stürzte und sich die Schulter ausrenkte. Dean Miller behandelte Lawsons Verletzung nach seiner bewährten

Methode und war damit auch durchaus erfolgreich, dennoch war Lawson am Sonntag nicht richtig fit und verfügte höchstens über 45 Prozent seiner körperlichen Schlagkraft.

Wayne Gardner befand sich nach seinem zweiten Sieg hintereinander in Hochstimmung. Zwar meinte er, er sei nicht so verstiegen, sich jetzt Illusionen zu machen, aber im Hinterkopf hatte er ganz sicher wieder den Gedanken, Eddie Lawsons' Titelgewinn doch noch verhindern zu können. Ein angeschlagener Eddie Lawson ließ natürlich auch die Fahrer anderer Teams Morgenluft wittern, zum Beispiel bei Lucky Strike. Kevin Magee fühlte sich nach seiner Gehirnerschütterung wieder einigermaßen gut und hoffte auf Hitze: »Je heißer, desto besser. Die Strecke liegt mir perfekt, weil hier richtig brutal über das Vorderrad gefahren wird«. Und Wayne Rainey – bis jetzt der einzige Spitzenfahrer der Saison ohne Sturz –, dessen Stil dem von Eddie Lawson am nächsten kommt: »Das wird ein hartes Rennen. Im Training konnte ich konstant 31er Zeiten fahren und ich schätze, das wird morgen die Pace sein, die es zu halten gilt. Entscheidend ist die Ausdauer – wer die letzten zehn Runden noch zulegen kann, siegt«.

Um den aussichtsreichsten Titelkandidaten der 250 cm³-Klasse besser zu munitionieren, stellte HRC den Motor, den Shimizu in Assen und Francorchamps eingesetzt hatte, nun Sito Pons zur Verfügung. Ob dieses Triebwerk nun tatsächlich so viel besser als sein bisheriges war, sei dahingestellt – ganz sicher aber bedeutete die Bevorzugung für Pons einen wichtigen moralischen Impuls. Er revanchierte sich mit der schnellsten Trainingszeit und kündigte schon an, was ihm im Rennen vorschwebte: »Ich will gewinnen«. Sein härtester Rivale, Juan Garriga, blieb ihm aber dicht auf den Fersen und bewies damit, daß Rijeka ein echter Fahrer-Kurs ist, wo schiere Motorleistung durch Fahrkönnen egalisiert werden kann.

Daß Manfred Herweh alles andere ist als ein memmenhafter Zauderer, das bewies der Vizeweltmeister von 1984 mehr als einmal, und mit diesem Mut zum Risiko auch zu agieren, wenn es nicht um die ersten Plätze geht, ist sicher eins der Kriterien, die einen Rennfahrer ausmachen. »Ich wollte einfach unbedingt noch eine schnellere Zeit herausschinden, und da hat es mich geschmissen«. Unglücklicherweise stürzte Carlos Lavado beim Versuch, dem absegelnden Herweh auszuweichen und brach sich dabei ein Bein – er mußte nun bis Donington pausieren.

Eine Windboe war die Ursache eines Sturzes, bei dem sich Jorge Martinez einige ziemlich schmerzhafte Blessuren einhandelte. Der Spanier ließ deshalb das letzte Training der 80er Klasse aus, um sich zu schonen – er durfte sich guten Gewissens auf die Überlegenheit seiner Derbi verlassen: kein Mensch mochte ernsthaft seinen Sieg anderntags in Zweifel zu stellen.

80 cm³: Weltmeister Martinez

Derbi + Martinez = Sieg. Diese Formel für den programmierten Erfolg konnte auch das Verletzungs-Handicap des Spaniers nicht umstossen, der sich mit seinem fünften Lauf-Sieg als neuer Weltmeister bestätigte. Im Schatten der Derbi-Dominanz figurierte deshalb umso farbiger der junge Bayer Peter Öttl, der Martinez recht hartnäckig trotzte, fast die ganze Führungsarbeit erledigte und schließlich nur zwei Sekunden hinter ihm zweiter wurde – ein toller Erfolg für den Krauser-Protegé. Ein glänzend geführtes Gefecht boten auch Alex Crivelle, Jörg Seel und Bogdan Nikolov, die sich um den dritten Platz stritten, wobei besonders Jörg Seel gefiel, der nach einer sehr problematischen Saison endlich wieder Boden unter den Füßen spürte und sich eindrucksvoll behauptete.

Stefan Dörflinger behinderte sein in Assen gebrochener Daumen noch so, daß mehr als ein sechster Platz für ihn nicht zu machen war. Manuel Herreros – auch er noch gehandicapt durch Verletzung – vermochte sich mit Müh' und Not gegen Jos Van Dongen durchzusetzen, und Rainer Kunz mußte sich nach hartem Fight Torrontegui und Juhasz beugen. Günter Schirnhofer holte die drei WM-Punkte für den 13. Platz, zwei Sekunden hinter Nijenhuis, aber sicher vor Szabo und Pavlic.

125 cm³: Enttäuschungen

Weltmeister Fausto Gresini mußte zu seiner Enttäuschung hinnehmen, wiederum an der Qualifikation gescheitert zu sein: »Mein Fahrwerk ist nach wie vor unfahrbar«. Aber Enttäuschungen gab es viele in Rijeka, da blieb der Italiener nicht allein. Gleich zu Beginn des Rennens fand ein wahres Gemetzel statt, dem die Waibel-Brüder, Esa Kytola und Jörg Seel zum Opfer fielen; nur Seel konnte weiterfahren und schleppte sich als zwanzigster ins Ziel. Hubert Abold schied nach einer ›Feindberührung‹ aus; Julian Miralles, Gastone Grassetti und Hans Spaan stürzten, wobei der Holländer wenigstens noch den 14. Platz retten konnte. Manuel Herreros gab wegen seiner Verletzung auf; Corrado Catalano fuhr erst die schnellste Runde des Rennens und mußte dann mit defektem Motor ausscheiden; Ian McConnachie (dem Autisa bereits nahelegte, auf ihre Achtziger zu verzichten und dem Cagiva nun das gleiche androhte) fetzte unter dem Damoklesschwert des drohenden Hinauswurfs neun Runden lang entfesselt um die Strecke, bis sein Motor festging und er seinen vierten Platz räumen musste; sein Stallgefährte Pierpaolo Bianchi gesellte sich vier Runden später mit dem gleichen Defekt zu ihm.

Das drastisch ausgedünnte Feld dominierte wieder einmal Jorge Martinez, der sich seinen sechsten Lauf-Sieg dieser Kategorie holte, aber Ezio Gianola vermochte sich diesmal an den angeschlage-

Die 80er Sieger: Jorge Martinez, Peter Öttl (links) und Alex Criville

Martinez auf der 125er Derbi

nen Spanier zu krallen und folgte ihm im Ziel mit nur einer Sekunde Rückstand. Im Viererpack sausten Lucio Pietroniro, Domenico Brigaglia, Stefan Prein und Koji Takada ins Ziel; Adi Stadler etablierte sich zeitig an siebter Stelle und hielt sie bis ins Ziel, und dann kam wieder ein ganzes Rudel, das sich aus Reyes, Scott, Lüthi, Galatowicz, Mandy Fischer, Unemoto, Spaan und Milton zusammensetzte.

250 cm³: Das Ende einer Karriere

Seit Jahren hat Toni Mang ein zwiespältiges Verhältnis zu Rijeka: einerseits hat er ein Faible für diesen schwierigen Kurs, andrerseits war er hier schon oft regelrecht vom Pech verfolgt. Und diesmal sollte die jugoslawische Strecke gar zum Schauplatz des Endes seiner Karriere werden: gleich nach dem Start, in der ersten Kurve, rammte ihn Donnie McLeod, Mang stürzte und zertrümmerte sich dabei das linke Schlüsselbein – eine Verletzung, die Wochen zur Heilung braucht. Aber da der fast 39jährige Bayer, mit fünf Weltmeistertiteln und 42 Grand Prix-Siegen der erfolgreichste deutsche Rennfahrer, am Ende dieser Saison den Helm sowieso an den berühmten Nagel hängen wollte, um seine zweite Karriere als Teammanager aufzubauen, kostete es ihn nicht einmal große Überwindung, diesen Schritt schon vor dem eigentlichen Ende der Saison zu tun.

Nach perfektem Start bolzten Sito Pons, Dominique Sarron und Juan Garriga an der Spitze durch die erste Runde, Pons lag am Ende in Führung und machte sich unverzüglich daran, davonzustürmen: »Ich wollte mich unter allen Umständen freimachen von diesen aggressiven Streithähnen.« Daß ihnen Pons so einfach entwischte, das versuchten Sarron und Garriga durch besonders forsche Gangart zu vereiteln, schnitten sich dabei aber ins eigene Fleisch: Sarron verschaltete sich einmal, verlor dadurch den Anschluß und rutschte an die dritte Stelle, und Garriga zerschliß seine Reifen gleich so, daß er nach einem bösen Slide Pons ziehen lassen mußte.

Pons' Sieg stand dann außer Frage, auch wenn der Spanier im Ziel meinte, er mußte unheimlich hart fahren, weil Garriga ihn so unter Druck setzte. Spätestens nach dessen Rutscher aber brauchte er sich keine Sorgen mehr um seinen Widersacher machen, der dann von Sarron aufs Korn genommen wurde. Die Rothmans-Honda drängte sich beim Einläuten des letzten Drittels an der Ducados-Yamaha vorbei an zweite Position, was Garriga noch einmal zu einem Angriff animierte, den er in der vorletzten Runde erfolgreich durchzog. Sarron wehrte sich zwar, aber nur mit halbem Herzen: »Eingedenk meiner letzten bei-

den Stürze wollte ich nicht wieder zu viel riskieren, ließ mich von einem Überrundeten abdrängen und verlor dabei die entscheidenden Meter.« Eine Sekunde hinter Garriga preschte der Franzose ins Ziel, froh, endlich wieder einmal aufs Podium zu kommen.

Bis über die Ziellinie duellierten sich Vizeweltmeister Reinhold Roth und Luca Cadalora um den vierten Platz, allerdings mit beträchtlicher Distanz zu den Leadern. Roth war vor dem Start sehr zuversichtlich: »Ich mag Rijeka und bin hier immer gut zurechtgekommen.« Doch brauchte er diesmal all seine Erfahrung und eine gehörige Portion Aggressivität, um sich gegen den ›jungen Löwen‹ aus dem Agostini-Stall durchzusetzen. Nach einigen Slides vorsichtig geworden, ließ Roth dem Yamaha-Fighter ab der viertletzten Runde den Vortritt, rang ihn aber mit einer Schlußoffensive in letzter Minute doch noch nieder, wobei ihm seine überlegene Motorleistung hilfreich zustatten kam.

Jacques Cornu belegte ohne großes Aufsehen den sechsten Platz, und Loris Reggiani war nach dem Erlebnis in Belgien froh, hier den siebten Platz einfahren zu können. Hinter der Ducados-NSR unter Cardus steuerte Harald Eckl seine Aprilia brav auf den neunten Platz, und hinter Vitali, Caracchi, Jukker und Baldé hatte Gustl Auinger auf Rang 14 wenigstens die Genugtuung, seine Aprilia vor der ›Werks‹-Aprilia AF1V von Casanova placiert zu haben. Nicht ins Ziel kamen Casoli mit der Garelli, Masahiro Shimizu (Motordefekt), Helmut Bradl (Sturz) und Hans Becker (Kupplungsdefekt), sowie Jean-Philippe Ruggia, den Manfred Herweh mit umriß, als er in der sechsten Runde einen Salto Mortale exerzierte. Nachdem er schon bei seinem Sturz am Tag vorher viel teures Metall ruiniert hatte, stand der Lampertheimer nach seinem zweiten Crash komplett abgerüstet da – er mußte sogar auf eine Teilnahme in Frankreich verzichten, weil er kein heiles Trumm mehr hatte.

Loris Reggiani erfuhr mit der Aprilia eine problembeladene Saison

500 cm³: Ein alter Indio

Nach außen hin gelassen erwartete Wayne Gardner den Start, aber innerlich bebte er vor Ungeduld: »Ich war richtig nervös, weil ich mir sagte ›Eddie ist nicht fit – das muß ich ausnutzen‹.« Lawson dagegen bemühte sich, seine Verletzung herunterzuspielen: »Es tut weh, aber ich bin zäh wie ein alter Indio; ich steh' das Rennen schon durch.«

Wayne Rainey preschte nach dem Start in Führung, Gardner fädelte sich sofort hinter ihm ein, ließ dem Kalifornier zwei Runden lang den Vortritt und wartete ab, bis seine Reifen die richtige Temperatur hatten, verwies Rainey in der dritten Runde hinter sich und schottete sich dann so nach hinten ab, daß seine Verfolger die Aussichtslosigkeit einer eventuellen Attacke bald einsahen. Rainey erlebte einen haarigen Moment, als

Christian Sarron an ihm vorbeischoss wie ein Torpedo und die zweite Position okkupierte.

Rainey: »Das war echt eng! Ich hatte einen enormen Slide und beinahe wär' es für uns beide schief gegangen.« Danach scheute Rainey jedes Risiko und fuhr seinen dritten Platz nach Hause, war im Ziel aber durchaus nicht überschwenglich: »Mir hängen die Plätze jetzt bald zum Hals heraus – ich möchte endlich einmal siegen, aber offenbar sollte es auch hier nicht sein.« Sarron beschattete Gardner bis weit ins letzte Drittel hinein, als der Weltmeister den hartnäckigen Verfolger satt bekam, der Rothmans-Honda noch einmal kräftig Zunder gab und in den letzten fünf Runden noch sieben Sekunden auf den Franzosen gutmachte. Der aber war über den zweiten Platz überglücklich, und nachdem nun beide Sarrons nach ihren Stürzen in Belgien diesmal das Podium geschafft hatten, hofften sie für ihren Heimat-Grand Prix am nächsten Wochenende auf den ›großen Triumph‹.

Übrigens fuhr Christian Sarron in diesem Rennen mit 1.30,57 die schnellste Runde und stellte damit den absoluten Rundenrekord ein, den Eddie Lawson (1.31,78 min) seit 1985 gehalten hatte.

Das Gefecht des Tages aber bot Randy Mamola. Von seinem siebten Platz nach der ersten Runde, hinter Rainey, Gardner, Sarron, Magee, Mackenzie und Chili, schob er sich wie ein Wirbelwind in nur zwei Runden vor an fünfte Position, und als er realisierte, daß ausgerechnet die beiden Lucky Strike-Fahrer seines ehemaligen Teams vor ihm waren, ruhte er nicht eher, als bis er wenig-

stens einen geschnappt hatte, und das war Magee. Der Australier wehrte sich zwar verbissen, aber gegen den aus allen Rohren feuernden Mamola hatte er keine Chance. Am Ende beugte er sich dem Cagiva-Fahrer, der nach seinem vierten Platz (»Nicht im Regen diesmal, wo jeder Depp schnell sein kann, sondern auf brottrockener Strecke, was beweist, daß die Cagiva jetzt bald voll ›da‹ ist!«) strahlte wie über einen Sieg. Magges' Kommentar: »Ich hab' ihn vorbeigelassen, weil er gefahren ist wie ein Teufel und weil ich einfach ein Ergebnis brauchte.«

Klasse 80 cm³

			17 Runden = 71 km
1. Jorge Martinez	Spanien	Derbi	29.32,750 = 143,890 km/h
2. Peter Öttl	Deutschland	Krauser	29.34,992
3. Alex Criville	Spanien	Derbi	29.53,530
4. Jörd Seel	Deutschland	Seel	29.54,887
5. Bogdan Nikolov	Bulgarien	Krauser	29.54,887
6. Stefan Dörflinger	Schweiz	Krauser	30.03,069
7. Manuel Herreros	Spanien	Derbi	30.11,050
8. Jos Van Dongen	Niederlande	Casal	30.11,206
9. Herri Torrontegui	Spanien	Autisa	30.20,078
10. Karoly Juhasz	Ungarn	Krauser	30.21,156
11. Reiner Kunz	Deutschland	Ziegler	30.21,315
12. Adrie Nijenhuis	Niederlande	Casal	30.28,507
13. Günter Schirnhofer	Deutschland	Krauser	30.30,340
14. Janos Szabo	Ungarn	Krauser	30.32,530
15. Josip Pavlic	Jugoslawien	Seel	30.38,350

16. G. Gnani (I) Gnani 30.38,777; 17. J. Mariano (E) Krauser 30.41,583; 18. R. Koster (CH) LCR 30.51,752; 19. X. Arumi (E) Krauser 31.02,394; 20. S. Brägger (CH) Casal 31.06,965; 27. T. Engl (D) Esch EB 16 Runden; weitere zehn Fahrer im Ziel; fünf Fahrer nicht klassifiziert.

Schnellste Runde: Jorge Martinez (Derbi) in 1.42,559 = 146,304 km/h
Rekordhalter: Jorge Martinez (Derbi) 1.40,16 (1986)

Stand der Weltmeisterschaft

		Pkt.
Martinez	Derbi	117
Criville	Derbi	75
Herreros	Derbi	69
Öttl	Krauser	65
Dörflinger	Krauser	60
Van Dongen	Casal	47
Nikolov	Krauser	45
Juhasz	Krauser	41
Ascareggi	BBFT	35
Torrontegui	Autisa	28
Gnani	Gnani	27
Seel	Seel	27
Nijenhuis	Casal	22
Schirnhofer	Krauser	20
Smit	Casal	17

Trainingszeiten

Martinez 1.42,839; Dörflinger 1.43,619; Öttl 1.43,935; Smit 1.44,594; Ascareggi 1.44,713; Nikolov 1.45,022; Seel 1.45,126; Schirnhofer 1.45,138; Szabo 1.45,272; Van Dongen 1.45,274; Kunz 1.45,569; Criville 1.45,680; Juhasz 1.45,763; Herreros 1.45,930; Dünki 1.46,326.

Klasse 125 cm³

			22 Runden = 92 km
1. Jorge Martinez	Spanien	Derbi	37.01,641 = 148,586 km/h
2. Ezio Gianola	Italien	Honda	37.02,548
3. Lucio Pietroniro	Belgien	Honda	37.07,123
4. Domenico Brigaglia	Italien	Gazzaniga	37.07,264
5. Stefan Prein	Deutschland	Honda	37.07,638
6. Koji Takada	Japan	Honda	37.07,767
7. Adi Stadler	Deutschland	Honda	37.16,757
8. Miguel Reyes	Spanien	Garelli	37.26,280
9. Alan Scott	USA	Honda	37.27,103
10. Heinz Lüthi	Schweiz	Honda	37.27,620
11. Krysztof Galatowicz	Großbritannien	Honda	37.28,726
12. Josef Fischer	Österreich	Rotax	37.29,886
13. Hisahi Unemoto	Japan	Honda	37.30,334
14. Hans Spaan	Niederlande	Honda	37.30,476
15. Robin Milton	Großbritannien	Honda	37.31,843

16. J. Wickström (SF) Honda 37.40,060; 17. C. Macciotta (I) Honda 37.44,764; 18. R. Appleyard (GB) Honda 37.44,909; 19. T. Feuz (CH) Rotax 37.45,325; 20. J. Seel (D) Seel 21 Runden; 21. B. Hassaine (TN) Honda; 15 Fahrer nicht klassifiziert.

Schnellste Runde: Corrado Catalano (Aprilia) in 1.39,221 = 151,226 km/h (Rekord)

Stand der Weltmeisterschaft

		Pkt.
Martinez	Derbi	120
Gianola	Honda	103
Spaan	Honda	72
Miralles	Honda	54
Grassetti	Honda	51
Prein	Honda	44
Stadler	Honda	42
G. Waibel	Honda	41
Brigaglia	Rotax	39
Unemoto	Honda	36
Pietroniro	Honda	32
Herreros	Derbi	30
Reyes	Garelli	25
Takada	Honda	25
Bianchi	Cagiva	24

Trainingszeiten

Martinez 1.38,820; Spaan 1.39,230; Brigaglia 1.39,349; Abold 1.39,381; Grassetti 1.39,488; Catalano 1.39,578; Takado 1.39,590; Stadler 1.39,813; Gianola 1.39,835; McConnachie 1.40,024; Prein 1.40,099; Leitner 1.40,250; Pietroniro 1.40,359; Galatowicz 1.40,436; Kytola 1.40,547.

Didier DeRadigues nistete sich nach drei Runden auf dem sechsten Platz ein und hielt ihn bis ins Ziel. Hinter ihm rangelten sich Pierfrancesco Chili, Shunji Yatsushiro und Ron Haslam um den siebten Platz. Haslam fiel nach der 17. Runde auf den zehnten Platz zurück, als seine Bremse fast wirkungslos wurde, und Chili leistete sich noch in der vorvorletzten Runde den Lapsus eines Ausrutschers, wodurch er auf Rang elf absackte. Damit gehörte der zehnte Platz Eddie Lawson, der sich nur mit großer Willenskraft vorwärtsbewegen konnte (»Positionswechsel waren ungemein schmerzhaft«), für sein Stehvermögen aber mit sechs WM-Punkten belohnt wurde: »Und nachdem mein Punktevorsprung von 40 jetzt auf nur noch 20 zusammengeschmolzen ist, weiß man nie, wie wichtig am Ende sechs Punkte sein können«. Rob McElnea brachte die einzige Suzuki des Feldes nach wiederum recht bravourösem Einsatz auf dem achten Platz ins Ziel, nachdem er Yatsushiro überwältigte, während sein Busenfreund Niall Mackenzie eine schwere Enttäuschung verkraften musste. Endlich war ihm einmal ein sehr guter Start gelungen und er bewegte sich drei Runden lang an fünfter Stelle, als sein Motor festging. Raymond Roche gab nach zwei Runden auf, weil er seine Kräfte doch überschätzt hatte und sich lieber für seinen Heimat-Grand Prix schonen wollte. Malcolm Campbell stellte die Elf in der 17. Runde mit abgebrochenem Schalthebel zur Seite. Wie schon in Belgien drehte die amerikanische Filmgesellschaft auch hier einen Teil ihres Streifens ›American Built‹ ab, und Donnie McLeod und Mike Baldwin agierten wieder als Doubles; sie belegten die Ränge 13 und 14.

Klasse 250 cm³

26 Runden = 108 km

1. Alfonso Pons	Spanien	Honda	40.21,391 = 161,115 km/h
2. Juan Garriga	Spanien	Yamaha	40.26,399
3. Dominique Sarron	Frankreich	Honda	40.27,454
4. Reinhold Roth	Deutschland	Honda	40.45,594
5. Luca Cadalora	Italien	Yamaha	40.45,770
6. Jacques Cornu	Schweiz	Honda	40.51,638
7. Loris Reggiani	Italien	Aprilia	41.22,456
8. Carlos Cardus	Spanien	Honda	41.32,956
9. Harald Eckl	Deutschland	Aprilia	41.36,227
10. Mauro Vitali	Italien	Gazzaniga	41.44,445
11. Stefano Caracchi	Italien	Honda	41.44,612
12. Urs Jucker	Schweiz	Yamaha	25 Runden
13. Jean-Francois Balde	Frankreich	Rotax	25 Runden
14. August Auinger	Österreich	Aprilia	25 Runden
15. Bruno Casanova	Italien	Aprilia	25 Runden

16. G. Bertin (F) Yamaha; 17. A. Preining (A) Aprilia; 18. M. Matteoni (I) Yamaha; 19. B. Bonhuil (F) Honda; 20. U. Luzi (CH) Honda; 22. J. Schmid (D) Honda; 24. B. Schick (D) Honda; weitere zwei Fahrer im Ziel; 12 Fahrer nicht klassifiziert.
Schnellste Runde: Juan Garriga (Yamaha) in 1.32,184 = 162,770 km/h (Rekord)

Stand der Weltmeisterschaft

		Pkt.
Pons	Honda	149
Garriga	Yamaha	145
Cornu	Honda	122
Roth	Honda	100
Cadalora	Yamaha	91
Mang	Honda	87
Sarron	Honda	83
Ruggia	Yamaha	63
Shimizu	Honda	51
McLeod	EMC	36
Herweh	Yamaha	30
Wimmer	Yamaha	28
Cardus	Honda	28
Kocinski	Yamaha	24
Reggiani	Aprilia	24

Trainingszeiten

Pons 1.32,041; Garriga 1.32,449; Cornu 1.32,561; Sarron 1.32,614; Roth 1.32,889; Lavado 1.32,894; Cadalora 1.33,160; Ruggia 1.33,394; Herweh 1.33,646; Mang 1.33,760; Reggiani 1.33,994; Cardus 1.34,018; Eckl 1.34,036; Shimizu 1.34,319; Casanova 1.34,577.

Klasse 500 cm³

30 Runden = 125 km

1. Wayne Gardner	Australien	Honda	45.44,146 = 164,037 km/h
2. Christian Sarron	Frankreich	Yamaha	45.51,888
3. Wayne Rainey	USA	Yamaha	46.05,485
4. Randy Mamola	USA	Cagiva	46.07,766
5. Kevin Magee	Australien	Yamaha	46.07,994
6. Didier DeRadigues	Belgien	Yamaha	46.42,436
7. Shunji Yatsushiro	Japan	Honda	46.46,400
8. Rob McElnea	Großbritannien	Suzuki	46.46,575
9. Ron Hasalm	Großbritannien	Honda	46.49,978
10. Eddie Lawson	USA	Yamaha	47.03,896
11. Pierfrancesco Chili	Italien	Honda	47.30,449
12. Patrick Igoa	Frankreich	Yamaha	29 Runden
13. Donnie McLeod	Großbritannien	Honda	29 Runden
14. Mike Baldwin	USA	Honda	29 Runden
15. Bruno Kneubühler	Schweou	Honda	29 Runden

16. A. Barchitta (I) Honda; 17. F. Biliotti (I) Honda; 18. K. Truchsess (A) Honda; 19. D. Amatriain (E) Honda; 20. E. Laycock (IRL) Honda; 25. G. Jung (D) Honda; 26. H. Schütz (D) Honda; weitere vier Fahrer im Ziel; zehn Fahrer nicht klassifiziert.
Schnellste Runde: Christian Sarron (Yamaha) in 1.30,569 = 165,672 km/h (Rekord)

Stand der Weltmeisterschaft

		Pkt.
Lawson	Yamaha	165
Gardner	Honda	145
Rainey	Yamaha	132
Magee	Yamaha	100
Sarron	Yamaha	91
DeRadigues	Yamaha	86
Schwantz	Suzuki	85
Mackenzie	Honda	76
Chili	Honda	65
McElnea	Suzuki	59
Yatsushiro	Honda	57
Hasalm	Honda	46
Mamola	Cagiva	37
Igoa	Yamaha	31
Valesi	Honda	21

Trainingszeiten

Sarron 1.30,176; Gardner 1.30,511; Mackenzie 1.30,602; Rainey 1.30,730; Lawson 1.30,952; Mamola 1.31,098; Magee 1.31,163; DeRadigues 1.31,400; Chili 1.31,829; Yatsushiro 1.32,060; McElnea 1.32,158; Haslam 1.32,492; Igoa 1.33,402; Roche 1.34,232; Gentile 1.34,388.

Grand Prix Frankreich

Circuit Paul Ricard, 24. Juli

Zuschauer: 60 000
Wetter: bedeckt, sonnig, 25-30 Grad
Streckenlänge: 5,810 km

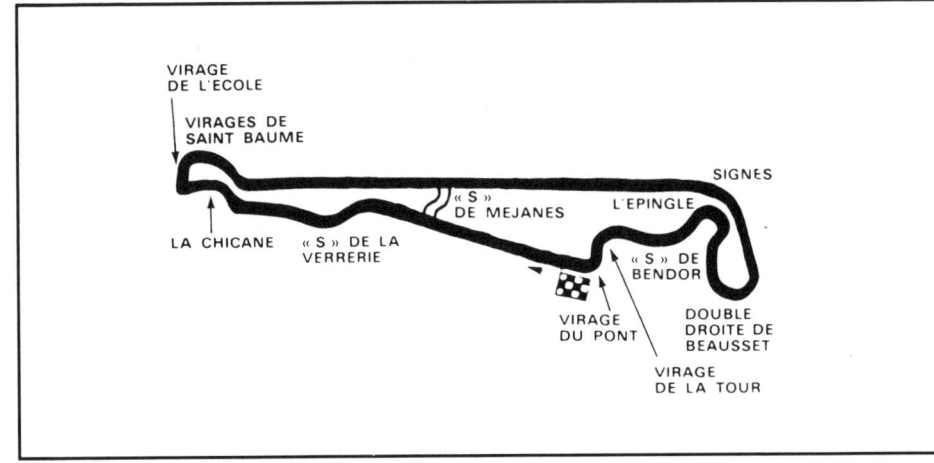

Hier oder nie! Mit dieser Devise präparierte sich Christian Sarron für seinen Heimat-Grand Prix. Dazu gehörte natürlich auch wieder die schnellste Trainingszeit von 1.58,81 min, mit der er sogar die unüberwindlich geglaubte 1.59-Barriere durchbrach. Daß der Franzose als einziger Europäer in der Phalanx der australischen und amerikanischen Super-Fahrer damit eindeutig zum Kreis der Favoriten gehörte, war klar. Doch wenn seine Konkurrenten auch ein wenig scheel auf seine Fabelzeit schauten, die große Flatter kriegten sie deshalb nicht. Wayne Gardner: »Toll gemacht, eine Sekunde schneller als ich – ich hab's ja gewußt, die Yamaha sind jetzt schneller als meine Honda. Aber Training ist kein Rennen, da haben wir 21 Runden, nicht nur eine«. Und Eddie Lawson: »Das Tempo im Rennen wird ein anderes sein als das, das Christian

für seine eine Super-Runde schafft. Ich schätze, die Pace wird sich bei zwei Minuten einpendeln, da kann ich mithalten; falls sie niedriger wird, geschieht das ohne mich«. Inzwischen hatte sich der Marlboro-Mann in Wien bei ›Wunderheiler‹ Willy Dungl behandeln lassen, aber auch der konnte die Schulterverletzung Lawsons nicht einfach wegzaubern, und so machte sich der ›alte Indio‹ nichts vor: »Ich habe ein Handicap, und ein behinderter Fahrer kann kaum seine volle Leistung bringen. Außerdem hat Wayne wieder Blut gerochen, und mein Punktevorsprung ist in Rijeka so zusammengeschmolzen, daß es schon ungemütlich wird«.
Lawson war indes nicht der einzige durch Verletzung gehandicapte Fahrer. Raymond Roche zum Beispiel, der aus einem Nachbarort von Le Castellet stammt und sich gern als Lokalmatador

in Szene gesetzt hätte, absolvierte unter Schmerzen das Training, verzichtete aber auf eine Teilnahme am Rennen, weil er es nicht durchgestanden hätte. Aber auch Kevin Schwantz hatte erhebliche physische Probleme nach seiner Knieoperation, wenn er sie auch nicht gern zugab: »Wir Texaner sind ein harter Schlag, und so eine kleine Verletzung kann mich nicht aufhalten«.
HRC hatte für Wayne Gardner wieder einen modifizierten Rahmen geschickt, mit dem er im Training fast die gleichen Zeiten erreichte wie mit dem ›alten‹; zum Rennen setzte er ihn nicht ein. Die Strecke fand übrigens nicht Gardners ungeteilten Beifall, in seiner Eigenschaft als Fahrervertreter bemängelte er den erheblichen Gummiabrieb der Formel 1-Autos, die ungeheuere Welligkeit des Belags, fehlende Strohballen an einigen Stellen und meinte, Christian Sarron sei

146

Der Kampf zwischen Wayne Gardner, Christian Sarron, Eddie Lawson und Kevin Schwantz war das spannendste 500er Rennen der Saison

wohl der einzige 500er Fahrer, der von der ›Sicherheit‹ dieses Kurses überzeugt sei. Gardner: »Christian ist hier auf eigenem Boden, er kennt jeden Quadratzentimeter so genau wie seine Westentasche, und wo man sich heimisch fühlt, fühlt man sich auch sicher«.

Die Besonderheit des Circuit Paul Ricard stellt die Mistral-Gerade dar, mit cirka zwei Kilometern die längste Gerade überhaupt; Windschattenfahren gewinnt hier eine ganz spezielle Bedeutung. Aber nicht nur die reine Maximal-Leistung zählt in Paul Ricard, denn für

die rapiden Direktionswechsel in den Kurven braucht es auch ein hervorragend gutes Fahrwerk. Die knifflige Strecke kennenzulernen kostete zum Beispiel Kevin Magee zwei Stürze im Training; von den 250er Fahrern war es unter anderen Masahiro Shimizu, der der Strecke Tribut zollte.

Seit Jahren gab es keinen Toten mehr bei einem Grand Prix zu beklagen; in Le Castellet schlug das Schicksal dreifach zu. Im freien Training am Donnerstag verunglückte das Gespann der Deutschen Alfred Heck/Andreas Racke am

Ende der Mistral-Geraden (vermutlich wegen eines Materialfehlers); Heck wurde auf der Stelle getötet, der Beifahrer wurde verletzt, war aber nicht in Lebensgefahr. Am Samstag verunglückten beim Abschlußtraining zu einem nationalen französischen Meisterschaftslauf zwei Franzosen: Eric Sabatier und Patrick Durix. Auf der Mistral blockierte Durix das Getriebe, Sabatier prallte auf; beide starben nachts im Hospital. Erstaunlich schnell hatte sich Martin Wimmer von seinem Sturz in Belgien erholt, und erstaunlich schnell war auch

250er Sieger Jacques Cornu

seine Fath-getunte Yamaha TZ, die für die zehnte Zeit gut war. Toni Mang und Manfred Herweh fehlten in Le Castellet: der Rothmans-Honda-Fahrer hatte sein zertrümmertes Schlüsselbein operativ zusammenflicken lassen und hoffte danach, eventuell in Donington wieder in den Sattel steigen zu können; der Lampertheimer mußte sich erst wieder armieren und neues Material zulegen. Wie sein ›großer‹ Bruder setzte auch Dominique Sarron alles daran, seinen Heimat-Grand Prix aus der Pole-Position zu starten, wozu ihm seine exzellente Streckenkenntnis – immerhin gewann er hier bisher schon dreimal den 24 Stunden-Marathon Bol d'Or – zupasse kam. Daß auch er den Sieg ins Auge gefasst hatte, sogar fest damit rechnete – daran ließ er keinen Zweifel. Sito Pons wurde ein wenig mulmig angesichts der so unverblümt zur Schau gestellten Ambitionen des Franzosen, besonders deswegen, weil Sarron im direkten Zweikampf bekanntlich kein Risiko scheut, sondern eher noch eins schafft. Pons: »Meine Strategie wird deshalb sein, auf

der Hut zu sein und möglichst v o r Garriga ins Ziel zu kommen. Wenn das h i n t e r Sarron ist, werde ich nicht traurig sein«.

Nachdem er auch in Rijeka wieder die Qualifikation verfehlte, weigerte sich Weltmeister Fausto Gresini, überhaupt nach Frankreich zu fahren; er wollte erst wieder antreten, wenn Garelli ihm wieder eine wettbewerbsfähige Maschine biete. In der Rennabteilung bei Garelli wurde inzwischen mit Hochdruck an einem neuen Fahrwerk gearbeitet, als Zwischenlösung wurde versucht, das Vorjahresfahrwerk für den Einzylindermotor umzurüsten; Miguel Reyes, der zweite Fahrer des Teams, setzte wieder die Kreuzung aus Honda-Chassis und Garelli-Triebwerk ein.

Seit Wochen bemühte sich der Veranstalter des argentinischen Grand Prix in Buenos Aires bei FIM, IRTA und Presse um gut Wetter für seine Veranstaltung. Er ließ wissen, die verlangten Umbauten seien in Angriff genommen, und er tue alles, um einen reibungslosen Ablauf zu organisieren. Bei einem IRTA-Meeting in Le Castellet, zu dem Reinaldo Cozzani höchstselbst anreiste, fiel nun die entgültige Entscheidung pro GP Argentinien und Brasilien – vergessen das Lamento über die schlimmen Zustände in Südamerika, vergessen das Gejammer über die laxe Organisation, vergessen das Geschrei ›nie wieder ein Rennen in Südamerika‹. IRTA-Präsident Michel Metraux: »Wir müssen einfach da hin, das ist sehr wichtig für uns«. Klar – wer reist schon nicht gern nach Südamerika?

125 cm³: Raffinierter Martinez

Unter den vielen, die an der Qualifikation scheiterten, befanden sich auch die beiden Derbi-Fahrer Herreros und Criville, Mandy Fischer (am Salzburgring immerhin vierter), sowie Jörg Seel, dessen Maschine auf der Mistral als fünftschnellste gemessen wurde.

Schnellster im Training war Ezio Gianola, und daraus zog der Honda-Fahrer die völlig falschen Schlüsse: er gab sich der Illusion hin, endlich eine schlagkräftige Waffe gegen Derbi und Jorge Martinez in der Hand zu haben. Raffiniert ließ ihn der Spanier auch zunächst in diesem Glauben, sah sich in aller Gemütsruhe an, wie Gianola sich wieder einmal das Herz aus dem Leib fuhr, verharrte lange Zeit hinter der Honda an zweiter Stelle und raubte Gianola endgültig seine Illusionen, als er ihn passierte, um mit knapp zwei Sekunden vor ihm zu siegen – damit hatte der 80er Weltmeister den Titel auch dieser Kategorie praktisch schon in der Tasche.

Der Rest des Feldes fuhr quasi sein eigenes Rennen, wobei es recht turbulent zuging. Zwei Italiener, Corrado Catalano und Domenico Brigaglia, zeigten dabei die besten Nerven und eroberten sich den dritten und vierten Platz, nachdem erst der Schweizer Heinz Lüthi den dritten Platz durch Sturz freigemacht hatte, dann der Amerikaner Alan Scott und später auch noch Julian Miralles (er konnte wenigstens noch Platz elf retten). Stefan Prein schied bereits in der zweiten Runde aus; Koji Takada stürzte in der dritten, Bady Hassaine und Johnny Wickström stürzten in der vierten, in der auch Bianchi mit defektem Motor ausschied; Stefan Dörflinger warf in der siebten Runde das Handtuch, Mike Leitner und Manuel Hernandez fielen aus, und Alex Bedford stürzte in der 13. Runde. Nachdem Ian McConnachie die drittschnellste Trainingszeit erreicht hatte, spekulierte er auf ein Super-Resultat. Das aber mußte er sich aus dem Sinn schlagen, nachdem sein Cagiva-Motor von einem gravierenden Leistungsmangel heimgesucht wurde. Gerd Waibel ließ sich den fünften Rang nicht von Gastone Grassetti und Miguel Reyes streitig machen; Adi Stadler landete hauchdünn hinter Pietroniro auf dem neunten Rang; Esa Kytola, Julian Miralles und Hans Spaan belegten die Plätze zehn, elf und zwölf, aber das bemerkenswerteste Resultat erzielte die Finnin Taru Rinne: knapp hinter Hubert Abold, aber noch vor dem jungen italienischen Heißsporn Emilio Cuppini holte sie sich als erste Frau WM-Punkte in einer Solo-Kategorie, nämlich die zwei für den 14. Platz.

250 cm³: Kerniger Cornu

Gleich zu Beginn des Rennens formierte sich an der Spitze ein Quartett, bestehend aus Jacques Cornu, Sito Pons, Dominique Sarron und Juan Garriga. Wie im Formationsflug donnerten die vier Star-Fighter fünf Runden lang um den Circuit Paul Ricard, dann setzten sich Cornu und Pons ab. Zwischen den beiden entwickelte sich nun eine extreme Windschattenschlacht: immer wieder tauschten sie die Positionen, wer anfangs der Mistral vorne lag, fand sich an ihrem Ende an zweite Stelle verdrängt. Ihr Duell dauerte bis in die letzte Runde; Pons versuchte eine letzte Attacke, doch die Parisienne-Honda war an diesem Tag der Campsa-Honda in der Spitze überlegen, und so fiel Pons' Angriff ins Leere, während der lange Jacques – auch er dank seiner Endurance-Erfahrung ein gewiefter Ricard-Routinier – souverän dem Ziel entgegenstürmte und mit dem zweiten Saison-Sieg seinen dritten Platz in der WM-Wertung betonierte.

Sarron und Garriga kreuzten ihre Klingen mit solcher Vehemenz, daß der Franzose ob des Trommelfeuers, das der Spanier auf ihn abfeuerte, im Ziel von Unfairness sprach. Reinhold Roth bewegte sich nach perfektem Start an fünfter Stelle, unmittelbar hinter den vier Combat-Kämpfern, beschattet von Masahiro Shimizu und Luca Cadalora. Der Team-Agostini-Fahrer markierte in der fünften die erste schnelle Runde und

**Windschatten-Duelle
auf der langen Mistral-Geraden;
ganz rechts Randy Mamola**

Reinhold Roth vor Dominique Sarron, Juan Garriga und Masahiro Shimizu

setzte gerade an, die vor ihm Placierten anzugreifen, als durch eine lose gewordene Bremsschlauchschelle Flüssigkeit austrat und seinen Hinterreifen verschmierte. Danach vermochte der Italiener nur mit Mühe den sechsten Platz zu retten. Vor ihm tobte mit unverminderter Härte das Gefecht Sarron/Garriga, dem Roth und Shimizu zusätzlich Pfeffer gaben – bis der Japaner wieder einmal zu viel riskierte und sich in der fünftletzten Runde aus dem Wettbewerb stürzte. In die letzte Runde ging Roth an dritter Stelle, vor Pons und Garriga, doch nach einer letzten Generaloffensive sicherte sich Sarron den dritten Platz vor Garriga, dem Roth mit einem 20/100 Sekunden-Abstand folgte. Ruggia brachte seine TZ bravourös auf den siebten Platz, und Cardus vermochte sich knapp vor Reggiani den achten Platz zu sichern. Auinger, Martin Wimmer »(Heut' war meine Maschine ein bischen schneller als ich«), und Donnie McLeod zischten wie ein D-Zug ins Ziel, und Cowan und Matteoni holten die restlichen Punkte.

Weil ihm das Vorderrad wegrutschte, stürzte Harald Eckl noch in der letzten Runde und brach sich dabei den Knöchel – das bedeutete, daß er auf die Teilnahme am Achtstunden-Rennen in Suzuka (am Wochenende nach dem Frankreich-GP) verzichten mußte.

500 cm³: Catch as catch can

Mit einem fantastischen Superstart katapultierte Kevin Schwantz seine Suzuki an die Spitze des Feldes, mußte die Führung aber bald an Christian Sarron abgeben, der mit aller Macht versuchte, ›seinen‹ Grand Prix zu gewinnen. Nach zwei Runden drängte Wayne Gardner an den beiden vorbei an die Tête, nachdem er vorher die beiden Lucky Striker Rainey und Magee passiert hatte. Das Trio an der Spitze lieferte sich einen infernalischen Kampf, wobei Suzuki-Reiter Schwantz fast heroische Anstrengungen unternehmen musste, um am Ball zu bleiben. Nach mäßigem Start lag Eddie Lawson zwei Runden lang an achter Position, hinter Mackenzie und seinem Stallgefährten DeRadigues. In der dritten Runde rückte er vor an die fünfte Stelle, und in der sechsten erweiterte er das ›Trio infernal‹ an der Spitze zu einem Quartett. Keiner der vier Nahkämpfer vermochte sich lange an der Spitze zu halten, doch trotz aller Windschattenkünste geriet die Suzuki in immer größere Bedrängnis, je weiter das Rennen fortschritt. Schwantz also das Schlußlicht des Quartetts, an der Spitze aber immer wieder Wayne Gardner, der offenbar nur auf die beste Gelegenheit wartete, sich abzusetzen. Die kam, als der Australier in der 17. von 21 Runden

Lawson wieder einmal hinter sich verwiesen hatte; Gardner forcierte noch einmal so vehement, daß er sich bis zur letzten Runde einen Vorsprung von drei Sekunden erarbeiten konnte – das Rennen schien gelaufen. Eingangs der letzten Runde aber blieb Gardner fast das Herz stehen: der Temperaturanzeiger spielte verrückt, Öl sprühte Gardner ins Gesicht, der Motor verlor drastisch an Leistung, auf der Mistral wurde Gardner dramatisch langsamer, er hob die Hand, um seine Verfolger zu warnen – sie fegten vorbei, während Gardners Motor endgültig festging. Völlig ölverschmiert rollte der Weltmeister als vierter ins Ziel und hieb dabei seine Wut mit der Faust auf den Tank der Honda: »Das ist die größte Enttäuschung meiner ganzen Karriere, für mich ist die Weltmeisterschaft jetzt endgültig gelaufen. Nach dem Niederbruch am Salzburgring glaubte ich nicht, daß so etwas noch einmal passieren könnte! Ich hätte gewonnen, ich hätte der WM noch eine Wende geben können, aber so nicht...« Als Gardner die Hand hob, wußte Lawson sofort Bescheid. Er stob vorbei, sicherte sich in der letzten Kurve nach hinten ab, ließ Sarron keine Chance auf ein letztes Passier-Manöver, und nahm die karierte Flagge als erster, eine Maschinenlänge vor Sarron und zwei Längen vor Schwantz, der mit einem Wheelie über die Linie karriolte. Im Ziel war Lawson am Ende seiner Kraft und wie ausgelaugt: »Meine Schulter tat in jeder Kurve höllisch weh, aber die Maschine ging fantastisch – wie eine Rakete. Für Wayne tut es mir leid, so ein Pech!«

Wayne Rainey hielt sich anfangs an vierter Stelle, verlor aber den Anschluß, nachdem ihn Lawson überholt hatte, weil sein hinterer Reifen – eine spezielle Endurance-Entwicklung von Dunlop – sich als die falsche Wahl erwies und keine schärfere Gangart erlaubte als die, mit der der blonde Kalifornier den fünften Platz eroberte. Zehn Sekunden hinter Rainey folgte Randy Mamola, der nach schlechtem Start wie ein angestochener Stier nach vorn stürmte, am Ende aber mit dem sechsten Platz zufrieden sein mußte: »Die Cagiva wiegt zehn Kilo zuviel, und der Motor bräuchte ein paar PS mehr – dann wären Spitzenergebnisse machbar«.

Ein erbittertes Duell über die gesamte Distanz lieferten sich Didier DeRadigues und Pierfrancesco Chili, das der Belgier mit drei Metern Vorsprung für sich entscheiden konnte. Auch Kevin Magee und Ron Haslam fochten einen Zweikampf bis auf den letzten Meter, wobei der Australier die Nase vorn behielt. »Aber das kostete mich große Überwin-

dung, denn nach vier Runden gab meine vordere Bremse den Geist auf. Ich überlegte mir, ob es nicht besser wäre, aufzuhören, denn wenn man mit vollem Speed die Mistral hinunterdonnert, hat man so lange Zeit, sich auszumalen, was passiert, wenn am Ende die Bremse nicht greift«. Magee mußte den Bremshebel mit aller Kraft und vier Fingern (»Sonst bremse ich mit zwei Fingern«) bis zum Lenker ziehen, verlor deshalb ständig Boden und vermochte sich am Ende hauchdünn vor Haslam ins Ziel zu retten.

Rob McElnea brachte seine Suzuki auf

den elften Platz und monierte ihr schlechtes Fahrverhalten. Malcolm Campbell placierte die Elf 5-Honda an zwölfter Stelle, enthielt sich jedoch eines Kommentars. Mike Baldwin, wieder als Double für den Film ›American Built‹ in Aktion, belegte Platz 13, sein ›Gegner‹ Donnie McLeod Platz 16. Niall Mackenzie stand das gleiche Malheur wie Gardner ins Haus, allerdings ging der Motor des Schotten schon in der dritten Runde fest. Für Shunji Yatsushiro – den Honda nächstes Jahr nicht wieder als Werksfahrer einsetzen wird – endete einer seiner letzten Auftritte in

---

Klasse 125 cm³

16 Runden = 92,960 km

1. Jorge Martinez	Spanien	Derbi	36.19,90 = 153,518 km/h
2. Ezio Gianola	Italien	Honda	36.21,67
3. Corrado Catalano	Italien	Aprilia	36.32,52
4. Domenico Brigaglia	Italien	Rotax	36.33,52
5. Gerd Waibel	Deutschland	Honda	36.38,27
6. Gastone Grassetti	Italien	Honda	36.38,46
7. Miguel Reyes	Spanien	Garelli	36.38,78
8. Lucio Pietroniro	Belgien	Honda	36.39,15
9. Adi Stadler	Deutschland	Honda	36.39,33
10. Esa Kytola	Finnland	Honda	36.40,18
11. Julian Miralles	Spanien	Honda	36.43,17
12. Hans Spaan	Niederlande	Honda	36.59,39
13. Hubert Abold	Deutschland	Honda	37.03,47
14. Taru Rinne	Finnland	Honda	37.04,14
15. Emilio Cuppini	Italien	Honda	37.04,30

16. I. McConnachie (GB) Cagiva 37.08,27; 17. T. Feuz (CH)Rotax 37.22,61; 18. R. Milton (GB) Rotax 37.22,93; 19. A. Waibel (D) Waibel 37.27,90; 20. J-C. Selini (F) Honda 37.28,37; weitere fünf Fahrer im Ziel; elf Fahrer nicht klassifiziert.
Schnellste Runde: Jorge Martinez (Derbi) in 2.14,70 = 155,278 km/h
Rekordhalter: Luca Cadalora (Garelli) 2.13,35 (1986)

Stand der Weltmeisterschaft

		Pkt.
Martinez	Derbi	140
Gianola	Honda	120
Spaan	Honda	76
Grassetti	Honda	61
Miralles	Honda	59
G. Waibel	Honda	52
Brigaglia	Rotax	52
Stadler	Honda	49
Prein	Honda	44
Pietroniro	Honda	40
Unemoto	Honda	36
Reyes	Garelli	34
Herreros	Derbi	30
Takada	Honda	25
Bianchi	Cagiva	24

Trainingszeiten

Gianola 2.14,78; Martinez 2.14,96; Prein 2.15,86; McConnachie 2.16,47; Lüthi 2.16,56; Stadler 2.16,59; Catalano 2.16,61; Scott 2.16,80; Pietroniro 2.16,84; Spaan 2.16,90; Brigaglia 2.16,20; Miralles 2.17,05; Bedford 2.17,11; Reyes 2.17,18; Kytola 2.17,36.

Klasse 250 cm³

18 Runden = 104,580 km

1. Jacques Cornu	Schweiz	Honda	37.23,94 = 167,780 km/h
2. Alfonso Pons	Spanien	Honda	37.24,12
3. Dominique Sarron	Frankreich	Honda	37.25,55
4. Juan Garriga	Spanien	Yamaha	37.26,16
5. Reinhold Roth	Deutschland	Honda	37.26,36
6. Luca Cadalora	Italien	Yamaha	37.41,62
7. Jean-Philippe Ruggia	Frankreich	Yamaha	37.47,79
8. Carlos Cardus	Spanien	Honda	38.09,87
9. Loris Reggiani	Italien	Aprilia	38.23,47
10. August Auinger	Österreich	Aprilia	38.35,00
11. Martin Wimmer	Deutschland	Yamaha	38.35,21
12. Donnie McLeod	Großbritannien	EMC	38.35,42
13. Gary Cowan	Irland	Yamaha	38.40,63
14. Massimo Matteoini	Italien	Yamaha	38.46,45
15. Jean Foray	Frankreich	Yamaha	38.46,82

16. J-M. Mattioli (F) Yamaha 38.51,21; 17. H. Bradl (D) Honda 38.53,35; 18. U. Jucker (CH) Yamaha 38.53,93; 19. G. Bertin (F) Yamaha 38.64,89; 20. J-F. Balde (F) Rotax 39.01,48; 24. J. Schmid (D) Honda 39.18,27; weitere sechs in Ziel; neun Fahrer nicht klassifiziert.
Schnellste Runde: Juan Garriga (Yamaha) in 2.03,37 = 169,639 km/h (Rekord)

Stand der Weltmeisterschaft

		Pkt.
Pons	Honda	166
Garriga	Yamaha	158
Cornu	Honda	142
Roth	Honda	111
Cadalora	Yamaha	101
Sarron	Honda	98
Mang	Honda	87
Ruggia	Yamaha	72
Shimizu	Honda	51
McLeod	EMC	40
Cardus	Honda	36
Wimmer	Yamaha	33
Reggiani	Aprilia	31
Herweh	Yamaha	30
Kocinski	Yamaha	24

Trainingszeiten

Sarron 2.04,03; Pons 2.04,06; Cornu 2.04,19; Garriga 2.04,90; Roth 2.05,17; Ruggia 2.05,20; Cadalora 2.05,42; Eckl 2.06,42; Shimizu 2.06,43; Wimmer 2.06,61; Cardus 2.07,02; Reggiani 2.07,36; McLeod 2.07,65; Caracchi 2.07,77; Auinger 2.07,86.

Rothmans Honda-Farben traurig: der Japaner stürzte in der vierten Runde in der Kurve ›Sainte Baume‹, der nachfolgende Patrick Igoa konnte nicht mehr ausweichen und knallte in ihn hinein. Yatsushiro erlitt eine schwere Hüftverletzung, der Franzose kam mit einer Gehirnerschütterung noch glimpflich davon.

Gespanne: Solo für Biland

Fast die ganze erste Halbzeit verharrten Biland/Waltisperg hinter den führenden Webster/Hewitt, Streuer/Schnieders, Egloff/Egloff und Michel/Fresc an fünfter Stelle, ehe sie sich nach vorn schoben, die Führung an sich rissen und anschließend einen weiteren klaren Sieg errangen – den sechsten dieser Saison. Kein Konkurrent auf weiter Flur, der den Schweizern etwa hätte gefährlich werden können. Webster heimste den zweiten Platz ein und hoffte dann, beim nächsten Lauf in Donington endlich einmal aufzutrumpfen. Streuer kostete ein Reifendefekt den dritten Platz; der bärtige Niederländer wurde deshalb nur neunter. Die Egloffs holten sich den dritten Platz; Michel an vierter Stelle distanzierten schon 57 Sekunden vom Sieger-Dreirad.

Vier Sekunden hinter Kumano/Fahrni rauschten die Zurbrüggs als sechste ins Ziel; Kumagaya und Abbott belegten die Ränge sieben und acht, wobei Abbott noch Streuer in Schach halten konnte. Hinter Van Kempen/Birchall und Nigrowsky/Charpentier plazierten sich zwei deutsche Gespanne auf den Plätzen zwölf und dreizehn: die Stölzles und Scherer/Schröder. Brindley/Rose und Progin/Hunziker holten die Punkte für die Ränge 14 und 15.

Klasse 500 cm³

21 Runden = 122,010 km

1. Eddie Lawson	USA	Yamaha	42.15,52 = 173,233 km/h
2. Christian Sarron	Frankreich	Yamaha	42.15,74
3. Kevin Schwantz	USA	Suzuki	42.15,98
4. Wayne Gardner	Australien	Honda	42.21,24
5. Wayne Rainey	USA	Yamaha	42.33,15
6. Randy Mamola	USA	Cagiva	42.43,33
7. Didier DeRadigues	Belgien	Yamaha	42.46,14
8. Pierfrancesco Chili	Italien	Honda	42.46,39
9. Kevin Magee	Australien	Yamaha	42.50,63
10. Ron Haslam	Großbritannien	Elf Honda	42.50,83
11. Rob McElnea	Großbritannien	Suzuki	43.15,39
12. Malcolm Campbell	Australien	Elf Honda	43.34,55
13. Mike Baldwin	USA	Honda	43.58,16
14. Alessandro Valesi	Italien	Honda	44.01,66
15. Fabio Barchitta	Italien	Honda	44.18.06

16. D. McLeod (GB) Honda 44.18,37; 17. M. Gentile (CH) Fior 44.18,55; 18. M. Papa (I) Honda 20 Runden; 19. F. Biliotti (I) Honda; 20. M. Fischer (D) Honda; weitere vier Fahrer im Ziel; elf Fahrer nicht klassifiziert.

Schnellste Runde: Wayne Gardner (Honda) 1.59,27 min = 175,367 km/h (Rekord)

Stand der Weltmeisterschaft

		Pkt.
Lawson	Yamaha	185
Gardner	Honda	158
Rainey	Yamaha	143
Sarron	Yamaha	108
Magee	Yamaha	107
Schwantz	Suzuki	100
DeRadigues	Yamaha	95
Mackenzie	Honda	76
Chili	Honda	73
McElnea	Suzuki	64
Yatsushiro	Honda	57
Haslam	Elf Honda	52
Mamola	Cagiva	47
Igoa	Yamaha	31
Valesi	Honda	23

Trainingszeiten

Sarron 1.58,81; Gardner 1.59,68; Lawson 2.00,06; Magee 2.00,26; Mamola 2.00,28; Chili 2.00,33; Rainey 2.00,44; Mackenzie 2.00,62; DeRadigues 2.00,73; Schwantz 2.01,13; Igoa 2.01,50; Haslam 2.01,57; McElnea 2.01,77; Yatsushiro 2.02,90; Campbell 2.03,95.

Klasse Gespanne

16 Runden = 92,960 km

1. R. Biland/K. Waltisperg	Schweiz	LCR Krauser	33.47,80 = 165,034 km/h
2. S. Webster/T. Hewitt	Großbritannien	LCR Krauser	33.53,00
3. M./E. Egloff	Schweiz	LCR ADM	34.03,07
4. A. Michel/J-M. Fresc	Frankreich	LCR Krauser	34.45,40
5. M. Kumano/M. Fahrni	Japan/CH	LCR TEC	34.53,77
6. A./M. Zurbrügg	Schweiz	LCR Yamaha	34.57,31
7. Y. Kumagaya/B. Barlow	Japan/GB	Windle Yam	35.03,26
8. S. Abbott/S. Smith	Großbritannien	Windle Yam	35.13,90
9. E. Streuer/B. Schnieders	Niederlande	LCR Yamaha	35.14,85
10. T. Van Kempen/S. Birchall	Niederlande/GB	LCR Yamaha	35.21,51
11. Y. Nigrowsky/M. Charpentier	Frankreich	Seymaz	35.37,82
12. F./H. Stölzle	Deutschland	LCR Krauser	35.39,52
13. B. Scherer/T. Schröder	Deutschland	BSR Krauser	35.47,34
14. B. Brindley/G. Rose	Großbritannien	Fowler Yam	35.55,61
15. R. Progin/Y. Hunziker	Schweiz	Seymaz	35.02,16

16. C.Stirrat/S.Prior (GB) LCR 15 Runden; 17. A.Zini/C.Sonaglia (I)LCR Yamaha; 18. J.Millet/Z.Debroux (F) GDF; 19. E.Weber/ E.Rösinger (D) Sigwa; 20. P.Atkinson/G.Simmons (GB) LCR Yamaha; weitere zwei Gespanne im Ziel; acht Gespanne nicht klassifiziert.

Schnellste Runde: R.Biland/K.Waltisperg (LCR Krauser) in 2.05,23 = 167,021 (Rekord)

Stand der Weltmeisterschaft

	Pkt.
Biland/Waltisperg	120
Webster/Hewitt	96
Streuer/Schnieders	54
Michel/Fresc	54
Abbott/Smith	48
Zurbrügg/Zurbrügg	48
Brindley/Rose	46
Jones/Brown	45
Egloff/Egloff	40
Scherer/Schröder	32
Van Kempen/Birchall	32
Stropek/Demling	30
Kumagaya/Barlow	29
Kumano/Fahrni	28
Stölzle/Stölzle	25

Trainingszeiten

Biland 2.04,07; Webster 2.05,40; Egloff 2.05,50; Streuer 2.05,64; Michel 2.07,21; Zurbrügg 2.07,75; Kumano 2.08,29; Steinhausen 2.08,84; Jones 2.09,92; Stropek 2.10,24; Kumagaya 2.10,32; Larratte 2.10,41; Van Kempen 2.10,74; Bosman 2.10,76; Abbott 2.11,19.

Grand Prix Großbritannien

Donington Park, 7. August

Zuschauer: 70 000
Wetter: sonnig, 30 Grad
Streckenlänge: 4,020 km

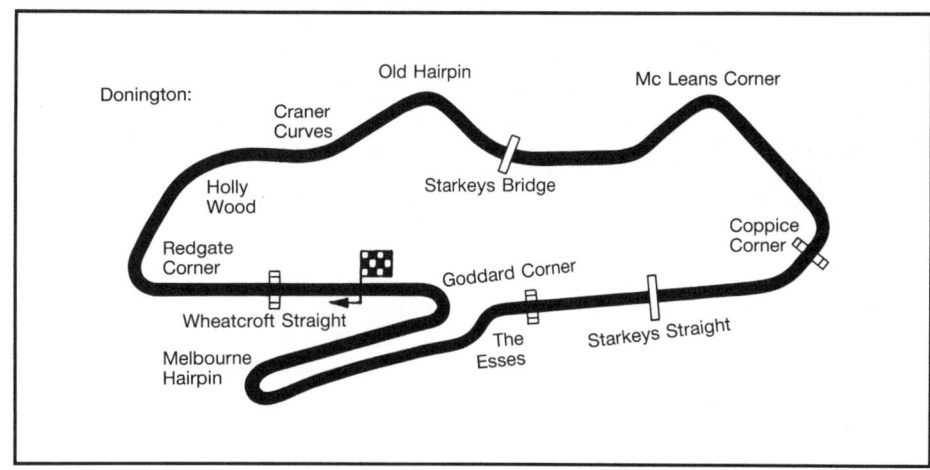

Unmittelbar nach dem Grand Prix von Frankreich flogen mehrere Fahrer nach Japan, um in Suzuka das Achtstunden-Rennen zu bestreiten: Wayne Gardner bildete zusammen mit Niall Mackenzie eine Mannschaft, Kevin Schwantz fuhr mit Doug Polen, und die beiden Lucky Striker Kevin Magee und Wayne Rainey formten ein weiteres Team. Sie waren es auch, die diesen prestigeträchtigen Wettbewerb für Yamaha gewannen, vor Schwantz/Polen mit der Suzuki – die Werks-Honda fiel zeitig mit Motorschaden aus.

Für Wayne Rainey, den zweimaligen US-Superbike Champion, war es der erste Sieg in diesem Jahr »(Jetzt fühle ich mich wie neugeboren, vielleicht klappt es nun auch endlich beim Grand Prix«), für Kevin Magee eine Wiederholung seines Vorjahreserfolgs, wo er zusammen mit Martin Wimmer die ›Eight Hours of

Suzuka‹ gewonnen hatte.

Das Kenny Roberts-Team experimentierte hier mit neuen Bremsscheiben aus Carbon-Carbon (nicht-fiberverstärktem Kohlefasermaterial) von AP-Lockheed, die aus dem Automobilbau stammen und bisher im Motorradbau nicht verwendet wurden. Mit einem Durchmesser von 280 mm und einem Gewicht von nur 900 g sind sie beträchtlich kleiner und leichter als die bisher üblichen Stahlscheiben (320 mm, 1650 g) und brachten sofort signifikante Verbesserungen. Rainey: »Man spürt den Unterschied sofort beim Fahren. Der gyroskopische Effekt ist jetzt viel geringer, wodurch die Maschine leichter zu steuern ist. Die Federung spricht weicher an, weil die Scheibe so leicht ist; auch unser Problem mit dem Rattern des Vorderrads ist dadurch viel geringer geworden«.

Zum zweiten Mal fand der britische GP-Lauf in Donington Park statt, der in der Nähe von Derby liegt, mitten in England. Die Strecke gilt als recht anspruchsvoll, mit zwei sehr kurzen Geraden und Kurven, wo eine der anderen folgt. Erst vor kurzem bekam die Strecke einen komplett neuen Belag, der sich als extrem griffig erwies. Es war nicht leicht für die Fahrer, herauszufinden, wo nun das Limit lag; Christian Sarron kostete das einen kleinen, »nicht nennenswerten« Ausrutscher im Samstag-Training. Auch Wayne Gardner stieg einmal ab: als er eingangs Goddard hart bremste, mußte er wegen einiger ›Schnecken‹ einen Bogen machen – unmutig darüber riß er beim Beschleunigen das Gas etwas zu aggressiv auf und die NSR quittierte das, indem sie ihn in hohem Bogen aus dem Sattel katapultierte. Mit einer schmerzhaften Knö-

153

chelprellung nahm er wieder einmal Dr. Costas ärztliche Kunst in Anspruch und ärgerte sich tüchtig über sein Mißgeschick: »Das hätte nicht zu sein brauchen! Ich will morgen unbedingt gewinnen, da sollte ich fit sein, nicht angeschlagen«. Die Evolution der Honda-Rahmen bescherte dem Weltmeister in Donington schon wieder einen neuen Versuch, für Mackenzie und Chili stand inzwischen die vorherige Generation zur Verfügung; Gardner hatte auch einige neue Motorenteile bekommen. Weil Shunji Yatsushiros Hüftverletzung sich als so langwierig herausstellte, daß er für mindestens drei Grand Prix ausfiel, einigte man sich bei Rothmans und HRC, die vakante Werksmaschine des Japaners solange Roger Burnett anzuvertrauen. Der Brite träumte dann von einem möglichst durchschlagenden Erfolg bei seinem Heimat-Grand Prix, der ihm seine Rückkehr in die Königsklasse einbringen sollte: »Um ehrlich zu sein – von den Superbikes hatte ich mir mehr erhofft. So richtig ›super‹ ist dort gar nichts, und ich wünsche mir nichts mehr, als wieder Grand Prix zu fahren«.

Pirelli hatte wieder drei neue Mischungen für Randy Mamola zur Verfügung,

und Cagiva hatte einen modifizierten Motor, den der Kalifornier nur im Training testete, zum Rennen aber nicht einsetzte. Mamola litt die ganze Woche über an den Folgen einer Fleischvergiftung und war dementsprechend geschwächt. Er hoffte sehnlichst auf Regen zum Rennen (»Dann gehört mir der Sieg!«), doch den Gefallen tat ihm der Wettergott nicht – im Gegenteil, er verwöhnte die Fans mit Sonne, blauem Himmel und dem heißesten Renntag der bisherigen Saison.

Vier Jahre, nachdem er den Rennsport aufgab, kehrte Barry Sheene als Kommentator für das australische Fernsehen zurück. Der zweimalige 500er Weltmeister, der vor drei Jahren nach Australien auswanderte, konnte in Donington nicht der Versuchung widerstehen, auf der zweiten Maschine von Kevin Schwantz eine Runde zu drehen. Lockte es ihn nicht, wie Agostini und Roberts als Teammanager eine neue Aufgabe zu übernehmen? »Ganz bestimmt nicht! Ich bin kein Manager-Typ, ich sitze lieber in Australien in der Sonne, tue nichts und genieße mein Leben«.

Kevin Schwantz strickte inzwischen tüchtig an seiner Karriere. Er bot sich

bei Honda an, nahm zufrieden zur Kenntnis, daß Agostini offenbar ›ein Auge auf ihn geworfen‹ hatte und sonnte sich in der Sympathie Kel Carruthers'. Dessen Tochter Kerry leistete ihm in Donington stundenlang Gesellschaft in seinem Motorhome, schüttete ihm Eiswürfel in seinen Drink, holte ihm nach dem Training eine ins Auge geflogene Mücke heraus, zupfte ein Haar von seiner Schulter, putzte seinen Helm...

Toni Mang durfte in Donington auf Anraten seines Arztes nicht starten, war aber trotzdem nach England geflogen und unterbreitete Sponsor Rothmans seine Vorstellungen vom Aufbau seines eigenen Teams. Seine Markenkollegen Pons, Cornu, Sarron und Roth hatten indessen nicht unbedingt leichtes Spiel, im Training ihre Maschinen vorzubereiten. Drei Yamahas – die unter Garriga, Cadalora und Lavado – nutzten das aus und fuhren die schnellsten Zeiten. HB Venemotos-Gaucho Carlos Lavado saß nach seinem Sturz in Jugoslawien hier erstmals wieder im Sattel, galoppierte auch recht flott durch den englischen Asphaltdschungel, leistete sich aber schon wieder einen Ausritt ins Gelände und mußte dann zugeben, sich neu geschadet zu haben. Luca Cadalora betrachtete seine Aussichten wie ein echter Profi: »Ich kann hier gewinnen. Die Hondas haben zwar ungleich mehr Beschleunigung, aber in den Kurven macht die Yamaha das wett«.

Die meisten Fahrer befürchteten, daß der enorm griffige Belag die Reifen im Rennen überstrapazieren würde und verwendeten viel Gehirnschmalz bei ihren Überlegungen der richtigen Wahl. Dennoch hatten nicht alle das richtige Händchen ...

125 cm³: Rule Italia

Die Aussicht, Doppelweltmeister zu werden, führte bei Jorge Martinez zu einer besonderen Art der Zurückkaltung: plötzlich scheute er vor dem gro-

ßen Risiko, hielt sich aus dem Kampf um die Spitze heraus, gab sich sogar mit einem dritten Platz zufrieden und sprach im Ziel von überlegener Beschleunigung der Honda, aber auch, daß er ausschließlich an den Titel, nicht an einen Sieg gedacht habe. Am Ende wurde er trotzdem zweiter, wenn auch ohne eigenes Zutun, denn der Engländer Alex Bedford schenkte ihm seinen zweiten Platz, nachdem er bei Halbdistanz mit Motordefekt ausscheiden musste. Auch ein Angriff von Hans Spaan vermochte

Ezio Gianola führt nach dem Start das 125er Feld in die erste Runde; links Gerd Waibel auf der 125 cm³-Honda

den Spanier nicht zu mehr Risiko verleiten; der Niederländer jedoch überspannte den Bogen, rutschte aus und rettete sich danach nur noch als zehnter ins Ziel.

Martinez' lahme Gashand konnte aber nicht Ezio Gianolas bravouröse Vorstellung schmälern. Der Italiener hatte schon im Training sehr schnelle Zeiten vorgelegt und angekündigt, er werde um jeden Preis versuchen, Martinez endlich zu schlagen. Das gelang ihm auch recht eindrucksvoll: im Ziel besaß er über eine halbe Minute Vorsprung.

Gastone Grassetti, Stefan Prein, Miguel Reyes, Corrado Catalano, Adi Stadler, Stefan Dörflinger, Esa Kytola, Alex Bedford, Jörg Seel, Thierry Feuz und Pierpaolo Bianchi schieden durch Defekte bzw. Stürze aus, und weil auch Gerd Waibel sich einmal hinlegte und Ian McConnachie – der für seinen Heimat-GP eigentlich eine Glanzleistung angekündigt hatte – ebenfalls umschmiß und dabei noch den Japaner Takada mitriß, beschränkten sich die Aktionen auf zwei Positionsgefechte: das eine entschied Domenico Brigaglia vor Julian Miralles für sich und erklomm damit zum ersten Mal in dieser Saison das Siegerpodest; das zweite (um Platz elf) konnte Alfred Waibel vor Hisahi Unemoto und Heinz Lüthi für sich entscheiden. Dazwischen rangierten Kris Galatowicz, Fausto Gresini, Johnny Wickström und Alex Criville auf den Plätzen sechs bis neun, zehnter wurde, wie schon erwähnt, Hans Spaan.

250 cm³: Luca – Prinz Eisenfaust

Am Nürburgring gewann Ezio Gianola das 125er Rennen, und Luca Cadalora fühlte sich dadurch so ›angeheizt‹, daß er es seinem Landsmann gleichtat und die 250er Klasse gewann. Wie sich zeigen sollte, war Gianolas Sieg in Donington auch diesmal das denkbar beste Omen für den Agostini-Fahrer: Luca Cadalora legte den perfekten Start hin

(die Startschwierigkeiten der Yamaha kurierten er und Garriga, indem sie die Mikuni-Vergaser gegen Keihin – eine Honda-Tochter – wechselten) und ging als erster in die erste Kurve, forcierte sein Tempo dann so gewaltig, daß er binnen kurzem ganz allein an der Spitze lag und nutzte das hervorragende Fahrverhalten seiner Maschine zu derart fulminantem Vorwärtskommen, daß niemand ihm den Sieg streitig machen konnte. Erst in den letzten sechs, sieben Runden ließ Cadalora ein wenig locker – sein Hinterreifen war ›fertig‹: »Das gehörte zu meiner Taktik, denn ich suchte extra einen Pneu aus, mit dem ich anfangs richtig forcieren konnte, um mich gleich gehörig abzusetzen«.

Auch Dominique Sarron hatte die hundertprozentig richtige Reifenwahl, nämlich eine extrem harte Mischung gewählt. Damit war der französische Rothmans Honda-Pilot anfangs zwar etwas benachteiligt, doch als die weichen Reifen seiner Konkurrenten anfingen nachzulassen, machte er Terrain gut. Zuerst löste er sich aus dem Kampfgeschwader Roth, Cornu und Ruggia, das sich um den vierten Platz stritt, und hetzte dann hinter Juan Garriga und Sito Pons her, die hinter Cadalora die Plätze zwei und drei okkupierten. Die beiden Spanier sahen bald ein, daß sie gegen Sarron machtlos waren, ließen ihm den Vortritt und konzentrierten sich auf ihr eigenes Gefecht. Drei Sekunden nach Cadalora preschte Sarron über die Linie und erklomm damit zum drittenmal hintereinander das Podium.

Pons verhehlte vor dem Rennen nicht, daß er den Lauf in Donington mit äußerstem Respekt betrachte: »Dies ist für die Honda kein idealer Kurs, und ich darf mir keinen Fehler erlauben. Ich versuche, mich anständig zu schlagen...« Das sah am Ende so aus, daß er Garriga mit 13/100 einer Sekunde an vierter Stelle ins Ziel folgte, in der Punktewertung trennten die beiden spanischen Matadore nun nur noch sechs magere Pünktchen. Der Yamaha-Fahrer war mit sei-

nem dritten Platz jedoch keineswegs zufrieden und ärgerte sich, zu weiche Reifen genommen zu haben, mit denen er keine andere Alternative gehabt hätte, als verhalten zu fahren: »Sonst wäre ich gestürzt«.

Reinhold Roth belegte den fünften Platz, eine Sekunde vor Jean-Philippe Ruggia, und war darüber nicht unfroh: »I bin z'friede«. Nicht ganz zufrieden dürfte der HB-Mann dagegen mit der Tatsache gewesen sein, daß sein vierter Tabellenrang durch Cadaloras Sieg beträchtlich gefährdet war: nur noch ein Punkt trennte den Italiener.

Jacques Cornus schnelle Möller-präparierte NSR lahmte diesmal auf beiden Beinen: die Dunlop-bereifte Honda war zwar anfangs im Vorderfeld mit dabei, geriet aber dann deutlich ins Hintertreffen, und der lange Schweizer musste sich mit dem siebten Platz bescheiden. Carlos Lavado mühte sich redlich, seine Venemotos-Yamaha an achter Stelle ins Ziel zu bringen; acht (!) Sekunden hinter dem Venezolaner belegte Shimizu den neunten Rang. Im Kampf um die sechs WM-Punkte für den zehnten Platz unterlag Ivan Palazzese dem Schotten Donnie McLeod und dessen EMC, und hinter Harald Eckl und Stefano Caracchi placierte sich Martin Wimmer auf Rang 15.

Eine Kollision mit Bruno Casanova endete für Manfred Herweh mit einer erzwungenen Lagerung auf satt-grünem englischen Rasen, Casanova allerdings beschuldigte Herweh, ihm den Auspuff demoliert zu haben. Loris Reggiani schied mit defektem Motor aus, und Hans Becker blieb noch in der vorletzten Runde auf der Strecke.

500 cm³: Der Musterschüler

Kenny Roberts sagte einmal: »Mit dem Motorrad rennfahren kann man lernen, genauso wie Fußball oder Klavier spielen. Will einer aber sein Instrument virtuos beherrschen, dann braucht er zusätzlich zu seinem Talent Willensstärke, Intelligenz, Disziplin, den gewissen ›Killerinstinkt‹, Durchsetzungsvermögen, Mut und Geduld«. Daß der dreimalige Weltmeister ›King Kenny‹ seinen Fahrern hier in jeder Beziehung ein leuchtendes Vorbild, aber auch in der Lage ist, seine Erfahrung höchst effektiv weiterzugeben, wurde in Donington lehrbuchmäßig bestätigt. Denn Wayne Rainey schlug hier seine gesamte Konkurrenz inklusive des alten und des neuen Weltmeisters, gewann seinen ersten Grand Prix und bestätigte sich endgültig als Kronprinz von ›König‹ Roberts.

Vom Start bis zum Ziel führte der blonde 27jährige Kalifornier, ab der fünften Runde sogar überlegen. Da nämlich unterlief seinem Namensvetter Gardner ein Regiefehler, als er sich am Ende der Geraden verbremste und zwei Plätze verlor. Gardner brauchte sechs Runden, um wieder an zweite Position vorzudringen, aber da war ihm die Lucky Strike schon so weit enteilt, daß an ein Einholen nicht mehr zu denken war.

Gleich in der ersten Runde kam das Aus für Kevin Schwantz: beim Anbremsen der Schikane griff er ins Leere – seine Bremse war absolut wirkungslos. Im Fall riß er Ron Haslam mit um und zwang Kevin Magee zu einem schnellen Ausweichmanöver; der Australier verlor ›nur‹ ein paar Plätze, aber bis Haslam seine Elf wieder fahrbereit hatte, war er fast letzter – tapfer setzte er dennoch das Rennen fort und holte noch die zwei Punkte für den 14. Platz, eine Leistung, die ihm zwar das Publikum mit frenetischen Ovationen honorierte, nicht aber Serge Rosset, denn der präsentierte ihm seine Entlassung aus dem Elf-Team. Schwantz wurde auf der Trage abtransportiert, doch stellte sich seine Verletzung als unkomplizierte Fleischwunde heraus, die nur genäht werden musste.

Hinter Rainey und Gardner verbissen sich Christian Sarron und Niall Mackenzie in ein Duell um Platz drei, das sie bis fast zum Ende durchfochten, als der

Wayne Gardner wollte in Donington unbedingt siegen

Franzose mit seiner Yamaha der HB-Honda des Schotten etwas davonzog und sich mit drei Sekunden vor ihm den dritten Platz unter den Nagel riß. Und wo war Lawson? Er kämpfte gleich mit zwei Problemen: erstens hatte er sich nicht von der Reifenwahl seines Stallgefährten Cadalora inspirieren lassen und einen zu weichen Pneu gewählt. Das allein aber hätte nicht gerechtfertigt, daß er wie ein Zweitligist an neunter Stelle aus der ersten Runde zurückkam, nach vier Runden erst an siebte Stelle vorgedrungen war und sich dort mit seinem eigenen Teamkollegen Didier DeRadigues herumschlagen musste. Bis zur Halbdistanz schaffte er es immerhin, sich den sechsten Platz zu erobern, aber den machte ihm dann Magee streitig und schließlich auch abspenstig. Rauchend vor Zorn und Enttäuschung übergab Lawson nach der Zieldurchfahrt die Maschine seinem Mechaniker und beschwerte sich dann bei Cheftechniker

Kel Carruthers, daß sein Motor nicht im entferntesten dieselbe Leistung gebracht habe wie im Training. Nun ist gerade Carruthers bekannt für seine hervorragende Arbeit, in all den Jahren unterlief ihm kaum ein Fehler, aber diesmal offenbar doch – ein Lawson wird nicht grundlos nur sechster.

Didier DeRadigues, Pierfrancesco Chili und Roger Burnett bildeten ein Kampftrio um Platz sieben, bei dem der Brite auf der NSR des verletzten Yatsushiro am Ende etwas den Anschluß verlor, weil er beim Passieren überrundeter Fahrer nicht so glatt vorbeikam.

Auch die zweite Suzuki unter Rob McElnea fiel einem Bremsdefekt zum Opfer, der Brite schaffte es allerdings, 22 Runden durchzustehen – dann büßte er seinen zehnten Platz ein, als er fast an der gleichen Stelle zu Fall kam wie Schwantz. Raymond Roche gab eine Runde vorher auf, nachdem ihn Norihiko Fujiwara (der japanische 500er Meister auf Yamaha) gerammt hatte und ließ dann kein gutes Haar mehr an Fahrern aus dem Land der aufgehenden Sonne: »Immer, wenn mir einer nahe kommt, sehe ich nur noch Sterne!« Tadahiko Taira, der Roche in Imola ›abgeschossen‹ hatte, belegte nach gleichförmiger Fahrt den zehnten Platz, und Randy Mamola wurde hinter ihm elfter: »Ich habe am Start die Kupplung fast verbrannt«.

Sieben Sekunden vor Gardner holte sich Wayne Rainey seinen ersten Grand Prix-Sieg und schäumte dann vor Freude über wie der Champagner bei der obli-

gaten Dusche: »Die Maschine lief echt super, und mein hinterer Reifen war fantastisch – je härter ich ihn drosch, desto besser ging er. Beim Beschleunigen hatte ich null Schlupf, der uns sonst viele Probleme macht. Und gehalten hat er bis zum letzten Meter – wirklich toller Rubber, meine Dunlops«.

Gespanne: Home, sweet home

Die Engländer hatten das Glück, einen der spannendsten Dreirad-Wettbewerbe der Saison erleben zu können. Gleich in

der ersten Runde in der ersten Kurve drehte sich das Gespann des Japaners Yoshisada Kumagaya, kreiselte in das von Steve Abbott/Shaun Smith hinein, die widerum die Zurbrüggs touchierten und von der Strecke zwangen. Die Schweizer gaben jedoch nicht auf, kämpften sich tapfer über die Distanz und wurden noch neunte. Abbott schied nach zwei Runden aus, Kumagaya mit seinem britischen Passagier Barlow belegte Platz elf.

An der Spitze gab es vom Start weg den üblichen Dreikampf, diesmal waren es Streuer/Schnieders, die Biland/Walti-

---

Klasse 125 cm³			24 Runden = 96,55 km
1. Ezio Gianola	Italien	Honda	42.42,42 = 135,66 km/h
2. Jorge Martinez	Spanien	Derbi	43.14,39
3. Domenico Brigaglia	Italien	Rotax	43.20,58
4. Julian Miralles	Spanien	Honda	43.23,07
5. Alan Scott	USA	Honda	43.23,20
6. Kris Galatowicz	Großbritannien	Honda	43.30,28
7. Fausto Gresini	Italien	Garelli	43.38,38
8. Johnny Wickström	Finnland	Honda	43.41,77
9. Alex Criville	Spanien	Derbi	43.43,20
10. Hans Spaan	Niederlande	Honda	43.43,71
11. Alfred Waibel	Deutschland	Waibel	43.56,35
12. Hisahi Unemoto	Japan	Honda	43.56,56
13. Heinz Lüthi	Schweiz	Honda	43.56,62
14. Bady Hassaine	Tunesien	Honda	43.59,54
15. Lucio Pietroniro	Belgien	Honda	44.00,44

16. M. Herreros (E) Derbi; 17. J. Bolart (E) JJ Cobas; 18. J. Hautaniemi (SF) Honda; 19. I. McConnachie (GB) Cagiva; 20. G. Waibel (D) Honda; 23. H. Abold (D) Honda; weitere vier Fahrer im Ziel; elf Fahrer nicht klassifiziert.

Schnellste Runde: Ezio Gianola (Honda) in 1.45,76 min = 136,94 km/h (Rekord)

Stand der Weltmeisterschaft		Pkt.
Martinez	Derbi	157
Gianola	Honda	140
Spaan	Honda	82
Miralles	Honda	72
Brigaglia	Rotax	67
Grassetti	Honda	61
G. Waibel	Honda	52
Stadler	Honda	49
Prein	Honda	44
Pietroniro	Honda	41
Unemoto	Honda	40
Reyes	Cagiva	34
Scott	Honda	31
Herreros	Derbi	30
Takada	Honda	25

Trainingszeiten

Gianola 1.45,60; Martinez 1.46,17; Bedford 1.46,29; Brigaglia 1.46,71; Spaan 1.46,79; Catalano 1.47,11; Miralles 1.47,34; Scott 1.47,35; Pietroniro 1.47,37; Stadler 1.47,53; Galatowicz 1.47,64; Grassetti 1.47,75; Unemoto 1.47,81; Takada 1.47,88; Prein 1.47,93.

Klasse 250 cm³			26 Runden = 104,60 km
1. Luca Cadalora	Italien	Yamaha	43.16,38 = 145,04 km/h
2. Dominique Sarron	Frankreich	Honda	43.19,84
3. Juan Garriga	Spanien	Yamaha	43.21,55
4. Alfonso Pons	Spanien	Honda	43.21,68
5. Reinhold Roth	Deutschlaand	Honda	43.31,99
6. Jean-Philippe Ruggia	Frankreich	Yamaha	43.32,72
7. Jacques Cornu	Schweiz	Honda	43.40,52
8. Carlos Lavado	Venezuela	Yamaha	43.50,04
9. Masahiro Shimizu	Japan	Honda	43.58,34
10. Donnie McLeod	Großbritannien	EMC	44.00,92
11. Ivan Palazzese	Venezuela	Yamaha	44.01,35
12. Carlos Cardus	Spanien	Honda	44.07,34
13. Harald Eckl	Deutschland	Aprilia	44.18,54
14. Stefano Caracchi	Italien	Honda	44.20,37
15. Martin Wimmer	Deutschland	Yamaha	44.23,35

16. B. Casanova (I) Aprilia 44.23,57; 17. A. Auinger (A) Aprilia 44.23,95; 18. W. Zeelenburg (NL) Yamaha 44.31,82; 19. J. Schmid (D) Honda 44.37,84; 20. U. Jucker (CH) Yamaha 44.58,59; weitere fünf Fahrer im Ziel; neun Fahrer nicht klassifiziert.

Schnellste Runde: Juan Garriga (Yamaha) in 1.38,87 min = 146,48 km/h (Rekord)

Stand der Weltmeisterschaft		Pkt.
Pons	Honda	179
Garriga	Yamaha	173
Cornu	Honda	151
Roth	Honda	122
Cadalora	Yamaha	121
Sarron	Honda	115
Mang	Honda	87
Ruggia	Yamaha	82
Shimizu	Honda	58
McLeod	EMC	46
Cardus	Honda	40
Wimmer	Yamaha	34
Lavado	Yamaha	31
Reggiani	Aprilia	31
Herweh	Yamaha	30

Trainingszeiten

Garriga 1.38,22; Cadaloa 1.38,49; Lavado 1.38,70; Sarron 1.38,91; Pons 1.39,25; Ruggia 1.39,32; Roth 1.39,40; Cornu 1.39,44; Palazzese 1.39,66; Cardus 1.39,99; McLeod 1.40,08; Wimmer 1.40,23; Casanova 1.40,51; Reggiani 1.40,54; Casoli 1.40,57.

sperg und Webster/Hewitt eskortierten. Wie ein wildgewordener Lindwurm flitzten die drei Fahrzeuge um die Strecke, ständig die Positionen wechselnd. Streuer riß in der elften Runde die Führung an sich, wurde dann aber deutlich langsamer und vermochte nur noch den fünften Platz zu retten: Trouble mit der Zündung. Biland – der im Training wieder einmal eine Fabelzeit vorgelegt und damit nicht wenig Frust bei seiner Konkurrenz erzeugt hatte – hetzte Webster wie einen Hasen, wobei der Brite jeden Moment damit rechnete, daß Biland ihm endlich den entscheidenden ›Fang-

biß‹ geben würde. Drei Runden vor dem Ziel konnte Webster es fast nicht glauben, daß Bilands Angriff immer noch auf sich warten ließ, er sah sich um – und konstatierte, daß der Schweizer in Schwierigkeiten war. Biland vermochte das Tempo nicht mehr zu halten und folgte Webster mit zwei Sekunden Abstand über die Ziellinie. Während sich die Briten auf ihrer Ehrenrunde im überschwenglichen Beifall ihrer Landsleute sonnten, erklärte Biland sein Problem mit nachlassender Bremswirkung. Nach Streuers Abschied von der Spitze übernahmen Michel/Fresc den dritten

Platz und hielten ihn bis ins Ziel. Eine sehr gute Leistung boten auch wieder Markus und Urs Egloff, die sich von ihrem anfänglichen neunten Platz bravourös nach vorn schoben und sich den vierten Platz eroberten. Hinter Kumano/Fahrni und Jones/Brown belegten die Stölzles den achten Platz, und ein weiteres deutsches Gespann etablierte sich an zehnter Stelle: Horst Scherer und Thomas Schröder. Altmeister Rolf Steinhausen und Bruno Hiller ließ auch diesmal der Ausfallteufel nicht aus den Klauen: Kettenriß.

Klasse 500 cm³

30 Runden = 120,69 km

1. Wayne Rainey	USA	Yamaha	48.33,67 = 149,13 km/h
2. Wayne Gardner	Australien	Honda	48.40,64
3. Christian Sarron	Frankreich	Yamaha	48.42,45
4. Niall Mackenzie	Großbritannien	Honda	48.45,51
5. Kevin Magee	Australien	Yamaha	49.10,42
6. Eddie Lawson	USA	Yamaha	49.14,64
7. Didier DeRadigues	Belgien	Yamaha	49.25,03
8. Pierfrancesco Chili	Italien	Honda	49.25,48
9. Roger Burnett	Großbritannien	Honda	49.26,06
10. Tadahiko Taira	Japan	Yamaha	49.55,51
11. Randy Mamola	USA	Cagiva	50.06,12
12. Norihiko Fujiwara	Japan	Yamaha	50.09,57
13. Mike Baldwin	USA	Honda	29 Runden
14. Ron Haslam	Großbritannien	Elf Honda	29 Runden
15. Fabio Biliotti	Italien	Honda	29 Runden

16. P. Igoa (F) Yamaha; 17. E. Laycock (IRL) Honda; 18. B. Barchitta (I) Honda; 19. D. Amatriain (E) Honda; 20. M. Gentile (CH) Fior; weitere fünf Fahrer im Ziel; acht Fahrer nicht klassifiziert.

Schnellste Runde: Christian Sarron (Yamaha) in 1.36,21 min = 150,54 km/h (Rekord)

Stand der Weltmeisterschaft

		Pkt.
Lawson	Yamaha	195
Gardner	Honda	175
Rainey	Yamaha	163
Sarron	Yamaha	123
Magee	Yamaha	118
DeRadigues	Yamaha	104
Schwantz	Suzuki	100
Mackenzie	Honda	89
Chili	Honda	81
McElnea	Suzuki	64
Yatsushiro	Honda	57
Haslam	Elf Honda	54
Mamola	Cagiva	52
Igoa	Yamaha	31
Taira	Yamaha	23

Trainingszeiten

Gardner 1.35,09; Lawson 1.39,64; Sarron 1.35,74; Mackenzie 1.36,04; Rainey 1.36,17; Mamola 1.36,33; DeRadigues 1.36,52; Taira 1.36,89; Burnett 1.37,01; Haslam 1.37,18; Magee 1.37,34; Schwantz 1.37,40; McElnea 1.37,43; Chili 1.37,56; Roche 1.38,41.

Klasse Gespanne

24 Runden = 96,55 km

1. S. Webster/T. Hewitt	Großbritannien	LCR Krauser	40.39,56 = 142,49 km/h
2. R. Biland/K. Waltisperg	Schweiz	LCR Krauser	40.41,67
3. A. Michel/J.-M. Fresc	Frankreich	LCR Krauser	40.55,75
4. M./U. Egloff	Schweiz	LCR ADM	41.08,04
5. E. Streuer/B. Schnieders	Niederlande	LCR Yamaha	41.09,81
6. M. Kumano/M. Fahrni	Japan/CH	LCR TEC	41.25,50
7. D. Jones/P. Brown	Großbritannien	LCR Yamaha	41.42,55
8. F./H. Stölzle	Deutschland	LCR KRauser	41.56,24
9. A./M. Zurbrügg	Schweiz	LCR Yamaha	41.59,02
10. B. Scherer/T. Schröder	Deutschland	BSR Krauser	42.04,00
11. Y. Kumagaya/B. Barlow	Japan/GB	Windle Yam	42.23,11
12. G. Thomas/E. Rösinger	Großbritannien	DLCR IMI	23 Runden
13. J. Millet/C. Debroux	Frankreich	Elf GDF	23 Runden
14. A. Bosman/D. Kellet	Australien	LCR Yamaha	23 Runden
15. C. Stirrat/S. Prior	Großbritannien	LCR	23 Runden

Weitere zwei Gespanne im Ziel; sieben Gespanne nicht klassifiziert.

Schnellste Runde: R.Biland/K.Waltisperg (LCR Krauser) in 1.40,05 min = 144,76 km/h (Rekord)

Stand der Weltmeisterschaft

	Pkt.
Biland/Waltisperg	137
Webster/Hewitt	116
Michel/Fresc	69
Streuer/Schnieders	65
Zurbrügg/Zurbrügg	55
Jones/Brown	54
Egloff/Egloff	53
Abbott/Smith	48
Brindley/Rose	46
Kumano/Fahrni	38
Scherer/Schröder	38
Kumagaya/Barlow	34
Stölzle/Stölzle	33
Van Kempen/Birchall	32
Stropek/Demling	30

Trainingszeiten

Biland 1.37,18; Webster 1.39,05; Egloff 1.39,32; Streuer 1.40,03; Michel 1.40,25; Kumano 1.40,69; Jones 1.41,28; Zurbrügg 1.41,75; Kumagaya 1.41,82; Steinhausen 1.41,90; Abbott 1.42,17; Stropek 1.42,36; Brindley 1.42,37; Nigrowsky 1.42,47; Larratte 1.42,48.

Grand Prix Schweden

Anderstorp, 14. August

Zuschauer: 35 000
Wetter: sonnig, 18 Grad
Streckenlänge: 4,031 km

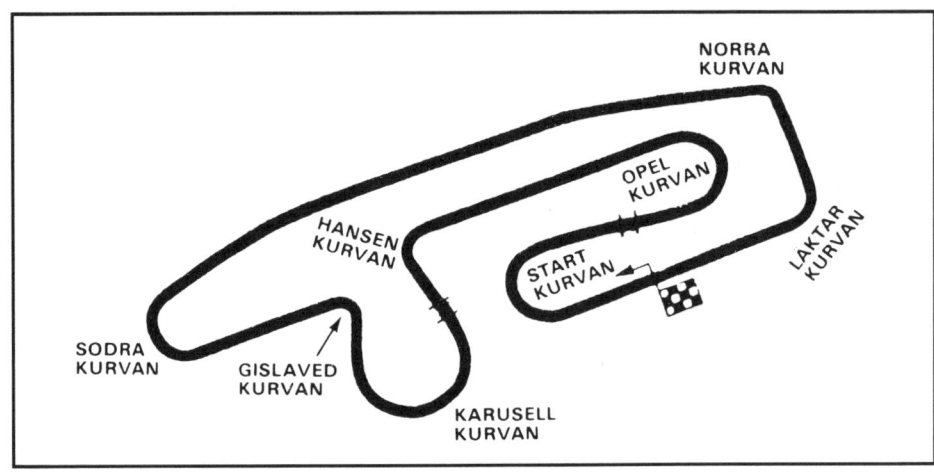

Auf Anraten seines Arztes fuhr Toni Mang auch in Schweden nicht, und mittlerweile war es ein offenes Geheimnis, daß er die restlichen Läufe nicht mehr bestreiten würde. Der Weltmeister hatte sich von Honda-Deutschland und Sponsor Rothmans überzeugen lassen, es sei besser, seinen endgültigen Rückzug schon jetzt zu vollziehen – sein Abschneiden in der Weltmeisterschaft spielte keine Rolle mehr – und seine Maschinen zwei jungen Fahrern zur Verfügung zu stellen: Helmut Bradl und Jochen Schmid. Den letzten europäischen Grand Prix in der Tschechoslowakei und die beiden südamerikanischen Läufe sollten die beiden (die derzeit die deutsche Meisterschaft anführen) dann mit dem Werksmaterial bestreiten und dabei unter der Anleitung von Toni Mang ihr Talent und Können unter Beweis stellen. Für den 26jährigen Bayern

Bradl und den 25jährigen Schwaben Schmid bedeutete dies die große Chance – winkte ihnen doch die Möglichkeit, nächstes Jahr als Honda-Werksfahrer in Toni Mangs Fußstapfen zu treten.
Toni Mang lud inzwischen (für die Woche nach dem Schweden-Grand Prix) zur Pressekonferenz auf den Salzburgring, wo er einst seine Karriere begann und wo er nun seinen Rücktritt bekannt geben, gleichzeitig aber auch in seine Zukunft als Teammanager überleiten wollte.
Auch Manfred Herweh fehlte in Anderstorp: der Lampertheimer litt an einer Nierenbeckenentzündung und konnte deshalb in Schweden nicht auf Punktejagd gehen.
Einem ›Jagdunfall‹ fiel im Freitag-Training Jacques Cornu zum Opfer. Bei einem Sturz brach sich der lange Schweizer das Schlüsselbein, flog sofort nach

Genf zu einem Spezialisten, brauchte sich aber nicht operieren zu lassen, sondern konnte mit einem starken Verband am Samstag wieder nach Schweden düsen. Und weil es während der beiden Trainingstage fast dauernd geregnet hatte, war seine achtschnellste Zeit (die er im ersten, dem einzigen trockenen Training erreicht hatte) unangetastet geblieben, und der Parisienne-Fahrer durfte hoffen, mit wenigstens einigen Punkten seinen dritten Tabellenplatz konservieren zu können.
Aber nicht nur Cornu stürzte im Training, auch Juan Garriga, Luca Cadalora, Carlos Lavado und Carlos Cardus hatten Absitzer zu verkraften. Dominique Sarron sah sich deshalb zu besonderer Wachsamkeit veranlaßt: »Das ist gefährliches Pflaster hier – andauernd kugelt einer vor dir auf der Piste herum. So viele meiner Kollegen sind schon abge-

160

Verregnetes Training in Anderstorp

segelt, ich hab' direkt einen Horror gekriegt«.

Eine Gänsehaut mochte er auch bekommen haben, als er seinen Landsmann Jean-Philippe Ruggia beobachtete, der sich mit unbeschreiblichem Wagemut die zweitschnellste Trainingszeit eroberte und mit seiner TZ immerhin neun Leute mit Werksmaterial blamierte.

Seit Jahren fand in Anderstorp der 250er Lauf am Samstag statt, um am Sonntag noch ein Rahmenprogramm durchzuziehen und dem Publikum ein komplettes ›Renn-Wochenende‹ anbie-

ten zu können. Doch das Publikum kam in immer geringerem Umfang zu der Rennstrecke in Småland, und weil auch das schwedische Fernsehen den WM-Lauf ignorierte (letztes Jahr wurde zum ersten Mal eine Übertragung ermöglicht), geriet der Schweden-GP bei den Sponsoren in Verruf. Aber auch die Fahrer übten immer lautere Kritik: der Belag der Strecke ist unzumutbar holprig und so oft und so schlecht ausgebessert, daß man nur von Flickschusterei sprechen kann, die Boxenanlage ist völlig veraltet und zudem unsinnig falsch

plaziert (nämlich fast zwei Kilometer von Start und Ziel entfernt), und im Fahrerlager herrschen spartanische Zustände. In diesem Jahr nun erzwang die Team-Vereinigung IRTA die Verlegung des 250er Rennens auf Sonntag und die Übertragung im Fernsehen, kündigte aber schon an, den Schweden-GP im nächsten Jahr zu boykottieren, falls nicht endlich Strecke, Boxen und Paddock einer umfassenden und gründlichen Renovierung unterzogen würden. Paul Butler, Team-Koordinator bei Lucky Strike: »Ich sehe schwarz für An-

Ezio Gianola

derstorp. Wenn sich hier nicht Entscheidendes tut, wird es 1989 keinen Grand Prix mehr geben – kein Sponsor hat Interesse an einer Veranstaltung an einem Ort, der Publicity-mäßig mit dem Mond zu vergleichen ist. Wir haben sowieso viel zu viele Läufe und wollen die Anzahl von 16 auf maximal 14, besser sogar nur zwölf, reduzieren. Anderstorp ist einer der unattraktivsten Grand Prix-Läufe überhaupt, und wenn die IRTA sich durchsetzt, wird er aus dem FIM-Kalender gestrichen«.

Die Fahrer dagegen kommen nicht ungern nach Schweden, und auch der Kurs von Anderstorp mit seiner langen Gerade (die sonst als Runway des kleinen Provinz-Airports dient) und den simpel aussehenden, aber schwierig zu meisternden Kurven ist durchaus nicht unbeliebt. Immerhin wurden in Anderstorp mehr Weltmeisterschaften entschieden als auf irgend einem anderen Kurs, das verhalf der schwedischen Strecke zu einem ganz besonderen Stellenwert.

Wayne Gardner hatte sich nach der Enttäuschung von Donington (»Ich wollte dort unbedingt siegen!«) wieder neu mo-

tiviert: »Ich gebe niemals auf! Ich will hier gewinnen, denn ich besitze noch immer eine Chance, meinen Titel zu behalten. Ich bin nur 20 Punkte hinter Eddie, und noch liegen vier Rennen vor uns – er gerät immer mehr in die Defensive«.

Doch so drohend der Australier auch mit dem Säbel rasselte, Lawson zeigte sich gewappnet: »Ich schiebe jetzt alles beiseite und konzentriere mich voll auf die letzten paar Rennen. Erst der Titel, dann denke ich weiter«. In der ihm eigenen Art sonderte sich der Kalifornier konsequent ab, wohnte sogar im Hotel und verließ sein Motorhome im Fahrerlager nur in voller Rüstung mit Helm und geschlossenem Visier. Trotzdem wurde sichtbar, daß Eddie Lawson in seinem Team Probleme hatte. Während er zum Beispiel im Marlboro-Hospitality seinen mittäglichen Teller Pasta verzehrte, wechselte er nicht ein Wort mit Giacomo Agostini. Und während der Trainings-Sessions blickte er durch Kel Carruthers quasi ›hindurch‹ und wandte sich ausschließlich an seinen italienischen Mechaniker. Mangelnde Kommunikation mit seinem Teamchef Agostini hatte Lawson schon öfter, warum aber jetzt auch mit Carruthers? Lawson: »Ich hatte immer geglaubt, Kel und ich besäßen eine ganz besondere Verbindung. Darin habe ich mich offenbar getäuscht, denn hier wird davon getuschelt, daß ich jetzt zu alt werde und ein neuer junger Fahrer her muß. Aber niemand hält es für notwendig, einmal mit mir darüber zu reden. Außerdem ist Kel sauer, weil ich mich in Donington beschwert habe, daß mein Motor im Rennen keine Leistung mehr hatte«.

Den ›Neuen‹ sahen Giacomo Agostini und speziell wohl auch Kel Carruthers (dessen Zukunft im Team Marlboro ja nur durch einen potentiellen Sieger dauerhaft gesichert ist) offenbar in Kevin Schwantz. Der Texaner bekam inzwischen mehrere Offerten (von HB-Stappert, HRC, Elf-Rosset und Agostini), doch scheiterten sie alle entweder an

seiner Gagenforderung oder an seinem Wunsch, Nummer eins im Team zu werden.

Die Maschine mit der Startnummer eins, die Rothmans-Honda von Wayne Gardner, stand im ersten (und wie sich zeigen sollte, im einzigen trockenen) Training am Freitag vormittag zur Unzeit an einen Strohballen gelehnt auf der Strecke, ihr Fahrer ging zu Fuß zurück an die Boxen, mit verkniffener Miene und blutender Hand, wo er sich bei seinem Sturz ein Stück Haut abrasiert hatte: »Shit-Tyre! Rutschte einfach weg, war wohl noch zu kalt«. Gardner trainierte am Nachmittag wieder, erreichte aber nur die 13. Zeit und klagte über Schmerzen im Rücken, den er sich stark geprellt hatte.

Auch Rob McElnea, Didier DeRadigues, Norihiko Fujiwara und Patrick Igoa machten im Training unliebsame Bekanntschaft mit schwedischem Boden; Igoa fügte sich dabei solche Prellungen zu, daß er auf das Rennen verzichtete. Randy Mamola hoffte – wieder einmal – auf Regen zum Rennen. »Wenn es regnet, mach' ich sie alle fertig«, brüstete er sich, hatte sich aber zu früh gefreut, denn am Sonntag war der Himmel klar, und es schien die Sonne.

125 cm³: Martinez on the rocks

Ezio Gianola hat sich längst damit abgefunden, gegen die Derbi von Jorge Martinez nur eine stumpfe Waffe ins Feld führen zu können, sekkierte den Spanier aber dennoch ohne nachzulassen. Vom Start weg führte der junge Italiener, und Martinez ließ ihn vor sich, so lange es ihm ratsam schien. Gianola revanchierte sich, indem er Martinez umtollte wie ein rasender Spaniel – bis Martinez dem Treiben ein Ende machte, sich eiskalt an der Honda vorbeischob und drei Meter vor Gianola über die Ziellinie flitzte. Mit diesem achten Lauf-Sieg sicherte sich Jorge Martinez endgültig den Weltmeisterschaftstitel, den zweiten in diesem Jahr und insgesamt seinen vierten. Angel Nietos Schützling Julian Miralles lieferte sich ein tolles Gefecht mit Hans Spaan um Platz drei und schlug den Niederländer clever um Haaresbreite. Prächtig manövrierte Adi Stadler an fünfter Stelle und sicherte sich dabei so ab, daß ihm niemand gefährlich werden konnte. Bady Hassaine, Johnny Wickström und Lucio Pietroniro stritten sich hektisch um den sechsten Platz, anfangs sogar noch mit Damenbegleitung – nämlich die der Finnin Taru Rinne, die erst aufsteckte, als ihr der Auspuff brach; sie fiel dann auf den 25. Platz zurück. Zwei Sekunden hinter dem Dänen Kistrup und im Clinch mit dem Schweizer Lüthi belegte Stefan Prein den zehnten Platz; die beiden Japse Takada und Unemoto wurden zwölfter bzw. dreizehnter, und Domenico Brigaglia holte sich – gehandicapt nach einem Sturz im Training – die zwei Punkte für den 14. Rang. Gerd Waibel wurde nur sechzehnter, weil er nach schlechtem Start keinen Rythmus fand.

Die beiden Cagiva unter Bianchi und McConnachie schieden nach Motordefekten aus; die beiden Garelli unter Gresini und Reyes durch Getriebedefekt bzw. Sturz; Gastone Grassetti stürzte ebenfalls, und Corrado Catalano stellte seine Aprilia mit defektem Auspuff ab.

250 cm³: Spanischer Bürgerkrieg

Gleich zu Beginn des Rennens reduzierte sich das Feld um drei Mann: Urs Jucker, Jochen Schmid und Alberto Puig mussten nach einer Karambolage ausscheiden. An der Spitze bewegte sich ein Quintett, angeführt von Luca Cadalora, dem Reinhold Roth, Sito Pons, Juan Garriga und Dominique Sarron folgten. Der Italiener verteidigte seine Führungs-Position nur zwei Runden lang, dann bolzten die beiden Spanier an ihm vorbei und lieferten sich anschließend eine so rabiate Auseinanderset-

Wayne Gardner mit Teamchef Jerry Burgess und seinem Lieblingsmechaniker Wilf Needham

IRTA-Präsident Métraux, Giacomo Agostini, Sito Pons und Santiago Rabasa besprechen die Absage des Argentinien-GP

zung, daß man nur noch von ›Krieg‹ sprechen konnte. Garriga setzte Pons einem derart erbarmungslosen Trommelfeuer aus, daß der sich am Ende gewzungen sah, das Gefecht mit einem rigorosen Gegenschlag zu entscheiden: in der letzten Kurve knallte er seinem Erzrivalen ›die Tür zu‹ und schmetterte damit eine letzte Attacke des Yamaha-Piloten ab.

Cadalora kostete ein Sturz in der neunten Runde den dritten Platz; Roth und Sarron aber jagten hinter den beiden spanischen Kontrahenten her und ließen sie nicht entkommen. In die letzte Runde ging der HB-Kämpe vor dem Rothmans-Streiter, doch verließ ihn – wohl in der Erinnerung an seinen Sturz im Vorjahr an gleicher Stelle – im entscheidenden Moment die Kaltschnäuzigkeit, er

Jacques Cornu passiert Donnie McLeod auf der 250 cm³-EMC

zögerte einen winzigen Moment am Gas, und Sarron huschte vorbei. Zum vierten Mal hintereinander sicherte sich der Franzose damit einen Platz unter den ersten drei, und für die WM-Wertung zahlte sich das lukrativ aus: er rückte vor auf den fünften Tabellenplatz.

In der fünften Runde schied Hans Lindner nach Sturz aus, und in der zehnten erwischte es Jacques Cornu: als vor ihm Masahiro Shimizu an sechster Stelle stürzte, hatte der lange Schweizer keine andere Alternative, als eine Vollbremsung zu machen und dann ins Grüne zu trudeln, wo er zu Fall kam, sich aber wenigstens nicht neu schadete. Loris Reggiani kostete ein Kurbelwellenlagerdefekt in der 15. Runde den sechsten Platz, und Carlos Lavado und Donnie McLeod schmissen wertvolle WM-Punkte über den Jordan, als sie sich (in der 21. bzw. 22. Runde) hinlegten. Carlos Cardus steuerte seine Ducados-Honda auf den fünften Platz und bewies damit, daß er nach seinem schweren Sturz nun wieder imstande ist, vorn mitzufahren. Auch Ivan Palazzese hat seinen Sturz in Belgien ›weggesteckt‹ und prunkte mit seiner privaten Yamaha auf

dem sechsten Platz, sicher vor Ruggia, der hinter dem Venezolaner siebter wurde. Gustl Auinger eroberte sich mit Bravour den achten Rang und hinter ihm plazierten sich Baldé, Martin Wimmer, Helmut Bradl, Wilco Zeelenburg und die beiden Italiener Caracchi und Vitali.

500 cm³: Schwedenbitter

Wayne Rainey absolvierte einen perfekten Start und zischte wie ein Torpedo an die Spitze des Feldes, in seinem Schlepp Didier DeRadigues, Christian Sarron, Wayne Gardner, Eddie Lawson, Niall Mackenzie, Piero Chili, Roger Burnett, Randy Mamola und Kevin Magee. In der zweiten Runde passierte Lawson hinter Rainey als zweiter, hinter ihm lauerte Gardner. In die dritte Runde preschte die rote Marlboro-Yamaha in Führung liegend, aber Gardner war nach einem Schaltfehler an vierte Stelle zurückgefallen – und damit war das Rennen praktisch schon ›gelaufen‹. Zwar gelang es dem Rothmans-Honda-Fahrer, sich bis zur vierten Runde wieder an zweite Position vorzuarbeiten,

aber Lawson war schon so weit voraus, daß an ein Einholen nicht zu denken war; Gardner mußte sich damit abfinden, 13 Sekunden hinter seinem Erzrivalen als zweiter ins Ziel zu kommen. Wayne Rainey verteidigte seinen dritten Platz bis zur neunten Runde, als Sarron ihn unter Beschuß nahm. Wenig später verdrängte ihn auch noch Mackenzie, und nach der Zieldurchfahrt, an fünfter Stelle, erklärte der blonde Kalifornier, seine Reifen, die in Donington so super gewesen seien, hätten hier nicht die Bohne getaugt. Sein Lucky Strike-Teamkamerad Magee dagegen war nicht unzufrieden: »Ich hab' anfangs ein paar blöde Fehler gemacht, aber als ich meinen Rhythmus gefunden katte, lief's nicht schlecht«.

Mackenzie und Sarron lieferten sich ab der zehnten Runde ein prächtiges Duell um den dritten Platz, das der Gauloises-Pilot am Ende ganz souverän für sich entscheiden konnte, weil die Reifen der HB-Honda stark nachließen, wie der Schotte monierte.

Ein weiteres Duell gab es zwischen De-Radigues und Burnett um Platz sieben. Der englische Ersatz für den verletzten Yatsushiro hatte am Abend vor dem Rennen noch gemeint, er werde morgen fahren wie noch nie, hatte jedoch offensichtliche Mühe mit dem Belgier und mußte sich ihm mit drei Sekunden geschlagen geben. Hinter Burnett quälte sich Chili mit seiner für Regen eingestellten Maschine ab, versuchte einige Angriffe auf die Rothmans-Honda und vermochte sich in der letzten Runde tatsächlich noch vor sie zu schieben, geriet beim Überrunden zweier Konkurrenten aber so in die Zwickmühle, daß er ausrutschte – und futsch war der achte Rang.

Randy Mamola lief nach konstanter Fahrt an zehnter Stelle ein: »Mehr war heute nicht zu machen – mein Hinterreifen war alles andere als das Optimum«. Immerhin konnte der Cagiva-Akrobat die Elf-Honda Haslams kontrollieren, der eine Sekunde hinter ihm den elften

Ein Sieg mehr und ein Rennen weniger auf Eddie Lawsons Weg zur Weltmeisterschaft

Rang erreichte. Kevin Schwantz behinderte seine in Donington erlittene Beinverletzung doch so, daß er sich nicht überwinden konnte, mehr zu riskieren, und sein Teamkollege Rob McElnea – ebenfalls durch Sturzverletzungen gehandicapt – steuerte seine Suzuki auf Rang 13. Tadahiko Taira wurde 14., und Raymond Roche belegte in respektvoller Entfernung von dem Japaner den 15. Platz.

Auf dem Weg zur Siegerehrung lächelte Eddie Lawson sein 75 Prozent-Lächeln, was bedeutete, daß er ziemlich froh war. »Vor dem Rennen war ich sehr angespannt. Noch vier Rennen und nur 20 Punkte Vorsprung vor Wayne! Ein Ausfall, ein Sturz – und wir wären punktgleich gewesen. Aber jetzt ist die Situation für mich viel besser, ich hab' wieder einen Sieg mehr und ein Rennen weniger, und der Gedanke an den Titel

nimmt endlich realistische Formen an«. Völlig konträr dagegen Wayne Gardners Kommentar: »Wenn es auch so scheint, als sei ich ein ganz abgebrühter Kerl – das stimmt nicht. Ich bin recht sensibel, manchmal sogar weich und schwach. Im Moment geht's mir hundeelend und ich bin fix und fertig. Aber ich werde durchhalten bis zum bitteren Ende«.

**Der Latino
Ezio Gianola
und die
blonde Finnin
Taru Rinne**

Gespanne: Englisch Waltz

Beim vorletzten Lauf der Dreiräder wollte Rolf Biland eigentlich alles klarmachen, doch das blieb dem Schweizer versagt – und so kam am Ende der Saison endlich die Spannung auf, die die Dominanz Bilands bisher verhinderte. Markus und Urs Egloff waren es, die vom Start weg in Führung donnerten, gefolgt von Webster/Hewitt und Biland/Waltisperg. Vier Runden lang examinierte Biland Websters Fahrweise und passierte dann die Briten; wenig später auch seine Landsleute. Doch falls die Egloffs in einer patriotischen Anwand-

---

Klasse 125 cm³

23 Runden = 92,713 km

1. Jorge Martinez	Spanien	Derbi	40.56,47 = 135,873 km/h
2. Ezio Gianola	Italien	Honda	40.56,76
3. Julian Miralles	Spanien	Honda	41.08,12
4. Hans Spaan	Niederlande	Honda	41.08,34
5. Adi Stadler	Deutschland	Honda	41.15,47
6. Bady Hassaine	Tunesien	Honda	41.20,79
7. Johnny Wickström	Finnland	Honda	41.21,35
8. Lucio Pietroniro	Belgien	Honda	41.21,91
9. Flemming Kistrup	Dänemark	Hummel	41.24,19
10. Stefan Prein	Deutschland	Honda	41.26,36
11. Heinz Lüthi	Schweiz	Honda	41.26,79
12. Koji Takada	Japan	Honda	41.30,11
13. Hisahi Unemoto	Japan	Honda	41.32,31
14. Domenico Brigaglia	Italien	Rotax	41.40,62
15. Alan Scott	USA	Honda	41.44,81

16. G. Waibel (D) Honda 41.45,49; 17. S. Dörflinger (CH) Honda 41.50,74; 18. A. Waibel (D) Waibel 41.55,86; 19. R. Milton (GB) Rotax 41.56,06; 20. J-C. Selini (F) Honda 41.57,24; 22. H. Abold (D) Honda 41.58,05; weitere sechs Fahrer im Ziel; neun Fahrer nicht klassifiziert.

Schnellste Runde: Jorge Martinez (Derbi) in 1.45,36 min = 137,733 km/h
Rekordhalter: Fausto Gresini (Garelli) 1.43,79 min (1987)

Stand der Weltmeisterschaft

		Pkt.
Martinez	Derbi	177
Gianola	Honda	157
Spaan	Honda	95
Miralles	Honda	87
Brigaglia	Rotax	69
Grassetti	Honda	61
Stadler	Honda	60
G. Waibel	Honda	52
Prein	Honda	50
Pietroniro	Honda	49
Unemoto	Honda	43
Reyes	Garelli	34
Scott	Honda	32
Herreros	Derbi	30
Takada	Honda	29

Trainingszeiten

Martinez 1.45,83; Gianola 1.45,90; Stadler 1.46,61; Spaan 1.46,66; Lüthi 1.46,67; Miralles 1.46,71; Abold 1.46,87; Gresini 1.47,04; Rinne 1.47,22; Catalano 1.47,53; Hassaine 1.47,63; Grassetti 1.47,67; Pietroniro 1.47,69; Kistrup 1.47,69; Brigaglia 1.47,72.

Klasse 250 cm³

25 Runden = 100,775 km

1. Alfonso Pons	Spanien	Honda	41.27,89 = 145,822 km/h
2. Juan Garriga	Spanien	Yamaha	41.28,19
3. Dominique Sarron	Frankreich	Honda	41.28,56
4. Reinhold Roth	Deutschland	Honda	41.28,80
5. Carlos Cardus	Spanien	Honda	41.45,73
6. Ivan Palazzese	Venezuela	Yamaha	41.56,39
7. Jean-Philippe Ruggia	Frankreich	Yamaha	41.58,17
8. August Auinger	Österreich	Aprilia	42.01,11
9. Jean-Francois Balde	Frankreich	Rotax	42.01,35
10. Martin Wimmer	Deutschland	Yamaha	42.05,57
11. Helmut Bradl	Deutschland	Honda	42.20,18
12. Wilco Zeelenburg	Niederlande	Yamaha	42.23,78
13. Stefano Caracchi	Italien	Honda	42.24,06
14. Maurizio Vitali	Italien	Rotax	42.24,43
15. Jean-Michel Mattioli	Frankreich	Yamaha	42.24,87

16. U. Luzi (CH) Honda 42.30,71; 17. P. Casoli (I) Garelli 42.39,66; 18. B. Casanova (I) Aprilia 42.41,88; 19. A. Bronec (F) Honda 43.06,39; 20. B. Bonhuil (F) Honda 24 Runden; 14 Fahrer nicht klassifiziert.

Schnellste Runde: Reinhold Roth (Honda) in 1.38,38 = 147,506 km/h (Rekord)

Stand der Weltmeisterschaft

		Pkt.
Pons	Honda	199
Garriga	Yamaha	190
Cornu	Honda	151
Roth	Honda	135
Sarron	Honda	130
Cadalora	Yamaha	121
Ruggia	Yamaha	91
Mang	Honda	87
Shimizu	Honda	58
Cardus	Honda	51
McLeod	EMC	46
Wimmer	Yamaha	40
Lavado	Yamaha	31
Reggiani	Aprilia	31
Herweh	Yamaha	30

Trainingszeiten

Cadalora 1.38,24; Ruggia 1.38,71; Garriga 1.38,72; Pons 1.38,92; Roth 1.39,18; Cardus 1.39,34; Eckl 1.39,38; Cornu 1.39,38; Sarron 1.39,43; Shimizu 1.39,51; Reggiani 1.39,53; Lavado 1.39,57; Balde 1.39,71; Palazzese 1.39,96; Wimmer 1.40,20.

lung etwa geplant hatten, Webster aufzuhalten – so erstickte der diesen Plan im Keim und rauschte an ihnen vorbei. Zwei Runden später zeigte Webster seinem Herausforderer Biland, daß sein Fahrzeug kaum weniger schnell war als das des Schweizers und verdrängte ihn von der Spitze. Doch Biland drehte den Spieß sofort wieder um, und Webster ging erneut in Lauerposition. Zwei Runden vor dem Ziel fand es der Brite dann an der Zeit, nochmals eine Attacke auf Biland zu reiten, presste sich vorbei – und wartete anschließend vergeblich auf die Konterattacke des Schweizers, der

seinen Titel nun erst im Finale in Brno holen kann. Nach einem fabelhaften Rennen, das sie von einem ungewöhnlichen 20. Startplatz aus beginnen mussten, weil sie im Training große Probleme hatten, eroberten sich Streuer/Schnieders noch den dritten Platz – nur drei Sekunden hinter den Siegern. Die Egloffs dagegen vermochten ihr Anfangstempo nicht zu halten, mussten Michel/Fresc vorbeilassen und erst recht die Rakete Streuers, schließlich landeten sie 47 Sekunden hinter Webster als fünfte im Ziel. Hinter Kumano/Fahrni, den Zurbrüggs, Kumagaya/Linden und

Jones/Brown belegten Scherer/Schröder den zehnten Platz, waren aber ebenso einmal überrundet wie die Stölzles, die an 13. Stelle einliefen.

Einen schlimm aussehenden Sturz gab es gleich in der zweiten Runde, als Van Kempen/Birchall ihr Dreirad umwarfen, wobei aber beide glimpflich davonkamen: der Beifahrer brach ein Schlüsselbein. Weiterhin vom Pech verfolgt blieben Rolf Steinhausen und Bruno Hiller, denen diesmal ein Getriebedefekt den sechsten Platz vermasselte; mit fünf Runden Rückstand wurden sie noch als 18. und damit letzte gewertet.

Klasse 500 cm³

30 Runden = 120,930 km

1. Eddie Lawson	USA	Yamaha	47.59,28 = 151,200 km/h
2. Wayne Gardner	Australien	Honda	48.12,32
3. Christian Sarron	Frankreich	Yamaha	48.18,62
4. Niall Mackenzie	Großbritannien	Honda	48.22,73
5. Wayne Rainey	USA	Yamaha	48.29,36
6. Kevin Magee	Australien	Yamaha	48.34,73
7. Didier DeRadigues	Belgien	Yamaha	48.47,91
8. Roger Burnett	Großbritannien	Honda	48.50,44
9. Pierfrancesco Chili	Italien	Honda	48.52,61
10. Randy Mamola	USA	Cagiva	48.58,80
11. Ron Haslam	Großbritannien	Elf Honda	48.59,29
12. Kevin Schwantz	USA	Suzuki	49.02,02
13. Rob McElnea	Großbritannien	Suzuki	49.10,88
14. Tadahiko Taira	Japan	Yamaha	49.22,28
15. Raymond Roche	Frankreich	Cagiva	29 Runden

16. F. Barchitta (I) Honda; 17. N. Fujiwara (J) Yamaha; 18. P. Linden (S) Honda; 19. M. Gentile (CH) Fior; 20. B. Kneubühler (CH) Honda; weitere sieben Fahrer im Ziel; fünf Fahrer nicht klassifiziert.

Schnellste Runde: Eddie Lawson (Yamaha) in 1.34,43 min = 153,676 km/h (Rekord)

Stand der Weltmeisterschaft

		Pkt.
Lawson	Yamaha	215
Gardner	Honda	192
Rainey	Yamaha	174
Sarron	Yamaha	138
Magee	Yamaha	128
DeRadigues	Yamaha	113
Schwantz	Suzuki	104
Mackenzie	Honda	102
Chili	Honda	88
McElnea	Suzuki	67
Haslam	Elf Honda	59
Mamola	Cagiva	58
Yatsushiro	Honda	57
Igoa	Yamaha	31
Taira	Yamaha	25

Trainingszeiten

Lawson 1.34,69; Sarron 1.35,37; Rainey 1.35,70; Makkenzie 1.35,86; DeRadigues 1.35,98; Mamola 1.35,98; Burnett 1.36,30; Magee 1.36,44; Chili 1.36,68; Haslam 1.37,07; McElnea 1.37,49; Schwantz 1.37,93; Gardner 1.38,15; Igoa 1.38,89; Gentile 1.39,07.

Klasse Gespanne

23 Runden = 92,713 km

1. S. Webster/T. Hewitt	Großbritannien	LCR Krauser	38.32,47 = 144,333 km/h
2. R. Biland/K. Waltisperg	Schweiz	LCR Krauser	38.33,51
3. E. Streuer/B. Schnieders	Niederlande	LCR Yamaha	38.36,30
4. A. Michel/J-M. Fresc	Frankreich	LCR Krauser	38.52,65
5. M/U. Egloff	Schweiz	LCR ADM	39.20,52
6. M. Kumano/M. Fahrni	Japan/CH	LCR Yamaha	39.51,97
7. A./M. Zurbrügg	Schweiz	LCR Yamaha	39.57,01
8. Y. Kumagaya/P. Linden	Japan/S	Windle Yam	40.09,50
9. D. Jones/P. Brown	Großbritannien	LCR Yamaha	40.24,00
10. B. Scherer/T. Schröder	Deutschland	BSR Krauser	22 Runden
11. S. Abbott/S. Smith	Großbritannien	Windle Yam	22 Runden
12. P. Larratte/J. Corbier	Frankreich	LCR Yamaha	22 Runden
13. F./M. Stölzle	Deutschland	LCR Krauser	22 Runden
14. I. Nigrowsky/M. Charpentier	Frankreich	Seymaz	22 Runden
15. D. Chivas/H. Olsson	Neuseeland/S	LCR Yamaha	22 Runden

16. J-L.Millet/C.Debroux (F) GDF 21 Runden; 17. B.Gallross/K.Andreasen (S/DK); 18. R.Steinhausen/B.Hiller (ADM) 18 Runden; vier Gespanne nicht klassifiziert.

Schnellste Runde: R.Biland/K.Waltisperg (LCR Krauser) in 1.38,66 min = 147,087 km/h (Rekord)

Stand der Weltmeisterschaft

	Pkt.
Biland/Waltisperg	154
Webster/Hewitt	136
Michel/Fresc	82
Streuer/Schnieders	80
Zurbrügg/Zurbrügg	64
Egloff/Egloff	64
Jones/Brown	61
Abbott/Smith	53
Kumano/Fahrni	48
Brindley/Rose	46
Scherer/Schröder	44
Kumagaya/Barlow/Linden	42
Stölzle/Stölzle	36
Van Kempen/Birchall	32
Stropek/Demling	30

Trainingszeiten

Webster 1.39,68; Egloff 1.40,49; Michel 1.40,83; Biland 1.40,96; Kumano 1.41,74; Zurbrügg 1.43,09; Steinhausen 1.43,61; Stropek 1.43,80; Scherer 1.44,04; Larratte 1.44,09; Jones 1.44,29; Abbott 1.44,48; Kumagaya 1.44,73; Stölzle 1.44,94; Nigrowsky 1.45,55.

Grand Prix Tschechoslowakei

Automotodrom Brno, 28. August

Zuschauer: 170 000
Wetter: sonnig, 25 Grad
Streckenlänge: 5,393 km

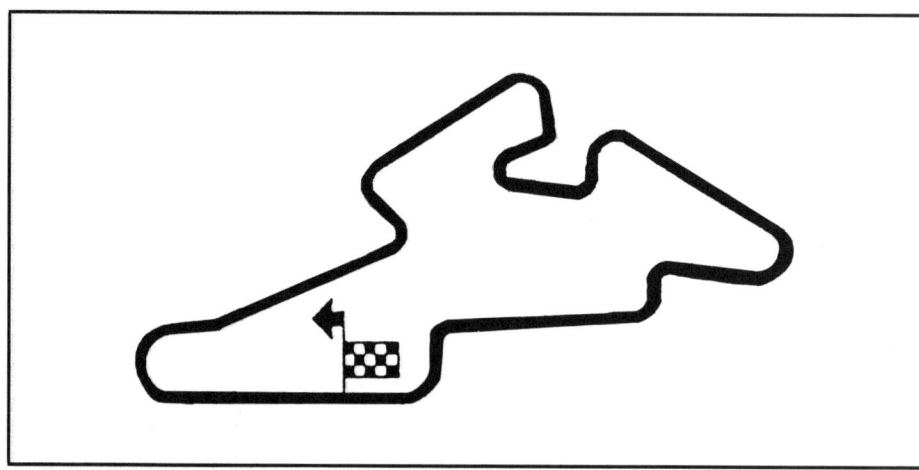

Rothmans Honda-Star Wayne Gardner hatte die Zeit seit dem Schweden-Grand Prix genutzt, um sich in seinem Apartment in Monte Carlo zu erholen, wieder topfit zu werden und sich mental auf das Saison-Finale vorzubereiten. In Brno erschien er ausgeruht und gelassen: »Die kafkaesken Begleitumstände dieser Veranstaltung sind keinen Kommentar wert, aber die Strecke gefällt mir sehr«. Auch sein Erzrivale Eddie Lawson tankte neue Kraft für den Endspurt und verbrachte eine Woche mit seinem Boot auf dem Colorado-River. Er kam gerade rechtzeitig zum ersten Training zurück – und um zu erfahren, daß der Lauf in Argentinien auf der Kippe stand. Veranstalter Reinaldo Cozzani hatte der FIM per Telefax mitgeteilt, es gäbe nun doch Probleme bei der Strecken-Renovierung und er könne nur die – nicht homologierte – Version anbieten, die

letztes Jahr benutzt wurde. Die Herren der CCR in der FIM hatten deshalb keine andere Wahl, als (am Samstag) den WM-Lauf in Argentinien endgültig abzusagen – 14 Tage vor dem Rennen! Die Südamerika-Affäre fand damit ein unrühmliches Ende, geradezu peinlich für die FIM, weil wieder einmal die Managerqualitäten ihrer Spitzenfunktionäre heftigster Kritik ausgesetzt waren. Welches Unternehmen könnte es sich auf Dauer leisten, gravierende Fehlentscheidungen durch immer neue Fehlentscheidungen sanktionieren zu wollen? Die Bosse der FIM aber entschieden trotz der rigorosen Ablehnung der Fahrer, wieder einen WM-Lauf nach Argentinien zu vergeben, sie verschoben den ursprünglichen Termin trotz anderslautender FIM-Regeln auf einen späteren Zeitpunkt, und sie unterließen es trotz der im Vorjahr gemachten schlechten

Erfahrungen, die dem Veranstalter vorgeschriebenen Umbauarbeiten zu überwachen. Aber auch die IRTA bekleckerte sich nicht mit Ruhm: hätte ihr Delegierter, der die Strecke im Sommer inspizierte, eher Alarm geschlagen, wäre das ›Nein‹ zu Argentinien vielleicht eher gesprochen worden.

So aber fand sich Wayne Gardner in einer delikaten Situation: als Fahrervertreter konnte er nicht anders, als die Absage positiv zu beurteilen – als Fahrer aber bedeutete die neue Situation für ihn das endgültige Scheitern seiner letzten Hoffnungen. Aber auch in der Viertelliterklasse fühlten sich die zwei Titel-Aspiranten Pons und Garriga plötzlich mit ganz anderen Verhältnissen konfrontiert. Sito Pons: »Carlos Lavado sagte einmal, wir seien nichts anderes als Zirkustiere, die beim ›Hopp‹ durch den brennenden Reifen springen müssen.

Teamchef Toni Mang mit seinen Rekruten Helmut Bradl und Jochen Schmid (ganz rechts)

Heute stimmt dieser Vergleich«. Und Juan Garriga: »Die Absage kommt viel zu spät! Hätte ich schon in Anderstorp gewußt, daß Argentinien nicht gefahren wird, hätte ich mir sicher eine andere Strategie für das Rennen überlegt«.

Der Veranstalter des Finallaufs in Goiania erklärte sich kurzerhand bereit, die Kosten für die Flüge der Fahrer und die Verfrachtung ihrer Maschinen (die er sich eigentlich mit dem Veranstalter des Argentinien-Laufs hatte teilen wollen) allein zu tragen, und so stand dem Brasilien-Grand Prix nichts im Wege – aller-

dings sollten die Rennen auf den Samstag vorverlegt werden, damit deren Übertragung im Fernsehen nicht mit der Olympia-Eröffnungsfeier in Seoul kollidierte.

Seinen Abschied vom aktiven Rennsport nahm in Brno Toni Mang mit einer Ehrenrunde, eskortiert von Kollegen und Mechanikern, und bejubelt von den vielen tausend Fans, die aus der DDR angereist waren. Einen Monat vor seinem 39. Geburtstag machte der erfolgreichste deutsche Rennfahrer damit wahr, was er eigentlich erst am Ende der

Saison tun wollte: er beendete seine Karriere. Toni Mang, einer der ganz Großen, trat zurück – er wird dem Rennsport fehlen, denn Fahrer seines Kalibers werden immer spärlicher. Toni Mang besaß das richtige Quantum Talent, Aggressivität, Durchsetzungsvermögen, Mut, Selbstbewußtsein, technisches Verständnis, Schlauheit und manchmal auch Gerissenheit, Gespür für das richtige Timing, die Fähigkeit, vorausblickend zu handeln und das alles in der richtigen Mischung und gebaut auf jahrelange Erfahrung. Zumindest die wird er nun versuchen, weiterzugeben an talentierte Nachwuchsfahrer; in Brno betätigte er sich erstmals als Teamchef von Helmut Bradl und Jochen Schmid.

80 cm³: Dörflingers Vorstoß

Mit etwas Glück und viel gutem Willen rettete Stefan Dörflinger in Brno beim Finale seiner Kategorie, was Krauser schon an einen Derbifahrer verloren geglaubt hatte: die Bronzemedaille. Nachdem Krauser-Werksfahrer Peter Öttl wegen Verletzung in Brno nicht antreten konnte und Derbis Nummer zwei, Manuel Herreros, noch in der drittletzten Runde mit defektem Motor ausschied, rückte Dörflinger durch einen fabelhaft errungenen zweiten Platz von seinem fünften Rang der Tabelle vor auf den dritten. Dabei setzte er Weltmeister Jorge Martinez so zu, daß ›Aspar‹ die Sohlen rauchten und der Spanier nur mit dem denkbar knappsten Vorsprung von 24/100 Sekunden siegen konnte. Um Platz drei stritten sich anfangs der Ungar Juhasz, die Spanier Criville und Torrontegui (der wenig später mit krankem Motor auf Rang 18 absackte), und der junge Seel, dem der Italiener Ascareggi im Nacken saß. Eins der wie immer recht unkonventionellen Manöver von Criville war der Auslöser für den Sturz von Jörg Seel in der sechsten Runde. Die drei anderen führten ihre Auseinandersetzung bis zum Ziel fort, wobei Criville Juhasz und Ascareggi um Haaresbreite schlug. Für den Ungarn war dies sein letztes Rennen; er kann mangels Finanzen nicht mehr fahren.

Heftige Duelle gab es um die weiteren Plätze: der Bulgare Nikolov bezwang ganz knapp den Italiener Gnani im Gefecht um Platz sechs; Günter Schirnhofer mußte sich mit 29/100 dem Holländer Smit geschlagen geben, und René Dünki setzte sich im Fight um Rang zehn gegen Adrie Nijenhuis und Josip Pintar durch.

125 cm³: Furioses Finale

Den Final-Lauf der Achtelliterklasse wollte Jorge Martinez unbedingt gewinnen: »Dann ist Derbi Marken-Weltmeister«. Tatsächlich gelang es dem Spanier, der in seiner Heimat als Doppelweltmeister zum umjubelten Idol wurde und sich bei seinen fußballverrückten Landsleuten längst mit jedem Kicker-Star messen kann, auch in Brno zu siegen – aber leicht hatte er es diesmal nicht. Denn Ezio Gianola langte zum Abschluß noch einmal kräftig hin und führte bis zur Halbdistanz, Martinez und dessen jungen Landsmann Julian Miralles im Schlepp, wobei der Nieto-Schützling dem ›Großen Jorge‹ recht respektlos die Zähne zeigte. Erst ein unsauber arbeitender Vergaser vermochte dem furios agierenden Gianola Zügel anzulegen; der Italiener wurde langsamer und rettete sich schließlich noch als fünfter ins Ziel.

Zu Martinez und Miralles an der Spitze gesellte sich dann Hans Spaan, der den Start verpatzt hatte, nun aber aufholte, als sei der Teufel hinter ihm her. Es gelang Martinez nicht, seine beiden Verfolger abzuschütteln, er behielt aber die Nase vorn; im Ziel trennten Miralles lediglich 18/100 Sekunden, Spaan 35/100 Sekunden.

Fausto Gresini mit der Garelli war nach langer Durststrecke wieder einmal ganz vorne zu finden; in der vorletzten Runde hielt er nach konstanter Fahrt den vierten Platz besetzt – da machte ihm ein Motordefekt alles zunichte. An seine Position rückte Corrado Catalano auf und holte sich knapp vor Gianola den vierten Platz.

Hinter Robin Milton belegte Stefan Prein den siebten Platz, und dann kam ein ganzes Rudel, das sich balgte wie Hyänen um die Beute: Bedford, Pietroniro, Scott, Grassetti, McConnachie, Adi Stadler, Lüthi und Hautaniemi flitzten in dieser Reihenfolge ins Ziel. Gerd Waibel krebste mit einem langsamen Motor auf Platz 20 über die Linie, be-

hielt aber seinen zehnten Tabellenrang als drittbester Deutscher der ersten Fünfzehn; Adi Stadler wurde siebter und Stefan Prein achter der Weltmeisterschaft.

Jörg Seel gab wegen seines Sturzes im 80er Lauf auf; Hernandez, Feuz, Reyes, Cuppini und Stefan Dörflinger schieden aus. Taru Rinne stürzte gleich in der ersten Runde, hatte aber im zweiten Training für eine kleine Sensation gesorgt: hinter Martinez fuhr sie die zweitschnellste Zeit und versetzte damit ihren männlichen Kollegen einen tüchtigen Schock; nach vier Sessionen hatte sich die 20jährige Finnin immerhin als achte qualifiziert. Im WM-Endstand schien sie am unteren Ende auf, punktgleich mit Stefan Dörflinger, und das hieß nichts anderes, als daß die schönste Frau und der bestaussehendste Mann der 125 cm³-Klasse jeweils zwei Punkte errangen.

250 cm³: Unendliche Geschichte

Dominique Sarron startete wieder einmal aus der Pole-Position, zerstörte sich aber schon in der ersten Runde alle Chancen auf ein Spitzenergebnis durch einen Sturz (»Der Reifenwärmer war defekt und meine Reifen deshalb noch zu kalt«). Als allerletzter nahm er das Rennen wieder auf – und holte sich noch den achten Platz.

Sito Pons schnellte seine Campsa-Honda wie aus dem Katapult gefeuert sofort an die Spitze; ihm folgten Carlos Cardus, Reinhold Roth, Luca Cadalora, Jacques Cornu, Carlos Lavado, Jean-Philippe Ruggia, Loris Reggiani und Martin Wimmer. Juan Garriga dagegen mißlang sein Start: an etwa 25. Stelle zog er durch die erste Kurve, und bis zum Ende der ersten Runde gelang es ihm wenigstens, sich bis auf den zehnten Platz durchzubaggern. Dann aber preschte der blonde Spanier quer durch die Arena wie ein wilder Stier, dem der Pikadeur den ersten Pfeil in den Nacken gerammt hat, und hetzte hinter Pons

Links: Spannung auch beim letzten 125er Rennen. Rechts oben: Dicke Luft im Agostini-Team.
Darunter: Warten auf den neuen Weltmeister Lawson

her. Nach nur einer Runde hatte er seinen großen Widersacher eingeholt und attackierte ihn mit solcher Vehemenz, daß Pons in der siebten Runde nachgab und ihn vorbeiließ: »Ich habe dabei an den Titel gedacht und an sehr viel unnötiges Risiko«. Garriga aber dachte auch an den Titel: »Mir war klar, daß ich heute alles riskieren musste«. Und das tat er mit letzter Konsequenz. Zwar verdrängte Pons ihn noch einmal zwei Runden lang an zweite Position, aber Garriga parierte auch diesen Vorstoß so feurig, daß Pons keine Attacke mehr riskierte und fast vier Sekunden hinter dem Yamaha-Mann ins Ziel donnerte. Garriga: »Das war ein sehr hartes Rennen, ich mußte mein letztes geben«.

Das Feld fuhr quasi sein eigenes Rennen: Cadalora, Roth, Reggiani, Cardus, Ruggia und Cornu stritten sich um die punkteträchtigsten Plätze. Ruggia versuchte mit allen Mitteln, unter die ersten fünf zu gelangen und schlug sich wacker, bis ihm nach elf Runden eine defekte Zündung einen Strich durch die Rechnung machte; der Franzose päppelte seine kranke Maschine noch an elfter Stelle ins Ziel. Cadalora bestach durch seine effektvolle Fahrweise, mit der er sich zeitig auf dem dritten Platz etablierte, aber Roth agierte etwas zu gesammelt und konnte deshalb nichts gegen Reggiani und Cardus ausrichten, die ihn hinter sich verwiesen; Cornu mit seinem gebrochenen Schlüsselbein konnte sich schonen und mit dem siebten Platz zufrieden sein, mit dem er den dritten Platz in der WM untermauerte.

Mang-Schützling Jochen Schmid plazierte sich bei seinem ersten Rennen auf einer Werksmaschine hinter Carlos Lavado an zehnter Stelle und stach damit seinen Teamkameraden Helmut Bradl aus, der hinter Ruggia zwölfter wurde. Harald Eckl zog den einen Punkt für den 15. Platz an Land, hinter Shimizu und Casanova, und Martin Wimmer landete auf dem enttäuschenden 18. Platz. Deprimierte Stimmung auch im Herweh-Team: Manfred litt noch immer an seiner Nierenbeckenentzündung, hatte aber auf den Start nicht verzichten wollen, um seinen 15. Platz in der Tabelle (die ersten fünfzehn der Weltmeisterschaft haben Anrecht auf Freitickets für die Übersee-Läufe) zu konservieren. Obwohl er, geschwächt durch Schmerzen und Fieber, nur 24. wurde, behielt er dennoch seinen Tabellenrang – denn Gustl Auinger, der ihn ihm abspenstig hätte machen können, fiel in der 14. Runde aus.

500 cm³: Sieg und Niederlage

Die Annullierung des Brasilien-Grand Prix bedeutete für Eddie Lawson, daß er in Brno schon mit einem zweiten Platz Weltmeister werden konnte. Selbst falls Wayne Gardner dann in Goiania siegen und Lawson kein Ergebnis mehr haben sollte, wären die beiden punktgleich, aber Lawson hätte mehr Siege und damit den Titel sicher. Wayne Gardner dagegen konnte nur noch auf einen Sturz oder Ausfall seines Erzrivalen hoffen. Der australische Rothmans Honda-Star hatte die schnellste Trainingszeit erreicht und startete aus der Pole-Position, und zwar so perfekt, daß er sofort eine beachtliche Distanz zwischen sich und seinen Verfolgern aufbaute. Ein ganzer Pulk Werks-Yamaha jagte hinter ihm her: Christian Sarron, Wayne Rainey, Kevin Magee, Tadahiko Taira, Eddie Lawson und Didier DeRadigues, ineinander verbissen wie ein Rudel Wölfe, und zusätzlich belauert von Pierfrances-

co Chili und Kevin Schwantz. Lawson hatte alles andere als leichtes Spiel in diesem Haufen, keiner seiner Markenkollegen war bereit, ihm auch nur den geringsten Vorteil einzuräumen: »Ich hatte das Gefühl, als seien sie alle gegen mich«. Lawson brauchte die halbe Distanz, um sich aus der wütenden Umklammerung seiner Mitstreiter zu befreien, wobei ihm Rainey und Magee am hartnäckigsten zusetzten. Als Lawson endlich an die zweite Position vorgedrungen war, besaß der führende Gardner bereits einen enormen Vorsprung von fast 15 Sekunden, den der Yamaha-Pilot nie hätte einholen können. Doch da drosselte Gardner sein Tempo, verringerte seinen Abstand und ließ seinen Widersacher und dessen Jäger immer näher rücken: »Ich dachte, vielleicht riskieren sie dann mehr und schießen sich gegenseitig ab«. Lawson durchschaute diese Finte des Australiers natürlich sofort und ließ sich nicht in die Falle locken, sondern sicherte sich so nach hinten ab, daß Rainey ihn nicht mehr gefährden konnte. An Gardners Sieg jedoch vermochte Lawson nichts zu ändern: »Das wollte ich auch gar nicht, mir reichte der zweite Platz völlig«. Knapp zwei Sekunden vor Lawson preschte Gardner ins Ziel, verlor aber trotz seines Sieges hier endgültig die Weltmeisterschaft.

Wayne Rainey erwies sich als stärkster Fighter des Verfolger-Rudels und eindeutig als jener mit dem meisten Durchsetzungsvermögen. Der blonde Kalifornier nistete sich mit seiner Lucky Strike ab der 12. Runde fest an dritter Position ein und folgte Lawson mit knapp einer Sekunde ins Ziel: »Mehr konnte ich nicht machen, Eddie war einfach schneller als ich«. Sein Teamkamerad Magee dagegen stellte seinen vierten Platz zur freien Verfügung, als er in der 17. Runde stürzte. Auch Christian Sarron wählte den Abgang durch die Hintertür: eine Runde vor ›Magoo‹ pflügte er wie ein Maulwurf eine Furche ins Gelände. Sein ›kleiner‹ Bruder Dominique, der natür-

lich zuschaute: »Das Gesetz der Serie, wenn einer stürzt – stürzt auch der andere«.

Randy Mamola zwang ein Kerzendefekt nach fünf Runden (an zehnter Stelle) zur Aufgabe; sein Teamkamerad bei Cagiva, Raymond Roche, gab nach acht Runden mit zerschlissenen Reifen auf. Roger Burnett warf ein Motordefekt in der 18. Runde aus dem Wettbewerb; Kevin Schwantz schied mit defekter Kurbelwelle in der drittletzten Runde (an achter Position) aus und gleichzeitig Didier DeRadigues mit kaputtem Getriebe, der dadurch den sechsten Platz einbüßte.

Sehr eindrucksvoll bewegte sich Piero Chili mit der HB-Honda; der junge Italiener nutzte seinen guten Start und seine inzwischen erarbeitete Vertrautheit mit der Vierzylindermaschine zu effektvollem Vorwärtskommen, ließ sich von nichts in seiner Konzentration stören und eroberte sich bravourös den vierten Platz, sein bestes Saisonergebnis. Taira belegte hinter ihm den fünften Platz; Niall Mackenzie (Bremsprobleme), Ron Haslam (Schalthebel gebrochen), Rob McElnea (Krampf in den Unterarmen) und Patrick Igoa plazierten sich auf den Plätzen sechs bis neun. Schon weit abgeschlagen landeten Barchitta, Gentile, Papa, Valesi, der Schwede Peter Linden und Kneubühler auf den restlichen Punkterängen, wobei die beiden letzteren einmal überrundet waren.

Gespanne: Die große Sensation

Rolf Biland und Kurt Waltisperg hatten mit ihrem von Harald Bartol getunten Krauser-Motor die ganze Saison über dominiert und ihrer gesamten Konkurrenz kaum eine Chance gelassen. In Brno brauchten sie nur noch den 14. Platz und die damit verbundenen zwei Punkte, um wieder Weltmeister zu werden. Ihre nächsten Konkurrenten dagegen, die Briten Steve Webster und Tony Hewitt, die Weltmeister des Vorjahres,

**Beim letzten Gespannrennen der Saison gelang Steve Webster der ganz große Coup.
Unten: Markus und Urs Egloff eroberten sich den fünften Rang der WM-Wertung**

traten mit den denkbar schlechtesten Karten zum Finale an: beim Training zu einem internationalen Rennen in Zandvoort eine Woche zuvor hatte Webster einen Sturz nicht verhindern können, bei dem Beifahrer Hewitt innere Verlet-

zungen sowie Blessuren am Handgelenk und Knöchel erlitt. Webster hatte das Rennen in Holland dennoch absolviert, mit einem neu rekrutierten Beifahrer, Gavin Simmons, der sich so für das Finale in Brno vorbereiten sollte. Webster

machte sich keine Illusionen über den Ausgang des Rennens: »Rolf braucht sich gar nicht anzustrengen, er macht mit Sicherheit irgendeinen Platz vor dem vierzehnten, und das reicht ihm«. Seine Erfolge in den beiden letzten Läufen hatten Websters Ehrgeiz aber so stimuliert, daß er seinen Titel wenigstens nicht kampflos abgeben wollte, und deshalb zischte er nach dem Start ohne Zaudern in Führung. Biland startete perfekt, hielt sich dann aber in Lauerstellung hinter Webster, den Egloffs und Streuer/Schnieders.

Webster schüttelte Egloff ab, erwartete jede Minute, daß Biland angreifen würde, statt dessen rückte Streuer vor an zweite Stelle – und Biland wurde sichtbar langsamer. Und dann geschah, was niemand sich vorstellen konnte: mit blockiertem Getriebe rollte Biland an den Zielstrich, um dort das Ende des Rennens abzuwarten und eventuell noch in die Wertung zu kommen. Webster aber verteidigte seine Führung geschickt gegen alle Angriffe Streuers, der ihm hart zusetzte; hätte der Niederländer tatsächlich noch gewonnen, wäre Biland doch noch Weltmeister geworden … Aber Streuers Attacken scheiterten alle an Websters Gegenwehr, der eine Sekunde vor Streuer die Flagge bekam und dann sein Glück gar nicht fassen konnte. Mit dem zweiten Platz verwiesen Streuer/Schnieders zum Schluß noch Michel/Fresc vom dritten Platz der Tabelle, die hinter den smarten Egloff-Brüdern und Kumano/Fahrni als fünfte einliefen. Die Schweizer eroberten sich damit den fünften Rang in der Weltmeisterschaft, den bis zu ihrem Ausfall in der vierten Runde ihre Eidgenossen Zurbrügg innegehabt hatten.

Drei deutsche Gespanne placierten sich diesmal unter den ersten zehn: Scherer/Schröder wurden vor den Stölzles sechste (und verbesserten sich so in der WM um einen Platz) und Kraus/Schuster zehnte.

Klasse 80 cm³

13 Runden = 70,070 km

1. Jorge Martinez	Spanien	Derbi	31.45,82 = 132,457 km/h
2. Stefan Dörflinger	Schweiz	Krauser	31.46,06
3. Alex Criville	Spanien	Derbi	32.07,22
4. Karoly Juhasz	Ungarn	Krauser	32.07,31
5. Giuseppe Ascareggi	Italien	BBFT	32.07,78
6. Bogdan Nikolov	Bulgarien	Krauser	32.21,36
7. Gabriele Gnani	Italien	Gnani	32.21,60
8. Bert Smit	Niederlande	Krauser	32.30,22
9. Günter Schirnhofer	Deutschland	Krauser	32.30,51
10. Rene Dünki	Schweiz	LCR	32.44,21
11. Adrie Nijenhuis	Niederlande	Casal	32.44,33
12. Josip Pintar	Jugoslawien	Eberhardt	32.44,58
13. Janos Szabo	Ungarn	Krauser	32.49,54
14. Heinz Paschen	Deutschland	Kiefer	32.52,49
15. Jac Bernard	Belgien	Fantic	33.08,13

16. R. Koster (CH) Casal 33.08,68; 17. C. Besseling (NL) CJB 33.10,90; 18. H.Torrontegui (E) Autisa 33.16,50; 21. H. Klein (D) Honda; 24. T. Engl (D) Krauser; und weitere acht Fahrer im Ziel; acht Fahrer nicht klassifiziert.

Schnellste Runde: Jorge Martinez (Derbi) in 2.24,06 = 134,794 km/h
Rekordhalter: Stefan Dörflinger (Krauser) 2.24,02 min (1987)

Stand der Weltmeisterschaft

		Pkt.
Martinez	Derbi	137
Criville	Derbi	90
Dörflinger	Krauser	77
Herreros	Derbi	69
Öttl	Krauser	65
Nikolov	Krauser	55
Juhasz	Krauser	54
Van Dongen	Casal	47
Ascareggi	BBFT	46
Gnani	Gnani	36
Torrontegui	Autisa	28
Schirnhofer	Krauser	27
Seel	Seel	27
Nijenhuis	Casal	27
Smit	Casal	25

Trainingszeiten

Martinez 2.24,38; Dörflinger 2.24,48; Seel 2.26,60; Nikolov 2.27,06; Schirnhofer 2.28,21; Juhasz 2.28,34; Van Dongen 2.28,60; Szabo 2.28,72; Mariano 2.28,77; Herreros 2.28,86; Gnani 2.28,91; Ascareggi 2.28,92; Dünki 2.29,22; Criville 2.29,72; Torrontegui 2.29,89.

Klasse 125 cm³

17 Runden = 91,630 km

1. Jorge Martinez	Spanien	Derbi	39.50,94 = 138,068 km/h
2. Julian Miralles	Spanien	Honfa	39.51,12
3. Hans Spaan	Niederlande	Honda	39.51,29
4. Corrado Catalano	Italien	Aprilia	39.56,52
5. Ezio Gianola	Italien	Honda	39.57,07
6. Robin Milton	Großbritannien	Rotax	40.05,76
7. Stefan Prein	Deutschland	Honda	40.07,14
8. Alex Bedford	Großbritannien	Honda	40.14,33
9. Lucio Pietroniro	Belgien	Honda	40.15,00
10. Alan Scott	USA	Honda	40.15,15
11. Gastone Grassetti	Italien	Honda	40.15,28
12. Ian McConnachie	Großbritannien	Cagiva	40.15,43
13. Adi Stadler	Deutschland	Honda	40.15,73
14. Heinz Lüthi	Schweiz	Honda	40.15,97
15. Jussi Hautaniemi	Finnland	Honda	40.16,22

16. A. Waibel (D) Waibel 40.35,75; 17. A. Criville (E) Derbi 40.36,19; 18. B. Hassaine (TN) Honda 40.36,41; 19. J-C. Selini (F) Honda 40.37,19; 20. G.Waibel (D) Honda 40.37,53; weitere acht Fahrer im Ziel; neun Fahrer nicht klassifiziert.

Schnellste Runde: Jorge Martinez (Derbi) in 2.19,04 min = 139,661 km/h
Rekordhalter: Bruno Casanova (Garelli) in 2.18,18 min (1987)

Stand der Weltmeisterschaft

		Pkt.
Martinez	Derbi	197
Gianola	Honda	168
Spaan	Honda	110
Miralles	Honda	104
Brigaglia	Rotax	69
Grassetti	Honda	66
Stadler	Honda	63
Prein	Honda	59
Pietroniro	Honda	56
G. Waibel	Honda	52
Unemoto	Honda	43
Scott	Honda	38
Catalano	Aprilia	36
Reyes	Garelli	34
Herreros	Derbi	30

Trainingszeiten

Spaan 2.19,15; Martinez 2.19,22; Catalano 2.19,62; Stadler 2.19,96; Pietroniro 2.20,00; Gianola 2.20,03; Prein 2.20,40; Rinne 2.20,47; Grassetti 2.20,53; Lüthi 2.20,59; Cuppini 2.20,60; Milton 2.20,62; Miralles 2.20,66; Bianchi 2.20,74; Takada 2.20,82.

Klasse 250 cm³

20 Runden = 107,800 km

1. Juan Garriga	Spanien	Yamaha	43.54,72 = 147,404 km/h	
2. Alfonso Pons	Spanien	Honda	43.58,41	
3. Luca Cadalora	Italien	Yamaha	44.05,20	
4. Loris Reggiani	Italien	Aprilia	44.05,82	
5. Carlos Cardus	Spanien	Honda	44.06,12	
6. Reinhold Roth	Deutschland	Honda	44.06,43	
7. Jacques Cornu	Schweiz	Honda	44.10,03	
8. Dominique Sarron	Frankreich	Honda	44.24,81	
9. Carlos Lavado	Venezuela	Yamaha	44.24,91	
10. Jochen Schmid	Deutschland	Honda	44.25,77	
11. Jean-Philippe Ruggia	Frankreich	Yamaha	44.30,15	
12. Helmut Bradl	Deutschland	Honda	44.32,75	
13. Masahiro Shimizu	Japan	Honda	44.39,97	
14. Bruno Casanova	Italien	Aprilia	44.47,07	
15. Harald Eckl	Deutschland	Aprilia	44.47,39	

16. S. Caracchi (I) Honda 44.47,50; 17. I. Palazzese (YV) Yamaha 44.47,75; 18. M. Wimmer (D) Yamaha 44.48,14; 19. X. Cardelus (AND) Aprilia 45.04,30; 20. G. Cowan (GB) Yamaha 45.15,62; 24. M. Herweh (D) Yamaha 45.18,03; 30. H. Becker (D) Yamaha 45.43,17; weitere zehn Fahrer im Ziel; vier Fahrer nicht klassifiziert.

Schnellste Runde: Juan Garriga (Yamaha) in 2.09,79 min = 149,614 km/h (Rekord)

Stand der Weltmeisterschaft

		Pkt.
Pons	Honda	216
Garriga	Yamaha	210
Corni	Honda	160
Roth	Honda	145
Sarron	Honda	138
Cadalora	Yamaha	136
Ruggia	Yamaha	96
Mang	Honda	87
Cardus	Honda	62
Shimizu	Honda	61
McLeod	EMC	46
Reggiani	Aprilia	44
Wimmer	Yamaha	40
Lavado	Yamaha	38
Herweh	Yamaha	30

Trainingszeiten

Sarron 2.09,60; Garriga 2.10,14; Pons 2.10,19; Cardus 2.10,46; Roth 2.10,54; Cadalora 2.10,60; Cornu 2.10,86; Lavado 2.11,41; Ruggia 2.11,53; Reggiani 2.11,54; Wimmer 2.12,09; Caracchi 2.12,37; Casanova 2.12,38; Schmid 2.12,42; Auinger 2.12,43.

Klasse 500 cm³

23 Runden = 123,970 km

1. Wayne Gardner	Australien	Honda	49.11,06 = 151,343 km/h	
2. Eddie Lawson	USA	Yamaha	49.12,97	
3. Wayne Rainey	USA	Yamaha	49.13,54	
4. Pierfrancesco Chili	Italien	Honda	49.26,74	
5. Tadahiko Taira	Japan	Yamaha	49.30,97	
6. Niall Mackenzie	Großbritannien	Honda	49.40,50	
7. Ron Haslam	Großbritannien	Elf Honda	50.08,50	
8. Rob McElnea	Großbritannien	Suzuki	50.09,30	
9. Patrick Igoa	Frankreich	Yamaha	50.10.42	
10. Fabio Barchitta	Italien	Honda	50.57.02	
11. Marco Gentile	Schweiz	Fior	50.57,20	
12. Marco Papa	Italien	Honda	51.11,50	
13. Alessandro Valesi	Italien	Honda	51.11,70	
14. Peter Linden	Schweden	Honda	22 Runden	
15. Bruno Kneubühler	Schweiz	Honda	22 Runden	

16. B. Biliotti (I) Honda; 17. W.v. Muralt (CH) Suzuki; 18. S. Habat (JU) Honda; 19. M. Fischer (D) Honda; 20. R. Nicotte (F) Honda; weitere vier Fahrer im Ziel; 12 Fahrer nicht klassifiziert.

Schnellste Runde: Wayne Gardner (Honda) in 2.06,24 min = 153,821 km/h (Rekord)

Stand der Weltmeisterschaft

		Pkt.
Lawson	Yamaha	232
Gardner	Honda	212
Rainey	Yamaha	189
Sarron	Yamaha	138
Magee	Yamaha	128
DeRadigues	Yamaha	113
Mackenzie	Honda	112
Schwantz	Suzuki	104
Chili	Honda	101
McElnea	Suzuki	75
Haslam	Elf Honda	68
Mamola	Cagiva	58
Yatsushiro	Honda	57
Igoa	Yamaha	38
Taira	Yamaha	36

Trainingszeiten

Gardner 2.05,55; Rainey 2.06,80; Sarron 2.06,86; Mackenzie 2.07,05; Lawson 2.07,20; Schwantz 2.07,39; Chili 2.07,46; DeRadigues 2.07,48; Magee 2.07,55; Mamola 2.07,79; Taira 2.07,94; Burnett 2.08,31; McElnea 2.08,34; Igoa 2.08,63; Haslam 2.09,51.

Klasse Gespanne

17 Runden = 91,630 km

1. S. Webster/G. Simmons	Großbritannien	LCR Krauser	37.14,88 = 147,709 km/h	
2. E. Streuer/B. Schnieders	Niederlande	LCR Yamaha	37.15,33	
3. M./U. Egloff	Schweiz	LCR ADM	37.33,04	
4. M. Kumano/M. Fahrni	Japan/CH	LCR TEC	37.43,05	
5. A. Michel/J-M. Fresc	Frankreich	LCR Krauser	36.44,51	
6. B. Scherer/T. Schröder	Deutschland	BSR Krauser	38.19,01	
7. F./H. Stölzle	Deutschland	LCR Krauser	38.38,16	
8. D. Jones/P. Brown	Großbritannien	LCR Yamaha	38.40,64	
9. I. Nigrowsky/M. Charpentier	Frankreich	Seymaz	38.55,58	
10. W. Kraus/W. Schuster	Deutschland	Busch	38.56,94	
11. W. Stropek/W. Bock	Österreich	LCR	39.00,63	
12. B. Brindley/G. Rose	Großbritannien	Krauser	39.14,98	
13. C. Stirrat/S. Prior	Großbritannien	LCR Honda	39.19,72	
14. T. Van Kempen/G. DeHaas	Niederlande	LCR Yamaha	39.20,37	
15. J-L. Millet/C. Debroux	Frankreich	GDF	39.27,45	

16. R.Progin/Y.Hunziker (CH) Seymaz; 17. R.Steinhausen/B.Hiller (D) ADM; 18. J.Drew/B.Houghton (GB) Yamaha; 19. D.Bingham/G.Irlam (GB) LCR Padgett 16 Runden; 20. G.Thomas/T.Derbi (GB) Windle Yamaha; 21. H.Hügli/A.Hänni (CH) Sigwa; 22. E.Weber/E.Rösinger (D) Sigwa 15 Runden; fünf Gespanne nicht klassifiziert.

Schnellste Runde: E.Streuer/B.Schnieders (LCR Yamaha) in 2.10,47 min = 148,834 km/h (Rekord)

Stand der Weltmeisterschaft

	Pkt.
Webster/Hewitt/Simmons	156
Biland/Waltisperg	154
Streuer/Schnieders	97
Michel/Fresc	93
Egloff/Egloff	79
Jones/Brown	69
Zurbrügg/Zurbrügg	64
Kumano/Fahrni	61
Scherer/Schröder	54
Abbott/Smith	53
Brindley/Rose	50
Stölzle/Stölzle	45
Kumagaya/Barlow	42
Stropek/Demling/Bock	35
Van Kempen/Birchall	34

Trainingszeiten

Biland 2.08,28; Webster 2.09,49; Egloff 2.09,67; Streuer 2.10,55; Kumano 2.11,01; Michel 2.11,39; Zurbrügg 2.12,70; Kumagaya 2.13,12; Scherer 2.13,17; Steinhausen 2.13,36; Jones 2.13,40; Kraus 2.13,83; Abbott 2.14,82; Stölzle 2.15,41; Brindley 2.15,62.

Grand Prix Brasilien

Goiania, 17. September

Zuschauer: 10 000
Wetter: heiß, 40 Grad
Streckenlänge: 3,835 km

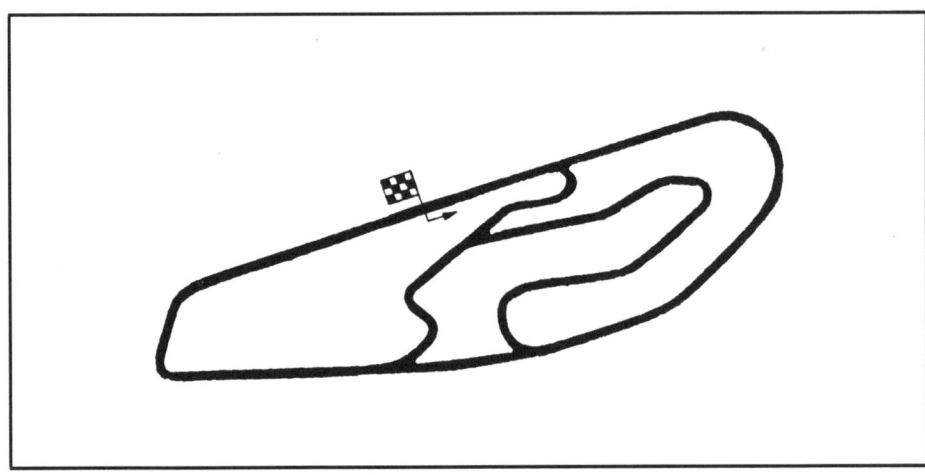

Zum zweiten Mal fand in der Millionenstadt Goiania (etwa 250 km südöstlich von Brasilia) ein Grand Prix statt, in diesem Jahr als Final-Lauf der bisher längsten Saison. Als einzige Entscheidung war noch die über den Titel der 250 cm³-Klasse zu fällen; die Fahrer der Halbliterklasse, die ihre Nervenschlacht schon ad acta gelegt hatten, durften sich in Goiania fast schon wie in Ferien fühlen, aalten sich am Swimming-Pool und widmeten sich mit großem Interesse der Wahl der ›Miss Grand Prix‹ – die Siegerin erkor sich Randy Mamola als ständige Begleiterin.

Wayne Gardner erinnerte sich mit Wehmut an das Rennen vom Vorjahr: »Nie werde ich diesen Tag vergessen, als ich zum ersten Mal 500er Weltmeister wurde«. Im Fahrerlager spazierte er nun mit einem T-Shirt herum, das die Aufschrift trug ›It's mine in '89‹ (89 gehört er mir),

ein Satz, den der Australier schon fast stereotyp von sich gibt. Eddie Lawson, der frischgebackene Weltmeister, beteiligte sich übrigens nicht an dem Spektakel der Miss-Wahl und wollte eigentlich auch nicht an der Siegesfeier teilnehmen, die Marlboro für ihn am Samstag abend veranstaltete – er hatte allen Ernstes vor, sofort nach dem Rennen nach Kalifornien zu fliegen. Schließlich ließ er sich aber doch dazu überreden, dazubleiben, ging sogar so weit aus sich heraus, mit einer der anwesenden Schönen zu tanzen, wobei es ihm gelang, eins seiner sparsamsten Lächeln aufzusetzen. Seinen Vertrag mit Marlboro hatte der neue Weltmeister übrigens noch nicht verlängert – sein Manager Gary Howard, der alles Geschäftliche für ihn erledigt, war gar nicht zum Finale gekommen, wie er es in der Vergangenheit immer hielt.

Giacomo Agostini hegte indessen nicht den geringsten Zweifel, daß Lawson über kurz oder lang seinen Vertrag mit ihm (bzw. Marlboro) verlängern würde. Als zweiten Fahrer wollte Agostini einen neuen anheuern, Didier DeRadigues durfte also gehen. Ago verhandelte mit Juan Garriga, sprach auch mit Sito Pons, doch winkten beide ab. Garriga hatte bereits 1985 mit der Cagiva erfahren, welch rauher Wind in der 500er Klasse weht, und Pons hatte in seinem Jahr bei Gallina ähnliche Erfahrungen gemacht. Wie für die beiden die Weltmeisterschaft auch ausgehen mochte, in ›ihrer‹ Klasse – da waren sich beide sicher – könnten sie im nächsten Jahr ihren Erfolg am besten ausschlachten.

Dem entscheidenden Rennen sahen die beiden Rivalen ihrem Temperament gemäß entgegen. Pons, äußerlich ruhig und gelassen, kalkulierte seine Chancen

In Brasilien fiel die Entscheidung zwischen Sito Pons und Juan Garriga um den Titel der 250 cm³-Klasse

exakt durch und wußte, daß er mit seinem sechs Punkte-Vorsprung schon einen Vorteil hatte: selbst bei einem Sieg Garrigas genügte ihm ein dritter Platz, um Weltmeister zu werden. Garriga dagegen mußte nicht nur siegen, sondern darauf hoffen, daß Pons bestenfalls vierter werden würde. Um dem blonden Spanier wenigstens ein wenig Schützenhilfe zu gewähren, hatte Yamaha für Jean-Philippe Ruggia noch eine YZR lockergemacht (deren ungewohntes Fahrverhalten den jungen Franzosen aber so verwirrte, daß er im Training zweimal herunterflog und dann lieber

seine TZ einsetzte); ansonsten vertraute man auf die Unterstützung von Luca Cadalora und eventuell Carlos Lavado. Toni Mang fungierte in Goiania wieder als Teamchef. Seine beiden Fahrer Bradl und Schmid erreichten im Training die 13. bzw. siebte Zeit und gingen dementsprechend hoffnungsvoll ins Rennen. Reinhold Roth rutschte im Training mit kalten Reifen einmal aus und verletzte sich am Fuß (»Net arg«), signalisierte aber trotzdem seine Bereitschaft, für Pons Wasserträger-Dienste zu leisten.

250 cm³: Konzertierte Aktion

15 Rennen lang hatte der ›Spanische Bürgerkrieg‹ zwischen Sito Pons und Juan Garriga mit aller Heftigkeit getobt und die Spanier in zwei Lager geteilt, wobei die Garriga-Anhänger von einem Kampf ihres David gegen Goliath Pons sprachen – im letzten Kampf dann fiel die Entscheidung über Sieg und Niederlage schon in der zweiten Runde: weil ›Desperado‹ Lavado einen Moment die Kontrolle über seine Maschine verlor, mußte Martin Wimmer ausweichen, geriet breitseits gegen Garriga, und der

TERMINKALENDER 1989

26. März
Japan (Suzuka)
125, 250, 500 cm³

9. April
Australien (Phillip Island)
125, 250, 500 cm³

16. April
USA (Laguna Seca)
250, 500 cm³, Gespanne

30. April
Spanien (Jerez)
80, 125, 250, 500 cm³

14. Mai
Italien (Misano)
80, 125, 250, 500 cm³

28. Mai
Deutschland (Hockenheim)
80, 125, 250, 500 cm³, Gespanne

4. Juni
Österreich (Salzburgring)
125, 250, 500 cm³, Gespanne

11. Juni
Jugoslawien (Rijeka)
80, 250, 500 cm³

24. Juni
Niederlande (Assen)
80, 125, 250, 500 cm³, Gespanne

2. Juli
Belgien (Francorchamps)
125, 250, 500 cm³, Gespanne

16. Juli
Frankreich (Le Mans)
125, 250, 500 cm³, Gespanne

6. August
Großbritannien (Donington Park)
125, 250, 500 cm³, Gespanne

13. August
Schweden (Anderstorp)
125, 250, 500 cm³, Gespanne

27. August
CSSR (Brno)
80, 125, 250, 500 cm³, Gespanne

17. September
Brasilien (Goiania)
250, 500 cm³

Spanier hatte keine andere Wahl, als von der Piste ins Gelände zu rumpeln. Auch Wimmer mußte von der Strecke und fiel anschließend um.

Für Garriga war der Titel damit verloren; dicke Brocken fetter, roter Erde hochschleudernd kehrte er zwar auf die Strecke zurück und hetzte hinter dem Feld her wie ein von allen guten Geistern verlassener Berserker, doch hatte er so viel Zeit verloren, daß seine Aufholjagd nichts mehr retten konnte.

Luca Cadalora hatte sich inzwischen an der Spitze etabliert und agierte dort derart vehement, daß Agostini anerkennend strahlte und sich selbst beglückwünschte, seinen jungen Landsmann behalten und nicht etwa durch John Kocinski ersetzt zu haben. Ihm immer dichter auf die Fersen rückte allerdings Dominique Sarron, der sich für dieses Rennen – sein letztes auf der 250er Rothmans Honda – vorgenommen hatte, seinen Erfolg vom Vorjahr zu wiederholen, als er in Goiania den Sieg errang. Nach verhaltenem Start heizte Sarron seiner NSR mächtig ein und jagte Cadalora mit solcher Penetranz, daß der sich zu immer späteren Bremsmanövern gezwungen sah, etwas zu kühn reagierte – und die Marlboro-Yamaha ins Gelände beförderte.

Derart wirkungsvoll von den Yamaha-Piloten ›unterstützt‹, konnte Sito Pons in aller Gemütsruhe auf dem dritten Platz dem Ziel entgegentuckern. Sarron ließ sich den Sieg nicht mehr nehmen, Carlos Lavado nistete sich auf dem zweiten Platz ein und bot seinen südamerikanischen Landsleuten eine Vorstellung seiner früheren Schlagkraft. Bis zur drittletzten Runde begleitet von Loris Reggiani, dessen Aprilia-Motor dann sauer wurde, deckte Reinhold Roth seinem Markenkollegen Sito Pons brav den Rücken; nach dem Ausfall des Italieners schoß dem Allgäuer zwar einmal der Gedanke durch den Kopf, daß er mit dem dritten Platz seinen vierten Rang in der WM sichern könnte, schob solch ketzerische Überlegungen aber gleich

wieder beiseite – zudem hätte Pons sein Überholmanöver ganz sicher zu vereiteln gewußt. Mit seinem Sieg und den 20 Punkten Zuwachs auf seinem Konto zog Dominique Sarron mit Reinhold Roth punktgleich und verdrängte ihn in der Wertung auf den fünften Platz (bei Punktgleichheit entscheidet das zusätzliche bessere Ergebnis), doch der HB-Mann tröstete sich mit der Gewißheit, seine Loyalität bewiesen zu haben und hoffte, dadurch bei Honda einen Stein im Brett zu haben.

Trotz der Gewissheit, die Weltmeisterschaft verloren zu haben, fuhr Garriga wie ein Teufel, passierte Mann für Mann, und zeigte dabei noch einmal, wie man zu Werke gehen muß, will man mit der Yamaha der Honda Paroli bieten. Garriga machte einen Platz nach dem andern gut und überholte am Ende Ruggia, seinen Ducados-Teamgefährten Carlos Cardus und Helmut Bradl so knallhart, daß sie wie gelähmt wirkten. Als fünfter beendete er dieses Rennen und konnte dann seine Enttäuschung nicht verbergen: er hatte bis zum letzten Atemzug gekämpft, sich dabei völlig verausgabt und war dennoch geschlagen.

Hinter Masahiro Shimizu und Jacques Cornu erfocht sich Manfred Herweh bravourös den elften Platz; er war sauer auf Michelin, die ihm nicht – wie vorher zugesagt – genügend Reifen mitbrachten. Immerhin gelang es dem Lampertheimer dennoch, Gustl Auinger in Schach zu halten, der auf den 15. Tabellenplatz spekuliert hatte. Der Österreicher belegte knapp hinter Herweh den 12. Platz, ihm waren wiederum Harald Eckl und Stefano Caracchi dicht auf den Fersen.

Die Mang-Azubis Jochen Schmid und Helmut Bradl lieferten sich einen teaminternen Kampf, denn nur einer von ihnen durfte nächstes Jahr auf eine Werksmaschine hoffen. Hier blieb Schmid auf der Strecke: in der neunten Runde riskierte er eine Nuance zuviel und stürzte. Mit wehender Nationalflagge absolvier-

Der neue 250er Weltmeister, Sito Pons

te Sito Pons seine Ehrenrunde: er hatte es geschafft, nach Doppelweltmeister Jorge Martinez (der übrigens zum Zuschauen nach Goiania gekommen war) der dritte spanische Weltmeister dieser Saison zu werden, und er war der erste Spanier, der je einen Titel in der 250 cm³-Klasse gewann.

500 cm³: Der letzte Tango

Falls Wayne Gardner gedacht hatte, Eddie Lawson ließe beim Finale die Zügel schleifen und würde sich auf seinen Lor-

beeren ausruhen, so sah er sich getäuscht: der neue Weltmeister preschte furios vom Start, absolvierte ein absolut meisterhaftes Rennen und holte sich zum Abschluß einen brillanten Sieg.

So wurde es nichts mit Gardners Hoffnung, das Saisonende mit einem Spitzenerfolg zu feiern und sich wenigstens ein bischen über seine Niederlage hinwegzuströsten. Der Rothmans Honda-Star startete schlecht, fand sich dann unversehens von Kevin Schwantz verblockt, (»der fuhrwerkte so blöde neben mir, daß er mich fast ›runterhaute‹«), und als er sich endlich aus der Unklam-

merung des Texaners befreit hatte, war Lawson schon uneinholbar entschwunden.

Gardner beschloß die Saison also mit einem zweiten Platz, vor der Suzuki von Schwantz.

Nach miserablem Start kämpfte sich Niall Mackenzie mit der HB-Honda spektakulär nach vorn und verstrickte sich dann in ein Duell mit Christian Sarron um den vierten Platz. Der Franzose leistete allerdings kaum Gegenwehr, denn er war am ganzen Körper zerschunden: vor dem Abflug nach Brasilien machte er einige Tage Ferien am

179

Meer und erlitt mit seinem Jet-Ski einen Unfall, und im Training fügte er seinen Blessuren durch einen Sturz neue hinzu. Dennoch gelang es dem Gauloises-Fahrer, hinter Mackenzie fünfter zu werden und dabei sogar noch Kevin Magee in Schach zu halten, der knapp hinter ihm ins Ziel preschte. Der andere Lucky Striker, Wayne Rainey, erlebte in Goiania eine herbe Enttäuschung: er fiel aus. »Ich hatte einen guten Start, merkte aber bald, daß meine Reifen absoluter Mist waren. Bei halber Distanz war ich sechster und dachte, na gut, das ist besser als nichts, und wollte halt so weiterwursteln. Aber Sense – ich bekam einen Platten im Vorderreifen«. Teamchef Roberts überlegte dann, ob es nicht besser sei, nächstes Jahr zu Michelin zu wechseln: »Unsere Dunlops waren, von einigen Ausnahmen abgesehen, den Franzosen-Pneus deutlich unterlegen. Aber die Reifen spielen heute eine so überaus elementare und ausschlaggebende Rolle, daß ich es mir nicht leisten kann, zweite Wahl zu nehmen«.

Wie man seine Rolle als Nebendarsteller in eine Hauptrolle umwandelt, das exerzierte Randy Mamola schon im Training durch. Pirelli hatte ihm wieder einige neue Reifen geschickt, die das Enfant terrible des Rennsports höchst ungeniert regelrecht verbriet, indem er in einer dafür besonders geeigneten Kurve so abstruse Kapriolen vollführte, daß sein Hinterreifen qualmte und rauchte. Im Rennen trennte er sich nach 14 Runden blitzschnell von der Cagiva, als sie eine seiner ›Scherze‹ übelnahm. Der zweite Cagiva-Mann, Raymond Roche, war gar nicht nach Brasilien gekommen; er wurde entlassen und wandert wahrscheinlich ins Superbike-Lager ab. Dort dürfte auch Roger Burnett weiterhin seine Zukunft sehen, denn mit der erhofften Rückkehr (»In Brasilien werde ich mein Bestes geben und alles versuchen, um Honda zu beweisen, daß ich einer NSR würdig bin«) zu den Grand Prix war es nach seinem Crash in der vierten Runde Essig.

Traurig endete auch für Ron Haslam sein letztes Rennen mit der Elf-Honda: in der 20. Runde gab der Motor den Geist auf. Zum Abschluß seines Lehrjahres auf der diffizilen NSR-Vierzylinder belegte Pierfrancesco Chili den siebten Platz, sicher vor Rob McElnea auf der zweiten Suzuki und Didier DeRadigues bei seiner letzten Vorstellung auf der Marlboro-Yamaha. Patrick Igoa, Fabio Barchitta, Gonzales de Nicholas und Donnie McLeod belegten die weiteren Plätze, wobei die Punkte für den 14. und 15. Rang gar nicht vergeben wurden – auch ein Indiz für die Unsinnigkeit des neuen Punktesystems.

Schlußkommuniqué des entthronten Weltmeisters Wayne Gardner: »Yamaha hat die Weltmeisterschaft nicht gewonnen, sondern Honda hat sie hergeschenkt. Ich werde mir jedenfalls den Titel im nächsten Jahr zurückholen«. Und Eddie Lawson, verschmitzt lächelnd und mit einem Glitzern in den Augen: »Abwarten...«

Klasse 250 cm³   27 Runden = 103,545 km

1. Dominique Sarron	Frankreich	Honda	41.04,39 = 151,275 km/h
2. Carlos Lavado	Venezuela	Yamaha	41.09,71
3. Alfonso Pons	Spanien	Honda	41.15,77
4. Reinhold Roth	Deutschland	Honda	41.16,03
5. Juan Garriga	Spanien	Yamaha	41.21,07
6. Helmut Bradl	Deutschland	Honda	41.22,73
7. Carlos Cardus	Spanien	Honda	41.24,43
8. Jean-Philippe Ruggia	Frankreich	Yamaha	41.25,05
9. Masahiro Shimizu	Japan	Honda	41.34,85
10. Jacques Cornu	Schweiz	Honda	41.43,25
11. Manfred Herweh	Deutschland	Yamaha	42.05,86
12. August Auinger	Österreich	Aprilia	42.06,03
13. Harald Eckl	Deutschland	Aprilia	42.06,18
14. Stefano Caracchi	Italien	Honda	42.06,33
15. Donnie McLeod	Großbritannien	EMC	42.13,42

16. U. Luzi (CH) Honda 42.19,99; 17. L. Lavado (YV) Yamaha 42.21,91; 18. H. Becker (D) Yamaha 42.38,51; 19. G. Bertin (F) Yamaha 26 Runden; 20. J. Foray (F) Yamaha; weitere fünf Fahrer im Ziel; acht Fahrer nicht klassifiziert.
Schnellste Runde: Luca Cadalora (Yamaha) in 1.30,09 min = 153,263 km/h (Rekord)
Trainingszeiten: Sarron 1.29,20; Pons 1.29,30; Lavado 1.30,03; Cadalora 1.30,10; Garriga 1.30,10; Cardus 1.30,30; Schmid 1.30,35; Ruggia 1.30,45; Roth 1.30,55; Reggiani 1.30,84; Wimmer 1.30,86; Cornu 1.30,88; Bradl 1.31,04; Shimizu 1.31,05; Eckl 1.31,05; Herweh 1.,31,35.

Klasse 500 cm³   32 Runden = 122,720 km

1. Eddie Lawson	USA	Yamaha	47.06,32 = 156,330 km/h
2. Wayne Gardner	Australien	Honda	47.19,68
3. Kevin Schwantz	USA	Suzuki	47.27,67
4. Niall Mackenzie	Großbritannien	Honda	47.30,44
5. Christian Sarron	Frankreich	Yamaha	47.30,56
6. Kevin Magee	Australien	Yamaha	47.30,60
7. Pierfrancesco Chili	Italien	Honda	48.19,42
8. Rob McElnea	Großbritannien	Suzuki	48.21,17
9. Didier DeRadigues	Belgien	Yamaha	48.29,62
10. Patrick Igoa	Frankreich	Yamaha	31 Runden
11. Fabio Barchitta	Italien	Honda	31 Runden
12. Gonzales de Nicholas	Spanien	Honda	29 Runden
13. Donnie McLeod	Großbritannien	Honda	26 Runden

Sieben Fahrer nicht klassifiziert.
Schnellste Runde: Eddie Lawson (Yamaha) in 1.27,81 min = 167,243 km/h (Rekord)
Trainingszeiten: Gardner 1.26,93; Lawson 1.26,97; Schwantz 1.27,19; Haslam 1.27,44; Sarron 1.27,81; Chili 1.27,89; Rainey 1.27,93; Magee 1.27,99; Mamola 1.28,02; DeRadigues 1.28,05; Mackenzie 1.28,30; McElnea 1.28,76; Burnett 1.28,97; Igoa 1.29,08; Barchitta 1.30,31.

Endstand der WM-Punktewertung

Klasse 80 cm³

				E	P	I	D	NL	YU	CS		
1.	Jorge Martinez	Spanien	Derbi	17	20	20	20	20	20	20	=	137
2.	Alex Criville	Spanien	Derbi	15	15	13	17	–	15	15	=	90
3.	Stefan Dörflinger	Schweiz	Krauser	20	13	17	–	–	10	17	=	77
4.	Manuel Herreros	Spanien	Derbi	13	17	15	15	–	9	–	=	69
5.	Peter Öttl	Deutschland	Krauser	11	11	9	–	17	17	–	=	65
6.	Bogdan Nikolov	Bulgarien	Krauser	8	8	10	–	8	11	10	=	55
7.	Karoly Juhasz	Ungarn	Krauser	9	7	11	1	7	6	13	=	54
8.	Jos Van Dongen	Niederlande	Casal	5	6	5	10	13	8	–	=	47
9.	Giuseppe Ascareggi	Italien	BBFT	–	10	8	11	6	–	11	=	46
10.	Gabriele Gnani	Italien	Gnani	–	9	3	13	2	–	9	=	36
11.	Herri Torrontegui	Spanien	Autisa	10	–	–	–	11	7	–	=	28
12.	Jörg Seel	Deutschland	Seel	–	–	4	–	10	13	–	=	27
	Adrie Nijenhuis	Niederlande	Casal	–	–	–	9	9	4	5	=	27
	Günther Schirnhofer	Deutschland	Krauser	4	3	–	5	5	3	7	=	27
15.	Bert Smit	Niederlande	Casal	–	–	2	–	15	–	8	=	25

R. Dünki (CH) Krauser 22 Punkte; R. Koster (CH) LCR Kroko 11; H. Koopman (NL) Ziegler 10; H. Paschen (D) Kiefer 10; S. Julin (B) Casal 8; J. Bernard (B) Fantic 8; I. McConnachie (GB) Autisa 6; P. Priori (I) Krauser 6; R. Kunz (D) Ziegler 5; J. Szabo (H) Krauser 5; J. Pintar (YU) Eberhardt 4; X. Arumi (E) Cobas 3; S. Brägger (CH) Casal 3; H. Abold (D) Krauser 2; H. Klein (D) Honda 2; J. Mariano (E) JJ Cobas 1; J. Pavlic (YU) Seel 1 Punkt.

Klasse 125 cm³

				E	I	D	A	NL	B	YU	F	GB	S	CS		
1.	Jorge Martinez	Spanien	Derbi	20	20	–	20	20	20	20	20	17	20	20	=	197
2.	Ezio Gianola	Italien	Honda	–	15	20	17	17	17	17	17	20	17	11	=	168
3.	Hans Spaan	Niederlande	Honda	6	11	15	10	15	13	2	4	6	13	15	=	110
4.	Julian Miralles	Spanien	Honda	17	1	17	4	–	15	–	5	13	15	17	=	104
5.	Domenico Brigaglia	Italien	Rotax	–	–	8	–	13	5	13	13	15	2	–	=	69
6.	Gastone Grassetti	Italien	Honda	15	9	9	7	–	11	–	10	–	–	5	=	66
7.	Adi Stadler	Deutschland	Honda	11	8	–	5	6	3	9	7	–	11	3	=	63
8.	Stefan Prein	Deutschland	Honda	3	5	–	15	10	–	11	–	–	6	9	=	59
9.	Lucio Pietroniro	Belgien	Honda	8	–	–	–	–	9	15	8	1	8	7	=	56
10.	Gerd Waibel	Deutschland	Honda	10	–	5	9	11	6	–	11	–	–	–	=	52
11.	Hisahi Unemoto	Japan	Honda	9	7	10	–	–	7	3	–	4	3	–	=	43
12.	Alan Scott	USA	Honda	–	3	–	–	–	10	7	–	11	1	6	=	38
13.	Corrado Catalano	Italien	Aprilia	–	–	–	–	8	–	–	15	–	–	13	=	36
14.	Miguel Reyes	Spanien	Garelli	–	10	7	–	–	–	8	9	–	–	–	=	34
15.	Manuel Herreros	Spanien	Derbi	–	17	13	–	–	–	–	–	–	–	–	=	30

H. Lüthi (CH) Honda 30 Punkte; K. Takada (J) Honda 29; J. Wickström (SF) Honda 25; P. Bianchi (I) Cagiva 24; A. Waibel (D) Waibel 24; F. Gresini (I) Garelli 22; J. Fischer (A) Rotax 19; K. Galatowicz (GB) Honda 19; H. Abold (D) Honda 18; B. Hassaine (TN) Honda 14; R. Milton (GB) Honda 13; M. Leitner (A) LCR Rotax 11; I. McConnachie (GB) Cagiva 10; J. Hautaniemi (SF) Honda 8; A. Bedford (GB) Honda 8; A. Criville (E) Derbi 7; F. Kistrup (DK) Honda 7; T. Feuz (CH) Rotax 6; R. Appleyard (GB) Honda 6; E. Kytola (SF) Honda 6; M. Hernandez (E) Honda 4; S. Dörflinger (CH) Honda 2; T. Rinne (SF) Honda 2; P. Bordes (F) Honda 1; E. Cuppini (I) Honda.

Marken-Weltmeisterschaft

80 cm³: Derbi / 125 cm³: Derbi / 250 cm³: Honda / 500 cm³: Yamaha / Seitenwagen-Gespanne: LCR Krauser

Klasse 250 cm³

			J	USA	E	P	I	D	A	NL	B	YU	F	GB	S	CS	BR		
1.	Alfonso Pons	E	Honda	17	17	20	–	17	17	11	10	20	20	17	13	20	17	15	=	231
2.	Juan Garriga	E	Yamaha	10	6	17	20	15	15	15	20	10	17	13	15	17	20	11	=	221
3.	Jacques Cornu	CH	Honda	13	9	13	15	8	–	20	17	17	10	20	9	–	9	6	=	166
4.	Dominique Sarron	F	Honda	–	15	–	13	20	7	13	–	–	15	15	17	15	8	20	=	158
	Reinhold Roth	D	Honda	–	7	10	10	10	11	17	9	13	13	11	13	10	13		=	158
6.	Luca Cadalora	I	Yamaha	–	10	9	–	11	20	9	13	8	11	10	20	–	15	–	=	136
7.	Jean Ruggia	F	Yamaha	9	3	15	11	7	3	3	5	7	–	9	10	9	5	8	=	104
8.	Anton Mang	D	Honda	20	8	–	9	6	8	6	15	15	–	–	–	–	–	–	=	87
9.	Carlos Cardus	E	Honda	7	–	–	–	–	–	4	9	8	8	4	11	11	9		=	71
10.	Masahiro Shimizu	J	Honda	–	–	11	17	13	–	10	–	–	–	–	7	–	3	7	=	68
11.	Carlos Lavado	YV	Yamaha	3	–	–	–	9	–	–	–	11	–	–	8	–	7	17	=	55
12.	Donnie McLeod	GB	EMC	–	–	8	4	5	13	–	2	4	–	4	6	–	–	1	=	47
13.	Loris Reggiani	I	Aprilia	–	4	–	–	–	–	–	11	–	9	7	–	–	13	–	=	44
14.	Martin Wimmer	D	Yamaha	–	–	7	–	–	10	4	7	–	–	5	1	6	–	–	=	40
15.	Manfred Herweh	D	Yamaha	–	–	6	6	4	–	8	6	–	–	–	–	–	–	5	=	35

A. Auinger (A) Aprilia 31 Punkte; H. Bradl (D) Honda 27; I. Palazzese (YV) Yamaha 25; J. Kocinski (USA) Yamaha 24; H. Eckl (D) Honda 22; J. Filice (USA) Honda 20; S. Caracchi (I) Honda 20; B. Casanova (I) Aprilia 17; M. Kobayashi (J) Honda 15; J. Mattioli (F) Yamaha 12; M. Vitali (I) Yamaha 12; B. Shobert (USA) Honda 11; H. Becker (D) Yamaha 11; A. Puig (E) Honda 10; J. Foray (F) Yamaha 10; J-F. Balde (F) Rotax 10; T. Honma (J) Yamaha 8; M. Taguchi (J) Honda 6; J. Schmid (D) Honda 6; E. Neumair (A) Aprilia 5; S. Kikuchi (J) Honda 5; G. Bertin (F) Yamaha 5; W. Zeelenberg (NL) Assmex 5; H. Holder (D) Seufert 4; K. Nanba (J) Yamaha 4; U. Jucker (CH) Yamaha 4; U. Luzi (I) Honda 3; P. Casoli (I) Garelli 3; G. Cowan (Irl) Yamaha 3; T. Yamamoto (J) Yamaha 2; M. Matteoni (I) Yamaha 2; A. Carter (GB) Yamaha 1; K. Tamura (J) Yamaha 1 Punkt.

Klasse 500 cm³

			J	USA	E	P	I	D	A	NL	B	YU	F	GB	S	CS	BR		
1.	Eddie Lawson	USA	Yamaha	15	20	17	20	20	13	20	17	17	6	20	10	20	17	20	=	252
2.	Wayne Gardner	AUS	Honda	17	17	15	11	17	8	–	20	20	20	13	17	17	20	17	=	229
3.	Wayne Rainey	USA	Yamaha	10	13	10	17	15	17	15	9	11	15	11	20	11	15	–	=	189
4.	Christian Sarron	F	Yamaha	8	10	13	13	–	15	–	15	–	17	17	15	15	–	11	=	149
5.	Kevin Magee	AUS	Yamaha	9	–	20	15	11	11	10	13	–	11	7	11	10	–	10	=	138
6.	Niall Mackenzie	GB	Honda	13	15	11	9	5	7	–	11	5	–	–	13	13	10	13	=	125
7.	Didier DeRadigues	B	Yamaha	7	8	8	10	–	9	17	4	13	10	9	9	9	–	7	=	120
8.	Kevin Schwantz	USA	Suzuki	20	11	–	–	13	20	13	8	–	–	15	–	4	–	15	=	119
9.	Pierfrancesco Chili	I	Honda	2	–	9	–	10	10	11	10	8	5	8	7	7	13	9	=	110
10.	Rob McElnea	GB	Suzuki	–	7	4	8	4	5	7	6	10	8	5	–	3	8	8	=	83
11.	Ron Haslam	GB	Honda	4	9	6	–	–	–	8	3	9	7	6	2	5	9	–	=	68
12.	Randy Mamola	USA	Cagiva	–	–	–	–	9	–	–	–	15	13	10	5	6	–	–	=	58
13.	Shunji Yatsushiro	J	Honda	6	–	7	–	8	6	9	5	7	9	–	–	–	–	–	=	57
14.	Patrick Igoa	F	Yamaha	3	–	–	–	1	4	6	7	6	4	–	–	–	7	6	=	44
15.	Tadahiko Taira	J	Yamaha	11	–	–	–	–	6	–	–	–	–	–	6	2	11	–	=	36

A. Valesi (I) Honda 26 Punkte; M. Papa (I) Honda 17; R. Burnett (GB) Honda 15; M. Baldwin (USA) Honda 14; R. Roche (F) Cagiva 13; M. Gentile (CH) Fior 12; F. Barchitta (I) Honda 12; B. Kneubühler (CH) Honda 9; D. McLeod (GB) Honda 9; D. Amatriain (E) Honda 7; H. Miyagi (J) Honda 5; G. Reiner (D) Honda 5; S. Manley (GB) Suzuki 4; M. Campbell (AUS) Elf Honda 4; F. Biliotti (I) Honda 4; N. Fujiwara (J) Yamaha 4; G. de Nicolas (E) Honda 4; R. Nicotte (F) Honda 3; P. Schleef (D) Honda 3; M. Broccoli (I) Cagiva 2; P. Linden (S) Honda 2; O. Hiwatashi (J) Suzuki 1; M. Duyzers (NL) Honda 1; M. Rudroff (D) Honda 1; M. Fischer (D) HG500 1; C. Doorakkers (NL) Honda 1 Punkt.

Klasse Seitenwagen-Gespanne

			P	D	A	NL	B	F	GB	S	CS		
1.	S. Webster / T. Hewitt / G. Simmons	GB	LCR Krauser	15	17	15	15	17	17	20	20	20	=	156
2.	R. Biland / K. Waltisperg	CH	LCR Krauser	20	20	20	20	20	20	17	17	–	=	154
3.	E. Streuer / B. Schnieders	NL	LCR Yamaha	17	2	11	17	–	7	11	15	17	=	97
4.	A. Michel / J-M. Fresc	F	LCR Krauser	11	–	17	–	13	13	15	13	11	=	93
5.	M. / U. Egloff	CH	LCR ADM	–	7	–	13	5	15	13	11	15	=	79
6.	D. Jones / P. Brown	GB	LCR Yamaha	8	3	8	11	15	–	9	7	8	=	69
7.	A. / M. Zurbrügg	CH	LCR Yamaha	6	15	13	4	–	10	7	9	–	=	64
8.	M. Kumano / M. Fahrni	J/CH	LCR Yamaha	5	–	–	10	2	11	10	10	13	=	61
9.	B. Scherer / T. Schröder	D	BSR Krauser	4	11	7	–	7	3	6	6	10	=	54
10.	S. Abbott / S. Smith	GB	Windle Yamaha	10	6	10	8	6	8	–	5	–	=	53
11.	B. Brindley / G. Rose	GB	Krauser	13	5	6	9	11	2	–	–	4	=	50
12.	F. / H. Stoelzle	D	LCR Krauser	1	13	–	7	–	4	8	3	9	=	45
13.	Y. Kumagaya / B. Barlow	J/GB	Windle Yamaha	–	4	–	6	10	9	5	8	–	=	42
14.	W. Stropek / H. Demling / W. Bock	A	LCR Krauser	7	10	3	2	8	–	–	–	5	=	35
15.	T. Van Kempen / S. Birchall	NL/GB	LCR Yamaha	9	9	4	–	4	6	–	–	2	=	34

P. Larratte / J. Corbier (F) LCR 26 Punkte; I. Nigrowsky / M. Charpentier (F) Seymaz 17; A. Bosman / D. Kellet (AUS) LCR Yamaha 10; R. Steinhausen / B. Hiller (D) LCR ADM 9; G. Thomas / G. DeHaas (GB/NL) LCR Krauser 6; W. Kraus / O. Schuster (D) Busch 6; D. Bingham / G. Irlam (GB) Yamaha 4; J. Millet / C. Debroux (F) Elf GDF 4; C. Stirrat / S. Prior (GB) LCR Yamaha 4; J. V. Stekelenburg / R. Bettgens (NL) Windle 3; R. Progin / Y. Hunziker (CH) Seymaz 1; D. Chivas / H. Olsson (NZ/S) LCR Yamaha 1 Punkt.

Schnelle Maschinen – Rasante Fahrer

Nitschke / Barke

Kawasaki

Als letzter japanischer Motorradhersteller erschien Kawasaki auf dem internationalen Markt – und machte Furore: 500 H1, 750 H2, Z 900, Z1-R, GPZ 900 R, ZX-10 sind Symbole für Motorrad-Faszination pur. Die Autoren präsentieren lückenlos alle Kawas von 1961 bis heute.
176 Seiten, 109 Abbildungen, davon 9 farbig, Großformat, geb., DM 54,–

Herz / Reese

Die NSU-Renngeschichte 1904–1956

Die zahlreichen Erfolge der NSU-Rennabteilung sind schon Legende. Diese Chronik dokumentiert die sportlichen Aktivitäten der ehemals größten Motorradfabrik der Welt. Karl Reese, Ex-NSU-Rennfahrer und Dieter Herz, Sohn des Weltrekordlers Wilhelm Herz, sind die Verfasser dieses großen Reports.
440 Seiten, 443 Abbildungen, gebunden, DM 74,–

Alan Cathcart

Ducati-Motorräder

Erstmals die vollständige, aufregende Geschichte der Ducati-Motorräder und der Menschen, die mit ihnen zu tun hatten. In mühevoller Kleinarbeit hat der Autor alle Einzelheiten zusammengestellt, kaum bekannte Motorräder wiederentdeckt und auch manch unverständlich erscheinende firmenpolitische Entscheidung in den richtigen Zusammenhang gesetzt.
Aber das wichtigste sind die Motorräder selbst – eine Revue hinreißender italienischer Technologie.
232 Seiten, zahlreiche Abb., gebunden, DM 48,–

Mick Walter

Moto Guzzi Twins

Die Entstehungsgeschichte, die Motorräder und die Technik beschreibt Mick Walter sehr detailliert. Von den ersten V7-Typen über die Touring- und Sportmodelle – V7 Sport, 750 S, 750 S3 bis hin zu den 850er und 1000er Le-Mans- und California-Typen. Auch die kleinen Twins in V- und Reihenanordnung stellt er ausführlich dar.
Moto Guzzi fahren ist nicht nur Motorrad fahren, jeder Moto Guzzi-Pilot identifiziert sich mit seinem Motorrad.
196 Seiten, 164 Abbildungen, gebunden, DM 39,–

Helmut Werner Bönsch

Fortschrittliche Motorrad-Technik

Analyse der Motorrad-Entwicklung

Der Autor, Ingenieur und anerkannter Fachmann, der in jahrelanger Arbeit die Technik des Motorrades entscheidend mitgeprägt hat, untersucht in seinem neuen Buch mit der ihm eigenen Methodik die Entwicklung der modernen Motorrad-Technik. Vor- und Nachteile der einzelnen Bauarten im Motorenbau werden verglichen.
286 Seiten, 402 Abbildungen, gebunden, DM 44,–

Keith Code

Der richtige Dreh

»Besser fahren als die Anderen« Das Handbuch für Motorrad-Rennfahrer

Das neue, leicht verständliche Handbuch, das dem Motorradfahrer alles erklärt, um erfolgreich an Rennen teilzunehmen und sein fahrerisches Können zu verbessern... auch für den Alltagsfahrer von großem Interesse.
In England und USA bereits ein großer Erfolg!
136 Seiten, 96 Abbildungen, Checkliste im Anhang, Großformat, geb., DM 34,–

Helmut Hütten

Schnelle Motoren seziert und frisiert

Helmut Hütten beschreibt die Technik der berühmtesten Rennmotoren der letzten 100 Jahre. Der Autor vermittelt zugleich unterhaltsam handfestes Konstrukteurs-Know how. Der Klassiker zur Motorrad-Technik.
580 Seiten, 450 Fotos, Zeichnungen, Diagramme, gebunden, DM 58,–

Johannes Damm

Faszination Motorrad-Grand-Prix

Johannes Damm ermöglicht einen Blick hinter die Kulissen des Motorrad-Sports. Er erinnert an die spannendsten Rennen, an Fahrer, Strecken und Maschinen. Er beschreibt Siege und Niederlagen, Sponsoren und Geschäfte. Ein großartiger Report über die WM seit 1949.
208 Seiten, 95 Abbildungen, davon 25 farbig, gebunden, DM 39,–

Der Verlag für Motorrad-Bücher
Postfach 10 3743 · 7000 Stuttgart 10